Kuba

Beate Schümann

MERIAN-TopTen

Höhepunkte, die Sie unbedingt sehen sollten

 Karneval in Santiago
Santiago wird zum Hexenkessel und verfällt unter heißen Rumba-Rhythmen dem Tanzfieber – und das im Juli (→ S. 33).

 Hotel Nacional de Cuba
Das Hotel, einst Treffpunkt von Hollywoodstars und Mafiosi, besticht durch seine Atmosphäre (→ S. 49).

 Altstadt von Havanna
Trotz der sichtbaren Spuren des Verfalls bezaubert La Habana Vieja unverdrossen mit kolonialem Flair (→ S. 54, 138).

 Museo Casa Ernest Hemingway
In San Francisco de Paula lebte Hemingway über 20 Jahre lang. Hier erhält man Einblick in sein Privathaus (→ S. 67, 139).

 Viñales
Mit seinen bizarren, grün überwucherten Kalksteinfelsen hat das Viñales-Tal eine fast magische Wirkung (→ S. 74, 148).

 Cayo Coco
Das Sandkorn als Superlativ: Der schneeweiße Strand von Cayo Coco gehört zu den feinsten der Welt (→ S. 77).

 Museo Memorial del Ernesto Che Guevara
Die Pilgerstätte für alle Fans des berühmten Revolutionärs in Santa Clara (→ S. 88).

 Mansión Xanadú/ Restaurant Las Américas
Einst Sommerresidenz des Chemie-Magnaten DuPont, heute ein Golfhotel und Edelrestaurant (→ S. 89, 91).

 Trinidad
Kolonialstil in Reinkultur in einer der ältesten, elegantesten und besterhaltenen Städte Kubas (→ S. 105, 146).

 Finca Manacas in Birán
Die elterliche Finca von Fidel Castro lässt tiefe Einsichten in seine Jugendzeit zu (→ S. 120).

MERIAN-Tipps ⋯→ finden Sie auf Seite 192

Inhalt

Erläuterung der Symbole

**Für Familien mit Kindern
besonders geeignet**

*Diese Unterkünfte haben
behindertengerechte Zimmer*

CREDIT *Alle Kreditkarten
werden akzeptiert*

*Keine Kreditkarten
werden akzeptiert*

*Preise für Übernachtungen im
Doppelzimmer ohne Frühstück:*
●●●● ab 100 CUC ●● ab 35 CUC
●●● ab 65 CUC ● bis 35 CUC

*Preise für ein Menü mit Vorspeise
und Dessert, ohne Getränke:*
●●●● ab 30 CUC ●● ab 12 CUC
●●● ab 20 CUC ● bis 12 CUC

⇢ S. 19

MERIAN *live!*-QUIZ

presented by **OLYMPUS**

Kuba stellt sich vor

Das nördlich von Pinar del Río gelegene Viñales-Tal (→ S. 74) mit seinen mächtigen Felsblöcken aus Kalkstein gehört zweifellos zu den reizvollsten Gegenden des Landes.

Sonne und Sozialismus, Rumba und Revolution. Kuba ist die Perle der Karibik und ein Land mit vielen Gesichtern und Facetten. Doch einer gehört immer dazu: Comandante Fidel Castro.

Ein Skorpion im Schuh, ein vergifteter Füller, ein mit Toxinen präparierter Anzug, ein Zyanid-Milchshake – seit **Comandante Fidel Castro** 1959 in Kuba die Macht ergriffen hat, wurden mehrere Mordanschläge auf ihn verübt. Der Revolutionär hat sie alle überlebt. Doch inzwischen über 80 Jahre alt, ist er schwer erkrankt, hält keine langen Reden und nimmt keine Paraden mehr ab. Sein Bruder Raúl ist zum Amtswalter geworden. Nichtsdestotrotz huldigen Politikerfreunde wie Hugo Chávez, der Staatspräsident Venezuelas, und Evo Morales, der Kollege aus Bolivien, Fidel und seinem Tropensozialismus.

Fidel Castro Ruz ist der dienstälteste Alleinherrscher der Welt. Der charismatische Altrebell im grünen Drillich hat neun US-Präsidenten politisch und vier Päpste physisch überlebt. Kaum einem Politiker schlug vor allem in den ersten Jahrzehnten seiner Regierungszeit gleichzeitig so viel Verehrung und so viel Hass entgegen. Für die einen, insbesondere die von ihm enteigneten Exilkubaner und die USA des Kalten Krieges, war er der kommunistische Antichrist. Die anderen, vor allem viele Studenten in aller Welt, hielten ihn lange für den Robin Hood der Dritten Welt. Nicht wenige seiner alten Anhänger wandten sich inzwischen enttäuscht von ihm ab; zu lange dauerte das Warten auf die Einführung demokratischer Verhältnisse, die Presse- und Reisefreiheit, die Einhaltung der Menschenrechte. Und seine alten Feinde hoffen nur noch auf das natürliche Ableben des »Máximo líder«.

Eine Ausnahme bildet Lateinamerika. Dort, wo er einst von der herrschenden Klasse als Vater aller Guerilleros gefürchtet wurde, erlebt Fidel Castro auf seine alten Tage eine neue Welle der Wertschätzung. Wo die sozialen Probleme immer wieder außer Kontrolle geraten, kamen in jüngster Zeit vermehrt linke Populisten an die Macht. Mittlerweile sitzen ehemalige Guerilleros auch anderswo in Regierungsämtern. Geradezu unverhohlen huldigt man dort Fidel Castro inzwischen wie einer lebenden Legende. Der Fantast Che ist tot, es lebe der Pragmatiker Fidel. In der Verklärung scheint er manchen gar die Verkörperung von Ches »neuem Menschen« zu sein, nutzte Fidel Castro sein Amt doch offenkundig niemals zu seiner persönlichen Bereicherung. Und die Menschenrechte? Da drückt man in Lateinamerika gerne ein Auge zu, der Zweck heiligt oft die Mittel.

Lebende Legende

Schon kann Fidel Castro in Venezuela auf einen treuen Freund zählen. Und andernorts blickt man mehr denn je nach Kuba bei der Suche nach einer Lösung aus den verkrusteten Klassengesellschaften Lateinamerikas. Schon scheint sich – zumindest hier – zu bewahrheiten, was Fidel Castro einst voraussagte: »Die Geschichte wird mich freisprechen.«

Um den roten Caudillo und seine Revolution kommt man auch als Urlauber nicht herum, vor allem, wenn man durch das Land reist. Überall künden große Propagandaplakate von den sozialen Errungenschaften der Revolution, aber auch vom Kampf um die Freiheit und vom Heldentod für das Vaterland. Gerade so als befände sich Kuba immer noch im Krieg. Der Feind? Das sind seit Jahrzehnten die USA mit ihrer Wirtschaftsblockade.

Allein zur Begrüßung all derer, die vom Internationalen Flughafen in die Stadt fahren, hat man auf martialische Propagandaschilder verzichtet. Da lächelt vielmehr ein milder überdimensional großer Fidel von riesigen Plakaten, die den Untertitel »Vamos bien« tragen. Eine sinnige Begrüßung. »Vamos bien« – das meint: »Wir sind auf dem richtigen Weg« und zugleich »uns geht es gut«. In einer

Mischung aus altem Trotz und wieder erstarktem Selbstbewusstsein weist Castro damit gleich allen Ankommenden die Richtung: Kuba lebt, und gar nicht schlecht, trotz des »bloqueo« (Embargos) der USA.

Wer auf eigene Faust durch Kuba reist und keinen Vergleich zu den Zeiten der schlimmsten Krise hat, der wird freilich vielerorts einen eher gegenteiligen Eindruck gewinnen. Die Bedingungen, unter denen viele Kubaner leben müssen, sind zum Teil schockierend: abrissreife Wohnhäuser, die innen aussehen wie Steinbrüche, Treppen ohne Geländer, brüchige Leitungen für Wasser und Strom. Das betrifft vor allem jene Häuserblocks in Havanna, die nicht die touristisch interessanten Plätze flankieren, denn die anderen wurden mittlerweile restauriert. Aber auch auf dem Land findet man elend heruntergekommene alte Plattenbauten, freilich neben properen Fincas und herausgeputzten Villen. Es ist nicht zu übersehen: Gut geht es Kuba noch lange nicht, aber allemal besser als nach dem Zusammenbruch der UdSSR. Und einigen Kubanern

geht es augenscheinlich besser als anderen. Mit der Gleichheit und Brüderlichkeit ist es offenbar nicht mehr weit her, selbst wenn sich Kubaner untereinander auch heute noch gern klassenlos mit »compañero« oder »compañera« anreden, was etwa mit Kumpel oder Genosse bzw. Genossin übersetzt werden kann.

Auch Besucher werden mitunter so angesprochen, weil sie ja mit ihren Devisen zum Wohle Kubas beitragen. Nach fast 50 Jahren Sozialismus haben nur wenige Kubaner eine Vorstellung davon, wie die Kapitalisten, die

Ein Land, zwei Welten

in ihrem Land Urlaub machen, zu ihrem Geld gekommen sind. Dass auch ihnen die gebratenen Tauben nicht stetig in den Mund fliegen, können sich vor allem jene Menschen aus Castros Reich schwerlich vorstellen, die an den prall gefüllten Büfetts der All-inclusive-Hotels arbeiten. Ein echter Kulturkonflikt zwischen Kommunismus und Kapitalismus findet hier statt, der sich den »compañeros« und »compañeras« kaum erklären lässt. Leichter haben es damit eher jene,

Die Botschaft an das Volk und an die Besucher: »Wir sind auf dem richtigen Weg.«

die aus der einst mit Kuba befreundeten DDR kommen. Weshalb die erste an Deutsche gerichtete Frage von Kubanern meist die ist, ob man aus Ost- oder Westdeutschland stammt. Bei Bejahung des ersten Falles erhellen sich denn auch die Gesichter.

Kuba zieht sie alle magisch an, ob aus Ost oder West, mit seinem karibischen Klima, herrlichen Stränden, ausgedehnten Nationalparks, im Kern meist wunderschön restaurierten alten Städten und dem mitreißenden

Rumba, Rum und Revolution

Lebensgefühl der Karibik, mit Sonne und Meer, Rumba und Rum. An den Stränden – es gibt davon rund 300 – zeigt sich die Insel von ihrer besten Seite: traumhaft weiß, so fein wie Puderstaub. Tropenparadiese locken in **Varadero, Cayo Coco** oder **der Costa Esmeralda,** wo Palmen rascheln, das türkisfarbene Meer in der Sonne glitzert und der Tropenwind über die Haut streichelt. Schon **Christoph Kolumbus** wähnte sich im Paradies, als er 1492 »Cubanacán« (indianischer Name Kubas) erstmals zu Gesicht bekam.

Aber die Insel hat weit mehr zu bieten als nur schöne Strände. Kuba spannt sich in einem eleganten Bogen aus Korallenriffen, Palmenstränden, grün überwucherten Gebirgszügen, dichten Mangrovensümpfen, weiten Zuckerrohr- und Tabakplantagen von West nach Ost – insgesamt 114 524 Quadratkilometer Land. **Korallenbänke** sind der Küste wie Gärten vorgelagert – sie zählen zu den weltweit besten Tauchrevieren. Zu einem Viertel ist die größte der karibischen Antilleninseln gebirgig. Die höchste Bergkette, die **Sierra Maestra,** hat mit ihren fast 2000 Metern am **Pico Turquino** sogar Hochgebirgscharakter.

Kaum irgendwo in der Karibik erstrahlen auch so alte Kolonialstädte wie in Kuba. Denn schon 1511, kurz nach der Eroberung der Nachbarinsel Hispaniola, zogen die Konquistadoren weiter hierher. Unter Führung von Diego de Velázquez unterwarfen ganze 300 militärisch weit überlegene Spanier die einheimischen Taíno und gründeten zwischen 1512 bis 1514 sieben Städte: Baracoa, Santiago de Cuba, Bayamo, Trinidad, Camagüey, Sancti Spíritus und La Habana.

Playa Guardalavaca (→ S. 120): An den Stränden zeigt sich die Insel von ihrer besten Seite.

La Habana Vieja, die Altstadt von Havanna, mit Capitol (→ S. 54): In den Prachtgebäu-den der Metropole spiegelt sich die koloniale Vergangenheit des Landes.

Kubas Kolonialstädte sind nicht nur sehr alt. Sie sind vor allem auch schöner und prächtiger als sonst irgendwo in der Karibik, allen voran **Trinidad** und die Altstadt von **Havanna**. Schließlich war Kuba durch die Geburt der freien Schwarzenrepublik Haiti in seiner Nachbarschaft an dessen Stelle als weltweit größter Zuckerexporteur gerückt. Noch heute steht auf jedem zweiten Quadratmeter der Insel Zuckerrohr. Kein Wunder, dass Kuba auch als »Zuckerinsel« bekannt ist.

Die Plantagenbesitzer schwammen bald im Geld. Und sie investierten es in fürstliche Paläste und einen pompösen Lebensstil. Daneben dauerte die Kolonialzeit wie auch die Sklaverei auf Kuba länger als anderswo in der Karibik. Während sich alle amerikanischen Kolonien nach und nach in Unabhängigkeitskriegen der Bindungen zu ihren Mutterländern entledigten, zuerst die USA, dann Haiti und ab 1822 Südamerika, scheiterte Kuba beim ersten Versuch 1868. Erst 1886 wurde die Sklaverei abgeschafft, und mit dem fürstlichen Leben der spanischen Zuckerbarone war es nun vorbei.

Mit Freiheit und Selbstbestimmung hatte Kuba in seiner Geschichte wenig Glück. Auch der zweite Unabhängigkeitskrieg von 1895 bis 1898

Koloniale Perlen

brachte den Menschen nicht die erhoffte Selbstständigkeit. Als federführend bei der Vertreibung der Spanier erwiesen sich nämlich nicht die Kubaner, sondern – nach einem mysteriösen Vorfall im Hafen von Havanna, der den Vorwand für ein Eingreifen lieferte – die USA. Zu jener Zeit versuchte Washington, sich überall im mittelamerikanischen Vorhof einen Zugriff auf strategisch günstige Militärstützpunkte zu sichern. Die Explosion des US-Kreuzers »Maine« vor Havanna bot eine willkommene Gelegenheit, in den Unabhängigkeitskrieg einzugreifen und die Insel mit ihrer

Zwischen vergangener Pracht und Aufbruchstimmung – der morbide Charme Havannas (→ S. 47) offenbart sich an beinahe jeder Straßenecke.

Schlüsselposition zwischen dem Golf von Mexiko, dem Kanal von Yucatán und der Straße von Florida unter Kontrolle zu bekommen. Die USA »halfen« also den Kubanern, besiegten die Spanier, besetzten das Land und sicherten sich ein Mitspracherecht bei der Wahl zukünftiger Präsidenten.

So geriet Kuba erneut in eine halbkoloniale Abhängigkeit, jetzt zur kapitalistischen Vormacht des Kontinents. Zuckerindustrie, Eisenbahn und Bergbau wurden bald vollständig von amerikanischen Firmen kontrolliert. Die Kluft zwischen extrem Arm und extrem Reich klaffte immer weiter auseinander. Korruption, Gewalt und Vetternwirtschaft feierten fröhliche Urständ, Diktatoren errichteten – gestützt auf die USA – blutige Terrorregimes.

Mit Ausnahme der reichen Kubaner waren wohl alle Inselbewohner erleichtert, als 1959 die Revolutionäre kamen. Seit der **Kolonialzeit** hatte die Mehrheit der Kubaner nur Ungerechtigkeit, Unterdrückung und Not erlebt. In der Silvesternacht von 1958 auf 1959 sollte in Kuba dann schlagartig alles anders werden. Der Diktator **Fulgencio Batista** war geflohen, Castros Guerilleros marschierten in Havanna ein. Das Unglaubliche war geschehen: Die Revolution hatte gesiegt, und die Kubaner fielen in einen gigantischen Freudentaumel.

Fidel Castro und »Che« Guevara, die beiden Chefideologen, begannen unverzüglich mit dem Umbau der Gesellschaft. Sie suchten nach einem Ausweg aus dem jahrhundertealten Elend der Dritten Welt. Kompromisslos enteigneten sie auch US-Unternehmen und leiteten eine grundlegende Agrarreform ein. Die Revolutionäre errichteten ein kostenloses Bildungs- und Gesundheitswesen, führten eine Alphabetisierungskampagne durch und beendeten die Rassendiskriminierung. Die Parole »Socialismo o Muerte«, Sozialismus oder Tod, wurde ausgegeben. Was Kreuz und Knoblauch für Dracula, ist Enteignung und Umverteilung für den Besitzenden.

Die wohlhabenden Kubaner packten ihre Sachen und flohen vor der »roten Gefahr«, die meisten nach Miami.

Nach diesem gewaltigen Kraftakt waren Arbeitslosigkeit, Armut, Obdachlosigkeit und Prostitution bald verschwunden. Auf der Karibikinsel entstand etwas, was dem idealisierten Bild einer »gerechten Gesellschaft«

Der Magier der Revolution

nahe kam. Der eigentliche Magier der Revolution war der argentinische Arzt **Ernesto »Che« Guevara** (1928–1967). Er stürzte sich auf den Wandel des Bewusstseins und träumte vom »neuen Menschen«, der allen materiellen Begehrlichkeiten abschwört – selbstlos, solidarisch und revolutionär.

Die USA reagierten auf die Enteignungen sofort mit einem harten Konfrontationskurs: Sie strichen die US-Zuckerimporte um 95 Prozent. Eisenhower wähnte sich sicher, dass es sich bei Castro um eine der üblichen lateinamerikanischen Eintagsfliegen handelte. Als der US-Präsident erkannte, dass es der Mann, der diesen kommunistischen Albtraum vor seiner Haustür inszenierte, tatsächlich ernst meinte, griff er zu seinem stärksten Druckmittel: Kubas wichtigster Handelspartner verhängte 1962 ein totales **Wirtschaftsembargo**.

Das isolierte Land fand schließlich in der Sowjetunion einen Verbündeten. Mit der Rückendeckung des »Großen Bruders« erlebten die Kubaner eine Zeit des Aufschwungs, die ihnen einen Lebensstandard bescherte, von dem ihre lateinamerikanischen Nachbarn nur träumen konnten.

Anfang der Neunzigerjahre besorgte schließlich der Zerfall der Sowjetunion, was die USA mit ihrem unnachgiebigen Wirtschaftsembargo drei Jahrzehnte lang nicht geschafft hatten: Das vom Importen so abhängige Kuba steuerte auf einen wirtschaftlichen Infarkt zu. Mangels Benzin ruhten viele von Maschinen abhängige Produktionszweige, kein Auto fuhr mehr auf den Straßen, und die Regale in den staatlichen Versorgungsläden waren leer. Es fehlte an allem. Der Leidensweg der Kubaner hatte einen neuen Höhepunkt erreicht.

Bauer mit Ochsengespann in der östlichen Provinz Baracoa (→ S. 111). Im ländlichen Kuba prägt diese traditionelle Form des Ackerbaus noch das Alltagsbild.

Der Tabakanbau gehört nach wie vor zu den wichtigsten Erwerbszweigen der kubanischen Landwirtschaft.

kaum jemand verdient auf Kuba bis heute offiziell mehr als 300 kubanische Pesos pro Monat (umgerechnet etwa 14 €) – konnte binnen kürzester Zeit an den attraktivsten Plätzen im Land eine touristische Infrastruktur geschaffen werden.

Die Einführung des US-Dollars als Zweitwährung im Jahr 1993 traf die Kubaner jedoch wie ein Giftpfeil ins sozialistische Bewusstsein. Seitdem sahnen einige Kubaner im Geschäft mit den Urlaubern kostbare Devisen ab, sei es als Kofferträger, Zimmermädchen oder mit der Vermietung von Privatzimmern (»casas particulares«). Um schneller Geld im Tourismus zu verdienen, gaben viele Kubaner ihren Beruf, ihre Karriere und ihre Ideale auf. Und die anderen? Sie schuften weiter für magere Peso-Löhne acht Stunden und mehr pro Tag in den staatlichen Brigaden auf den Zuckerrohrfeldern oder in den Fabriken.

Um die Planwirtschaft wieder flott zu machen, leitete der rote Caudillo einen neuen Abschnitt ein: »Período Especial« – eine Art »Kriegswirtschaft« in Friedenszeiten ein. Nicht mehr der Zucker, mit dem zu Welt-

Devisen und Pesos

handelspreisen längst nicht mehr viel zu verdienen war, sondern der internationale Tourismus wurde zum neuen Standbein der kubanischen Wirtschaft. Internationale Tourismuskonzerne signalisierten unverzüglich ihr Interesse.

Innerhalb kürzester Zeit wurden neue Firmen gegründet – alle staatlich und besetzt mit Kubanern, die nach wie vor in kubanischen Pesos bezahlt wurden, aber auf Dollarbasis mit den Unternehmen für Kuba günstige Joint-Venture-Verträge aushandelten. Mit preiswerten Arbeitskräften –

Schon versucht die Regierung, das Rad wieder zurückzudrehen, um der neuen sozialen Ungleichheit entgegenzuwirken. Durften Privathaushalte früher mehrere Zimmer vermieten, sind jetzt nur noch zwei erlaubt. Und neue Konzessionen für »casas particulares« oder »paladares«, die privaten Restaurants, gibt es so gut wie nicht mehr. Auch werden die touristischen Areale, wo möglich, immer häufiger durch Schranken von den Dörfern und Städten abgetrennt. Kubaner dürfen diese nur mit Sondergenehmigung betreten, etwa um dort zu arbeiten.

Anders als vom Ausland erwartet, führte die Legalisierung von Privatunternehmen nicht zu einer Liberalisierung, sondern diente lediglich einer Konsolidierung des Wirtschaftsaufschwungs. 2004 wurde der US-Dollar wieder abgeschafft und sein Umtausch hoch besteuert. Seitdem haben auch die Kubaner, die von ihren Verwandten in Miami mit finanziellen Zuwendungen bedacht werden, weniger Geld in der Tasche. Denn bei der Auszahlung in Pesos Convertibles kassiert der Staat rund 20 Prozent Gebühren. So mancher reiche Verwandte in Miami hat seither seine Zahlungen eingestellt. Ein immer größeres Polizeiaufgebot schuf dazu vielerorts eine beklemmende Atmosphäre der allgegenwärtigen Kontrolle.

Das Vertrauen in die Regierung wankt – nicht aber wirklich das Vertrauen in Fidel Castro. »Sie belügen ihn, er weiß doch gar nicht, wie es wirklich in Kuba aussieht«, meinen viele Kubaner. Sie lieben ihn eben, ihren »Máximo líder«.

Er ist es schließlich auch, der viele Europäer auf die Spuren eigener linksintellektueller Träume nach Kuba lockt. Je älter Fidel Castro wird, umso größer die Sorge, sein Kuba nicht mehr erlebt zu haben. Zweifellos bietet kein Land in der Karibik eine derart spannende politische Situation wie Kuba. Schon das macht es immer mehr zu einem Kultziel.

Musik und Lebenslust

Auf der Insel weiß man das zu nutzen. Wo immer Fidel Castro wirkte, wo immer die Revolution Niederlagen oder Siege erlebte, da schuf man Gedenkstätten. Sogar Fidel Castros elterliche Finca wurde originalgetreu für Besucher hergerichtet – und vom Chef selbst eingeweiht.

Während sich so mancher Sonnenanbeter an Kubas Traumstränden wie im Paradies fühlt, bleiben Revolutionsromantikern angesichts der ernüchternden Realität Kubas nur sentimentale Erinnerungen – wären da nicht die Kubaner mit ihren akrobatische Überlebenstechniken. Heiterkeit ist eine davon, Musik eine andere. Ihre Fröhlichkeit, Lebenslust und ihre unvergleichliche Art, menschliche Nähe herzustellen, wirken wie ein großes »trotzdem«. Ein strahlendes Lächeln kommt schnell in ihr Gesicht.

Es ist diese Atmosphäre, die sich einem wie Balsam auf die Seele legt. Und wenn traditionelle Combos dann Songs wie »Perfídia«, »Lágrimas Negras« oder gar die gute alte Che-Hymne »Hasta Siempre« anstimmen, dann singen wieder alle mit.

Beachlife in Santa Maria del Mar: Auf den östlich der Hauptstadt gelegenen Playas del Este (→ S. 66) trifft sich halb Havanna zur allabendlichen Fiesta.

Gewusst wo ...

Das Fünf-Sterne-Resort Meliá Cayo Guillermo (→ S. 80) bietet All-inclusive-Ferien im tropischen Paradies mit Lagunen, Palmeninseln und allem erdenklichen Komfort.

Ob pauschal oder individuell – Kuba bietet traumhafte Hotels an herrlichen Stränden und in historischen Städten. Für Abwechslung sorgen zahlreiche Sportmöglichkeiten und Feste.

Übernachten

Internationaler Standard in den Strandresorts, Nostalgie pur in Grandhotels oder einfach privat.

Die Veranda des traditionsreichen Hotels Casa Granda (→ S. 124) in Santiago de Cuba, einer der interessantesten Städte des Landes.

Wunderschöne All-inclusive-Resorts mit großen Poollandschaften in Palmengärten entstanden auf Kuba seit der »Spezialperiode« Anfang der Neunzigerjahre in Kooperation mit erfahrenen Hotelkonzernen aus Kanada, Italien, Frankreich oder Spanien – vor allem an den herrlichen Stränden von Varadero und auf den Inseln Cayo Coco und Cayo Guillermo. Und immer neue schießen aus dem Boden: auf Cayo Santa María und Cayo Ensenachos oder an der Bahía Naranjo bei Guardalavaca. Die Joint-Venture-Verträge – meist mit 49 %-Anteil für das ausländische Hotelunternehmen und 51 % für das kubanische, so geschehen bei **Gran Caribe** oder **Cubanacán** – sorgen dafür, dass die Profite zum überwiegenden Teil im Land bleiben. Längst hat sich Kuba das Know-how der ausländischen Konzerne abgeschaut, und so manches ehemalige Joint-Venture-Hotel wird nun ganz und gar in eigener Regie geführt.

Der Pauschaltourismus mit ausländischen Reiseveranstaltern ist Kubas Devisenquelle Nummer eins. Man kann das Massentourismus in All-inclusive-Hotelghettos nennen, aber muss auch anerkennen, dass hier viel für's Geld geboten wird: Flug, Transfer, Übernachtung mit Alles-inklusive-Angebot in erstklassigen, meist nagelneuen Ferienhotels. Die Preise werden von Saison zu Saison neu ausgehandelt. Natürlich erhalten die Reiseveranstalter Mengenrabatte. Der Einzelbucher hingegen zahlt in

Häuser aller Kategorien

den All-inclusive-Resorts astronomische Preise – sofern es überhaupt Preislisten für solche Fälle gibt.

Der Nachteil einer Reise in die luxuriösen All-inclusive-Areale: Von Land und Leuten bekommt man dort so gut wie nichts mit. Wo noch Kubaner lebten, wurden sie oft in Zonen außerhalb des Gebiets umgesiedelt. Auch das Personal der Hotels, Res-

taurants, Marinas oder Freizeitparks wohnt nicht in der Umgebung. Im Schichtwechsel wird es in Bussen von seinen Wohnorten herangekarrt.

Für Rundreisende gibt es in allen größeren Städten und in der Nähe der Sehenswürdigkeiten Hotels der verschiedensten Kategorien. Sie stehen meist komplett unter kubanischer Leitung. Das Spektrum reicht vom einfachen Ein-Stern-Hotel bis zur Luxusvariante. Darunter finden sich auch frührevolutionäre Schaltzentralen sowjetischer Machart, die alle Serviceleistungen für Devisenreisende bieten: Shops, Rent-a-car-Stand, Geldwechsel sowie internatio-

Das Hotel Plaza (→ S. 50) in Havannas Altstadt feiert 2009 sein hundertjähriges Bestehen.

nale Telefone. Auch eine ärztliche Notfallstation gehört oft dazu. Darüber hinaus wurden in den Zentren der Städte alte **Grandhotels** wieder eröffnet, vollkommen restauriert und modernisiert. Sie bilden heute die nostalgischen Perlen in Kubas Hotellerie, sei es die **Casa Granda** in Santiago de Cuba oder das **Colón** in Camagüey.

Die Ausstattung orientiert sich an internationalen Standards, wobei die kubanische Sternvergabe gern um ein Sternchen höher greift. Preis und Leistung stehen bisweilen in einem Missverhältnis. Erhebliche Abstriche in punkto Service und Komfort sollte man vor allem in den Hotels außerhalb der Touristenzentren einkalkulieren – die Preise sind daran selten angepasst. Durch spezielle Vertriebswege ist die Versorgung in den Hotels stets gewährleistet, kleinere Pannen kann es jedoch durchaus geben. Gute Alternativen für den Einzelreisenden sind vielfach Privatquartiere, die »casas particulares« (→ MERIAN-Spezial, S. 20). In den Urlauberzonen sind sie aber verboten.

Empfehlenswerte Hotels und andere Unterkünfte finden Sie bei den einzelnen Orten im Kapitel »Unterwegs in Kuba«.

MERIAN-Tipp

 Hotel Los Frailes

Wer im quirligen Havanna Stille sucht, ist hier richtig. Der sensibel restaurierte Palast aus dem 19. Jh. ist nach den Mönchen des benachbarten Klosters San Francisco de Asís benannt. Klosterstil und koloniales Flair mischen sich auf originelle Weise. Das Personal trägt Mönchskutten, der CD-Player spielt auch mal Kirchenmusik. Einst Treffpunkt von Adel und Klerus, zeigt sich die Bar-Lobby als Kunstgalerie jener Zeit. Nur wenige Schritte von der Plaza Vieja entfernt.

Havanna, Calle Brasil 8/Oficios y Mercaderes (Habana Vieja), Tel. 07/862 93 83, Fax 862 97 18, www.habaguanex.com, 22 Zimmer ●●● MASTER VISA ··⇢ S. 49, i 3

MERIAN *live!*-QUIZ

GEWINNSPIEL: Monat für Monat eine Reise und weitere attraktive Preise zu gewinnen!

Um wen, was oder welchen Ort geht es hier?

Geht es um Legenden, wird es rasch nebulös. So auch hier. Denn zweifellos ist die Gesuchte eine Diva unter ihresgleichen. Erscheint sie doch immer zum Ende hin als »sich leicht verjüngende Rolle« (wie ein Lexikon formuliert).

Vor den Dreharbeiten wirkt sie recht zerknittert. Hat sie aber zu ihrer Rolle gefunden, ist sie stets einmalig und jeweils etwas anders. Als wäre sie ein Unikat. Entsprechend hoch sind die Gagen. Wer sie haben will, muss schon einiges hinblättern. Klar, kaum ein sterbliches Weib vermag so an den Lippen zu hängen. Ihre Liebhaber schwärmen von der Glut, ist sie erst mal entfacht.

Wie es sich für echte Diven gehört, hat sie berühmte Verehrer (meist Männer). Unzählige Fotos belegen: So manchem wurde sie zur ständigen Begleiterin. Große und kleine Politiker (etwa Winston Churchill, Arnold Schwarzenegger) ließen sich allzu gern mit ihr ablichten. Natürlich auch Literaten wie Ernest Hemingway oder Bertolt Brecht. Irgendwie gelang es ihr immer, die Kerle noch markanter, männlicher zu machen. Selbst Groucho Marx.

Apropos Marxismus. Als Karikatur erscheint, dass dieses wunderbare Geschöpf aus Kubas Metropole zum Insignium kapitalistischer Bonzen wurde. Da mag die Nase rümpfen, wer will: Wird sie (laut einer Redewendung) als das verpasst, was sie letztlich ist, herrscht dicke Luft. Wer sie begehrt, sollte schon bei Kräften sein. Daher schwor ihr Fidel Castro (angeblich) vor einigen Jahren ab. Sicher schweren Herzens.

FELIX WOERTHER

Wenn Sie die Lösung wissen, besuchen Sie uns doch im Internet unter **www.merian.de/quiz** oder senden Sie uns eine E-Mail an **quiz@travel-house-media.de**
Unter den Einsendern verlosen wir Monat für Monat attraktive Preise. Viel Glück!

presented by **OLYMPUS**

Casas Particulares

Günstig und gemütlich – wer in Privatzimmern wohnt, macht Urlaub mit Familienanschluss.

Bei den »casas particulares« handelt es sich um Quartiere in Privathaushalten. Das können höchst abenteuerliche Unterkünfte sein – z. B. zwischen dem Eltern- und dem Kinderzimmer –, vor allem wenn sie nicht offiziell angemeldet sind, also illegal. Die legalen erfüllen meist ein Mindestmaß an Komfort. Dafür sorgen zum einen die Inspektoren, die die Genehmigung für eine Vermietung erteilen. Dafür sorgt aber auch die mittlerweile harte Konkurrenz unter den Vermietern. Legale Vermieter erhalten eine dreieckige weiß-grüne Plakette, die sie an die Tür kleben.

In manchen Orten bietet jedes zweite Haus Privatzimmer an, und nicht alle sind durch die offizielle Kennzeichnung ausgewiesen. Obwohl enorm hohe Steuern für die Vermietung von Privatquartieren erhoben werden, ist es für viele Kubaner verlockend, harte Devisen zu verdienen. Unterdessen dreht der Staat weiter an der Steuerschraube, weil er in den Privaten eine wachsende Konkurrenz für seine eigenen Hotels fürchtet. Einige Vermieter geben deshalb auf.

Besteuert werden »casas particulares« mit dreistelligen Devisenbeträgen, die jeweils monatlich zu zahlen sind. Berechnet werden die Monatsraten nach Lage und Quadratmetern, die dem Gast zur Verfügung stehen. Alles, was nicht ordentlich von den Gästezimmern abgetrennt ist, wird automatisch hinzugezählt: die »sala« (Wohnraum) am Eingang ebenso wie ein Innenhof, in dem sich die Gäste aufhalten, oder ein Parkplatz. Und Vermieter in zentraler Lage zahlen deutlich mehr als jene in den Außenbezirken.

Erlaubt ist inzwischen nur noch die Vermietung von **maximal zwei Zimmern**. Wer seine Gäste bekocht, und sei es nur mit Kaffee zum Frühstück, ist dazu verdonnert, dafür einen Extra-Gastronomie-Betrag zu zahlen.

AUF WUNSCH AUCH MIT MAHLZEITEN

Die Privatvermieter stehen also unter einem hohen finanziellen Druck. Bei guter Auslastung verdienen sie sich zwar trotz Steuern eine goldene Nase – zumindest im Vergleich zum durchschnittlichen Lebensstandard auf Kuba und Tageslöhnen von 0,40 CUC (Pesos Convertibles). Doch schnappt der Nachbar die Gäste weg, dann treiben einen die Steuern schnell in den Ruin, zumal sie unabhängig von der Auslastung entrichtet werden müssen. Die Folge: Ein Heer von radelnden Zimmervermittlern verfolgt jedes

eintreffende Leihauto mit erstaunlicher Geschwindigkeit und Hartnäckigkeit, so etwa in Pinar del Río oder Cienfuegos. Abgesehen davon, dass diese **Vermittler** lästig werden können, erhöhen sie im Erfolgsfall auch den Zimmerpreis, denn sie erhalten vom Vermieter eine Provision, die dem Zimmerpreis aufgeschlagen wird.

Die Übernachtung in einer »casa particular« kostet zwischen 10 und 30 CUC – je nach Ausstattung und Lage, ob mit unabhängigem Eingang, ob mit eigenem oder mit dem Nachbarn geteilten Bad, ob mit TV und Klimaanlage oder ohne. Der Preis ist aber unabhängig davon, ob das Quartier von einer oder zwei Personen genutzt wird (mehr Bewohner für ein Zimmer darf der Vermieter inzwischen nicht mehr annehmen). Frühstück wird mit 2–3 CUC extra berechnet, ein Abendessen kostet maximal zwischen 8 und 12 CUC. Ist man sich einig geworden, muss der Gast seinen Pass für die Eintragung ins Mietbuch zeigen, das jeder Vermieter verpflichtet ist zu führen.

Die **Mahlzeiten** sind fast immer überaus üppig und gut. Meist kocht die Hausfrau selbst – sofern sie nicht schon ihre dienstbaren Geister dafür hat. Fast überall kann man schmutzige Wäsche zum Reinigen geben. Offiziell dürfen aber nur Familienangehörige an der Vermietung beteiligt sein.

Empfehlenswerte »casas particulares« finden Sie bei den einzelnen Orten im Kapitel »Unterwegs in Kuba«. Auch das Internet hilft: **www.privatpensionen.de**.

Privathotel in Trinidad – legale »casas particulares« erkennt man am grünen Zeichen.

Essen und Trinken

Karibische Küche und Cuba libre, Mojíto oder Daiquirí zaubern exotisches Urlaubsflair herbei.

Der Mojíto, ein Cocktail auf Rumbasis mit Limonensaft und frischen Minzezweigen, erfreut sich in Kuba seit Jahrzehnten ungebrochener Beliebtheit.

Kuba litt lange an einem extremen Versorgungsmangel. Hackfleisch wurde mit Sojaschrot gestreckt, Brötchen mit Kartoffelmehl gebacken oder anstelle von Butter Mayonnaise aufs Brot geschmiert. Die »Spezialperiode« Anfang der Neunzigerjahre sitzt dem Land noch in den Knochen. Wer in dieses Tropenparadies fährt, sollte das vor Augen haben. Vor allem die Bürger in den Städten darbten – bis endlich die **Bauernmärkte** eröffneten, wo Frisches aus privatem Anbau verkauft wird. Sie bieten heute viel, aber immer noch nicht genug. Inzwischen darf auch privat geschlachtet werden – sofern beim Fleischverkauf die 15-prozentige Steuer abgeführt wird.

Aber noch ist Kuba meilenweit von dem Überfluss entfernt, den man von Europa gewohnt ist. Alles, was nicht auf Kuba produziert wird, muss von den Handelspartnern (Kanada, Mexiko, Mittel- und Südamerika, Europa) eingeführt werden und wird dann zentral vom Staat verteilt: an die Hotels und die Devisenläden. Dort können auch Kubaner einkaufen – aber nur ein Bruchteil von ihnen ist im Besitz von Devisen. Für die übrigen sorgt der Staat mit einer kostenlosen Grundversorgung, der »libreta«, einer Lebensmittelkarte für Mehl oder Eier.

Die zentrale Versorgung hat ihre Tücken. Ihr ist es zu verdanken, dass man zwar beim Tauchen Langusten zum Greifen nah hat, im Strandrestaurant aber gerade mal wieder keine zu haben sind, weil sich die Lieferung des staatlichen Ministeriums für Fischerei verspätet hat. Die Bürokratie tut ihr Übriges. Möglich ist es z. B., dass der einzige Schnellimbiss weit und breit, ein »rápido« oder »ditú«, eine oder gar zwei Stunden geschlossen ist, weil die Einnahmen abgerechnet und neue Lieferungen von Getränken und Speisen verbucht werden müssen. Und wenn zwischenzeitlich noch der Strom ausfällt, dann besteht berechtigte Sorge, ob Fisch und

Fleisch in der Kühltruhe bei der Zubereitung wirklich noch frisch sind.

Unzulänglichkeiten, mit denen man überall konfrontiert werden kann – außer in den All-inclusive-Hotels der Ferienareale oder den Fünf-Sterne-Hotels in Havanna und Santiago de Cuba. Die Partei hat extra für sie spezielle Distributionswege geschaffen, und die großen Hotels verfügen natürlich über ihre eigenen Stromaggregate. Gelegentliche Engpässe in der Versorgung bekommt der Gast daher nur zu spüren, wenn die Standards fehlen, etwa die Pampelmusen am Obstbuffet oder ein Gericht auf der Menükarte.

MERIAN-Favoriten
Die 10 besten Adressen

Tocororo, Habana Miramar
Die Crème Lateinamerikas diniert hier gern in trautem Kreis (→ S. 60).

Floridita, Habana Vieja
Die Wiege des Daiquirí ist auch eine gute Adresse für Langusten (→ S. 61).

La Guarida, Habana Centro
Durch Film, Fernsehen und Presse längst weltbekannter Paladar (→ S. 61).

Casa de Don Tómas, Viñales
Schnell und gut wird man in diesem kolonialen Gasthaus bedient (→ S. 75).

Club Cienfuegos, Cienfuegos
In dem prachtvoll restaurierten früheren Yachtclub isst das Auge mit (→ S. 101).

Palacio Valle, Cienfuegos
Wie ein Märchen aus 1001 Nacht das Ambiente, köstlich die Küche (→ S. 101).

Bocana, Playa Santa Lucía
Hier verschlug es einen Meisterkoch in ein schönes Strandrestaurant (→ S. 117).

Mirador de Malones, Guantánamo
Erstklassige kubanische Gerichte mit Blick auf den Taliban-Knast (→ S. 117).

Santiago 1900, Santiago de Cuba
Fürstlicher Rahmen für die beste Küche der Stadt (→ S. 130).

Salón Tropical, Santiago de Cuba
Italienisch am Donnerstag, Grillfest am Sonntag – in dem Paladar lässt man sich einiges einfallen (→ S. 131).

Im Restaurant Tocororo (→ S. 60) in Habana Miramar trifft sich die Prominenz.

Wer Appetit auf kubanische Gerichte bekommt, sollte unbedingt die Hotels verlassen, denn dort gibt es nur Kostproben davon. Zahlreiche Devisenrestaurants bieten eine gemischt kubanisch-internationale Küche an. Richtig kreolisch isst man in den »paladares«, die allerdings immer seltener werden (→ MERIAN-Spezial, S. 26). An den Verbindungsstraßen von Havanna nach Pinar del Río und Santiago de Cuba sowie bei den meisten größeren Sehenswürdigkeiten wurden »ranchos« oder »ranchones« eingerichtet. Diese rustikalen, strohgedeckten Bar-Restaurants bieten kreolische Snacks und kleine Gerichte. Sie wechseln sich mit den »rápidos« (Schnellimbisse à la McDonalds) ab. Auch kubanische Essgewohnheiten unterliegen dem Wandel. **Fastfood** im American Style findet man in allen Touristenzentren. Für den kleinen Hunger zwischendurch bieten sich außerdem »pan con lechón« (Brot mit Spanferkel), »bocadito con cer-

do« (Brötchen mit Schweinefleisch), »tamales« (Maistaschen mit Fleisch) oder »palitroque« (Grissini-Brotstangen) als echte Alternativen an.

Kubas Küche präsentiert sich als ein Schmelztiegel der Kulturen und Kochtöpfe. Ob Indianer, spanische Eroberer, Sklaven aus Afrika oder Einwanderer aus China – alle brachten ihre Traditionen und Zutaten ein und vermengten sie über die Jahrhunderte. Das typische kreolische Menü sieht vorneweg einen **Obstsalat** vor, meist aus Pampelmuse und Orange, manchmal auch Ananas, seltener Papaya, Mango, Avocado und Melone. Vor dem Hauptgericht wird der Magen durch einen frischen Salat aus Weißkohl, Gurke, Tomate und manchmal »palmito« (Palmenherz) angeregt.

Bei den **Hauptgerichten** dominieren Huhn und Schweinefleisch, gern auch Spanferkel, die geräuchert (»ahumado«), geschmort (»guisado«) oder gebraten (»asado«) zubereitet werden. Rindfleisch wird selten serviert, meist in Form eines dünnen, harten Fladens oder als Hack, »picadillo«. Die wichtigsten Begleiter sind

MERIAN-Tipp

 Los Nardos

Dieses Lokal ist weder ein staatliches Restaurant noch ein Paladar, sondern wird unter bestimmten Auflagen (z. B. dürfen keine Rechnungen ausgestellt werden) von der spanischen **Sociedad Juventud Asturiana** betrieben. Das macht schon einen Teil des Reizes aus, den das Los Nardos auf Havannas Künstler ausübt. Aber auch der rustikal geschmückte und mit Kerzenlicht erhellte Esssaal sowie die günstigen und großen Portionen.

Havanna, Paseo Prado 563 esq. Dragones y Teniente (Habana Vieja); Tel. 07/ 8 63 29 85; tgl. 12–24 Uhr ●● ▭

----→ S. 53, e 4

weißer Reis mit kleinen schwarzen Bohnen, eine Mixtur, die sich unter »moros y cristianos« (Mauren und Christen) einen Namen gemacht hat. Als suppige Variante heißen sie »frijoles negros« und, abgewandelt mit roten Bohnen, »arroz congrí«.

Daneben liegen stärkehaltige und enorm sättigende **Knollengemüse** auf dem Teller, etwa die kartoffelähnliche »malanga«, die würzige

Ein Teil Kuba, ein Teil Amerika

Süßkartoffel »boniato«, die faserige »yuca« (auch »manioc«) oder »ñame«. Endgültig satt wird man dann durch die Gemüsebanane (»plante«). Sie ist eine Verwandte unserer Essbanane, die frittiert als »tostones« oder als »patacones pisados« – in Scheiben geschnitten, flach gedrückt und in Öl gebacken – serviert wird. »Ajiaco« ist ein aus diversen Knollengemüsen gekochter Gemüseeintopf, manchmal mit Fleischeinlage. Scharfmacher sind in der kreolischen Küche nicht am Werk: Kubanische Köche geizen mit Salz und anderen Gewürzen.

Zum **Dessert** wird gern Guavenmarmelade mit Frischkäse, »guayaba con queso«, gegessen. Spezieller sind die kandierten Papayas mit einem Fettgebäck namens »buñuelos« aus Yuca und Boniato. Zum Abrunden kommt ein starker, schwarzer Kaffee mit viel, viel Zucker: »café mezclado«.

Cocktails sind der Hit auf der Getränkeliste. Berühmt der Cuba libre (wörtlich: »freies Kuba«), den die Kubaner 1898 als Begrüßungsdrink für die Amerikaner nach dem Sieg über die spanischen Kolonialherren mixten: mit einem Teil Kuba (Rum) und einem Teil Amerika (Cola). Weitere köstliche Cocktails entstanden: Piña Colada (weißer Rum, Kokoscreme, Ananassaft, Frappé-Eis), Saoco (weißer Rum, Kokoswasser), Cubanito (Tomatensaft, weißer Rum) oder der Planter's Punch (Limonensaft, Zucker, Frappé-Eis, brauner Rum). Hemingways Favoriten waren der Mojíto (weißer dreijähriger Rum, Limonensaft, Sodawasser, Zucker, viel Eis, frische Minze) und der Daiquirí (weißer Rum mit Frappé-Eis, Limonensaft und Zucker).

Empfehlenswerte Restaurants finden Sie bei den einzelnen Orten im Kapitel »Unterwegs in Kuba«.

Guardalavaca (→ S. 120): Strandbars laden zum Relaxen in lauer Tropenluft ein.

Paladares – Private Restaurants

Auch wenn sie zuletzt rar geworden sind: Wer Kubas Küche kennen lernen will, sollte privat essen gehen.

In Ferienzentren wie Varadero, Cayo Coco oder Playa Esmeralda sind sie ohnehin verboten; und wo sie erlaubt sind, da werden es immer weniger: die privaten Restaurants oder »paladares«. Höhere Steuern haben vielen das Überleben schwer gemacht, und ein Konzessionsstopp sorgte dafür, dass Kubaner heute kaum mehr davon träumen, ihr finanzielles Glück am Kochtopf zu machen – so wie die arme Raquel mit ihrem Restaurant »palate« aus einer populären brasilianischen Seifenoper. Von dieser Lokalität leitete man 1994, als auf Kuba private Restaurants legalisiert wurden, den Namen »Paladar« ab.

Ungeliebt sind die Paladares bei der Regierung vor allem deshalb, weil sie den staatlichen Restaurants mit ihren fantasievolleren Kochkünsten, einem aufmerksameren Service und günstigeren Preisen die Gäste abwer-

ben. In Viñales beispielsweise standen die Urlauber vor einem Paladar Schlange, während im einzigen staatlichen Restaurant im Ort zur gleichen Zeit gähnende Leere herrschte – Szenen, die auch anderswo beobachtet werden konnten.

Offiziell freilich geht es der Regierung nicht etwa darum, das eigene Einkommen zu sichern, sondern zu verhindern, dass einige im Volk durch ihre Kochkünste reicher als die anderen werden. Die Mehrheit der Kubaner verdient schließlich kaum mehr als 300 kubanische Pesos im Monat, das sind umgerechnet gerade mal etwas mehr als zwölf Pesos Convertibles. Und diese Summe ist auch bei hohen Steuern in einem ehrgeizigen und erfolgreich geführten Paladar schnell überschritten.

Aber keine Sorge, es gibt noch einige, vor allem in Havannas Bot-

schaftsviertel Miramar und auch in Santiago de Cuba. Einige von ihnen sind aus der gastronomischen Szene gar nicht mehr wegzudenken, ja, sie werben sogar mit weithin in der Straße sichtbaren, gut beleuchteten Schildern wie das **La Guarida** (→ S. 61) im Centro von Havanna. Generell ist ihnen Werbung aber verboten. Manche scheinen gar erhaben über die strengen Auflagen und hohen Steuern und bieten mehr als nur die offiziell genehmigten zwölf Sitzplätze. Auch das sozialistische Kuba kennt offenbar seine Schleichwege zur großzügigeren Handhabung der Gesetze. Gute Beziehungen zu den Entscheidungsträgern sind da sicherlich von Nutzen.

NICHT ALLES DARF SERVIERT WERDEN
Manche Paladares sind schwerer zu finden als eine Stecknadel in einem Heuhaufen. Ohne den Tipp des Taxi-

fahrers oder eines Einheimischen wird man beispielsweise das exklusive Grillrestaurant **La Fontana** in Miramar (Calle 3ra A esq. 46 No.305; Tel. 07/2 02 83 37 oder 8 90 49 47; www. lafontanahabana.com) lange suchen. Es besitzt zwar eine eigene Website, aber an der hölzernen und meist geschlossenen Tür ist weder eine Nummer noch ein Schild zu sehen.

Oft liegen Paladares versteckt in Seitengassen oder in Außenbezirken wie der **Salón Tropical** (→ S. 131) in Santiago de Cuba. Dazu muss, wer sich von einem Kubaner zum gesuchten Paladar bringen lässt, damit rechnen, dass der Führer nicht ganz so selbstlos handelt, sondern eine Provision erhält – was die Rechnung am Ende meistens entsprechend erhöht.

Paladares dürfen nicht alles anbieten. Wie auch den Vermietern von Privatzimmern mit Halb- oder Vollpension ist es ihnen verboten, Langusten oder Rindfleisch aufzutischen (privat nimmt man es nicht so genau damit). Diese Luxusgüter dürfen nur in staatlichen Restaurants verkauft werden. Aber auch ohne sie lohnt der Besuch eines Paladars fast immer – von Eintagsfliegen einmal abgesehen, die ihre Kochkünste über- oder die Ansprüche der Gäste unterschätzen. Vor allem, wer kubanische Spezialitäten kosten will, der sollte privat essen gehen. Dort wird typischerweise nach alten Familienrezepten mit allen Gewürzen und Zutaten gekocht.

Empfehlenswerte Paladares finden Sie bei den einzelnen Orten im Kapitel »Unterwegs in Kuba«.

Stilvolles Ambiente in Havannas bekanntestem Paladar La Guarida (→ S. 61).

Einkaufen

Klingendes, Kurioses oder Kultiges – die Auswahl reicht von der Musik-CD bis zu Che-Guevara-Fotos.

Einst am Kathedralenplatz, jetzt am Malecón – Havannas Kunstmarkt Mercado de arte-sanía mit einer Vielzahl kunsthandwerklicher Produkte und Revolutions-Souvenirs.

Zum Shoppen fährt man wohl kaum nach Kuba, auch nicht nach Havanna. Glitzerwelten mit elegant gestylten Schaufenstern wird man hier vergebens suchen. Aus Prestigegründen hat sich Kubas Metropole zwar ein Einkaufszentrum im Stil amerikanischer Shoppingmalls zugelegt, die **Galerías de Paseo.** Und auch Varadero besitzt seinen Konsumtempel, die **Plaza Las Américas.** Doch weder in dem einen, noch im anderen kann ein Kubaner normalerweise einkaufen, es sei denn er verdient auf geheimnisvolle Weise genug Devisen. So herrscht in den Malls häufig gähnende Leere. Denn den Europäer locken diese Einkaufszentren kaum an mit ihren eher biederen Geschäften und Boutiquen.

Für Urlauber hat Kuba denn auch spezielle **Souvenirläden** eingerichtet. Die Warenströme werden von staatlichen Handelsorganisationen wie etwa **Caracol** und **Cubalse** gelenkt. Die fantasievollsten Souvenirs gibt es in den Läden des **Fondo Cubano Bienes Culturales (BfC)**, die man in allen größeren Städten findet. Ihre Spezialität sind originelle Kreationen aus Naturmaterialien. **Artex**-Läden sind immer eine gute Adresse für Musik-CDs, Kassetten oder Musikinstrumente. In allen größeren Touristenhotels gibt es zudem spezielle Geschäfte, die »tiendas«, in denen man eine Landkarte, ein Souvenir oder auch die vergessene Zahnpasta kaufen kann.

Seit Kleingewerbe erlaubt ist, locken vor allem die Souvenirmärkte. Fliegende Händler verkaufen dort ihre oft sehr originellen Handarbeiten wie Masken und Figuren, Schmuck aus Muscheln und Perlen, Keramikarbeiten, Stoffpuppen, aus Palmenwedeln geflochtene Hüte oder Häkelkleidung. Der allerjüngste Hit auf diesen Märkten sind alte amerikanische Straßenkreuzer aus Pappmaschee oder Dosenblech. Oder magische Kupfersteine aus der Mine bei El Cobre, die Glück bringen sollen. Wer will, kann sich auch Glasperlenketten

---

MERIAN-Favoriten
Die 10 besten Adressen

Museo del Ron Havana Club, Habana Vieja
Erst ausführlich alles über Rum lernen, dann probieren und kaufen (→ S. 60).

Märkte in Havanna
Kunst auf dem Tacón, antiquarische Bücher an der Plaza de Armas (→ S. 62).

ACAA, Habana Vieja
Laden mit originellen Unikaten kubanischer Kunsthandwerker (→ S. 63).

Casa de la Música, Havanna
Beste Auswahl an Musik-CDs im Laden des Musikstudios EGREM (→ S. 63).

Casa del Tabaco, Habana Vieja
Gute Beratung, große Zigarrenauswahl und dazu ein kleines Museum (→ S. 63).

Casa Garay, Pinar del Río
Trocken oder süß? Der Guayabita-Likör ist ein Tipp für Likörfreunde (→ S. 70).

Círculo Filatélico, Sancti Spíritus
Briefmarkensammler werden sich hier wie zu Hause fühlen (→ S. 105).

El Alfarero Cerámcia, Trinidad
Dekorative Keramiken direkt aus einem alten Familienbetrieb (→ S. 108).

La Maison, Santiago de Cuba
Mode live: Nach der Modenschau kann man die Kreationen kaufen (→ S. 130).

Librería La Escalera, Santiago de Cuba
Treffpunkt zum Schmökern, Klönen und Aufstöbern von Raritäten (→ S. 131).

---

in den Santería-Farben besorgen oder andere Fetische des afrokubanischen Kults. Und immer wieder Che Guevara (→ MERIAN-Spezial, S. 86). Ihm begegnet man in fast allen Variationen: auf T-Shirts, Schlüsselanhängern, Fotos, Postkarten und Bildern.

Häufig allerdings findet man auf den Märkten allerdings auch Souvenirs aus Edelhölzern, Krokoleder, schwarzer Koralle und Schildpatt – Materialien, deren Handel und Besitz nach dem Washingtoner Artenschutzabkommen verboten sind.

Filme sind in Kuba sehr teuer: also nicht dort einkaufen, sondern von zu Hause mitnehmen!

MERIAN-Tipp

 Echte Havannas

sind auch in Kuba nicht billig zu haben. Zwar werden überall in den Straßen Zigarren (»puros«) angeboten – »spottbillig«, wie die Händler sagen –, meist handelt es sich jedoch um Fälschungen und nicht um die angepriesenen **Cohibas** oder **Montecristos**. Die Original-Banderolen stammen vom Schwarzmarkt, der Tabak ist der Abfall aus der Fabrik, in der die Schwester der Freundin arbeitet. Wer Wert auf Originalität legt, sollte die »puros« daher lieber in Zigarrenfabriken, offiziellen Läden oder Hotels kaufen.

Kenner schwören auf kubanischen Tabak, und viele lassen sich weltweit ihre **Zigarren** aus Havanna kommen. Bei uns steht dieses Genussmittel als Symbol für Reichtum und eine persönliche Note wieder hoch im Kurs. Wahre Liebhaber achten auf die Qualität des seidig-samtigen Blattwerks mit der narkotischen Wirkung. Der weltweit beste und teuerste Tabak, der **Vuelta Abajo**, wird in dem begrenzten Gebiet zwischen Pinar del Río, San Luis und San Juan y Martínez geerntet. In den Fabriken, die ohne Weiteres besichtigt werden können, wird jedes Blatt einzeln auf Aroma, Farbe, Beschaffenheit und Brennbarkeit geprüft und nach Füll- und Deckblättern sortiert. Eine Zigarre besteht aus drei Teilen: der Einlage – je nach Qualität aus gerollten oder geschnittenen Blättern –, dem Umblatt und dem Deckblatt, dem Blatt der Blätter. Struktur und Makellosigkeit des Deckblatts bestimmen letztlich die Preiskategorie. Die Zigarren werden in unterschiedlichen Durchmessern, Längen und Farben angeboten, etwa als »coronas«, »regalías«, »brevas«, »panetelas«, »cadetes« und »punchenellos«. Die »corona« ist die dicke Standardform. Alle berühmten Marken wie **Cohiba, Partagás, H. Upman, Montecristo, Romeo y Julieta** erhalten als Beweis ihrer Echtheit eine Banderole, auf der »República de

Weltberühmte Zigarrenmarken

Cuba, hecho en Cuba« steht. Die berühmteste, die **Cohiba**, stammt aus der Provinz Sancti Spíritus. Geraucht hat sie Che Guevara, und ihren Namen erhielt sie von Célia Sánchez.

Montecristos, Cohibas, Bolívars – Zigarren sind ein Exportschlager auf Kuba.

Auch das ist Shopping à la Cuba: Einkaufszentrum Galerías de Paseo in Havanna.

Ein ursprünglich kubanisches Erzeugnis ist auch der berühmte **Bacardí-Rum**. Sein Imperium begründete der Spanier Facundo Bacardí bereits im Jahr 1838 in Santiago de Cuba mit der Erfindung des »Light Rum«. Nach der Revolution floh die Familie nach Puerto Rico und nahm das Bacardí-Patent mit. Fidel Castro

Rum nach altem Rezept

aber ließ die Produktion nach altem Rezept weiterlaufen und gab dem Rum einfach einen anderen Namen: **Havana Club**. »Havana Club« ist der meistverkaufte Rum. Kubaner schwören allerdings eher auf **Matusalem**. Bekannte Marken sind außerdem **Caney, Varadero, Caribbean Club** und **Puerto Príncipe**. Die **Gran Reserva** mit 15 Jahren Fassreife ist der beste und teuerste Rum. Die braunen fünf- und siebenjährigen Sorten werden wie Whisky pur mit Eis getrunken, der weiße Dreijährige ist die Grundlage zahlreicher Cocktails.

Musik ist ein Lebensnerv in Kuba. **Rumba, Son, Danzón, Bolero** und **Trova** sind deshalb in Souvenir- und Musikgeschäften als CDs und Kassetten gut sortiert zu bekommen. Bekannte Interpreten sind etwa Carlos Puebla, Pablo Milanes und Miguel Matamoros. In Europa haben Los Van Van, Orchestro Bamboleo, Rubén González, der Buena Vista Social Club, Juan de Marcos/ Ry Cooder und Compay Segundo ein Kuba-Fieber entfacht.

Praktisch jede Combo, die in Bars, Restaurants oder Hotels auftritt, hat Kassetten mit ihrer Musik dabei, die sie nach der Darbietung zum Kauf anbietet. Da die wenigsten über modernes technisches Equipment verfügen, ist die Tonqualität allerdings oft miserabel. Bei Aufnahmen aus kanadischen Tonstudios unter dem Label Artex kann man dagegen nicht viel falsch machen.

Empfehlenswerte Geschäfte und Märkte finden Sie bei den einzelnen Orten im Kapitel »Unterwegs in Kuba«.

Feste und Events

Das Spektrum reicht von Heldengedenktagen über renommierte Festivals bis zum Karneval.

Zur Ruhe kommt Havanna eigentlich nie. Irgendwo findet bestimmt gerade ein improvisiertes Straßenfest mit Musik und Tanz statt.

Musik und Tanz wie auf den zahlreichen Straßenfesten in den Städten helfen den Kubanern über so manche Alltagssorgen hinweg. Wahre Meisterleistungen vollbringen sie auf kulturellem Terrain. Ihre Festivals sind Magneten für Künstler und Fans aus aller Welt. Staatliche Feiertage hingegen gehören den Helden und historischen Siegen der Revolution. www.loseventos.cu

JANUAR
Noche Santiaguera
Auch Festival de Rumba genannt. Die Calle Heredia wird gesperrt, Gruppen spielen auf und alles tanzt.
12. Jan. in Santiago de Cuba

Geburtstag José Martí
Gedenkfeiern für den kubanischen Nationalhelden im ganzen Land.
28. Jan.

MÄRZ
Festival Internacional de la Trova Pepe Sánchez
Wichtigstes Festival für traditionelle kubanische Musik, benannt nach Santiagos großem Troubadour Pepe Sánchez (1856–1918). Treffpunkt ist die »Casa de la Trova«.
Um den 19. März in Santiago de Cuba

JUNI
Festival »Boleros de Oro«
Das traditionelle Bolero-Festival findet zeitgleich in Havanna, Camagüey, Santa Clara und Santiago de Cuba statt.
Ende Juni

JULI
**Festival del Caribe,
»Fiesta del Fuego«**
»Karibisches Fest des Feuers« in Santiago – zur Einstimmung auf den Karneval zwei Wochen darauf.
Anfang Juli in Santiago de Cuba

Tag der Märtyrer der Revolution
Gedenktag im ganzen Land.
30. Juli

Carnaval
Der berühmte Karneval von Santiago de Cuba beginnt in der Calle Santa Rita mit einem ohrenbetäubenden Klangwirbel aus Tumbas, Congas, Triangeln, Rasseln und Klanghölzern. Tagelang pulsiert die Stadt bei 35 °C im Schatten, wird Bier in Tankwagen herangekarrt, walzen Formationen von Menuett-Tänzern und Musikgruppen durch die engen Straßen.
Eine Woche Mitte bis Ende Juli

SEPTEMBER
Festival de Teatro de la Habana
Zehn Tage lang steht die Hauptstadt ganz im Zeichen des Theaterfestivals.
Mitte Sept.; www.festivalteatro.cult.cu

OKTOBER
Gedenktag für Che Guevara
Zum Tod des Revolutionärs 1967.
8. Okt.

Gedenktag für Camilo Cienfuegos
Zum Tod des Revolutionärs 1959.
28. Okt.

NOVEMBER
Festival Internacional de Jazz
Für ein paar Tage bestimmt Latin-Jazz den Rhythmus der Hauptstadt. Jede Menge Jam-Sessions und Workshops.
Ende Nov. in Havanna

NOVEMBER/DEZEMBER
Biennale de la Habana
Bedeutendes internationales Kunstereignis, organisiert vom »Centro Wifredo Lam« in Havanna. Auch viele private Ausstellungen.
Alle zwei Jahre in Havanna

DEZEMBER
Festival Internacional del Nuevo Cine Latinoamericano in Havanna
Das wichtigste Filmfestival Lateinamerikas: immer wieder gut für Überraschungen, z. B. Tomás Gutiérrez Aleas »Erdbeer und Schokolade«.
Eine Woche Mitte Dez.; www.habana filmfestival.com

Santería – Wenn die Trommeln rufen

Seit den Neunzigerjahren huldigen viele Kubaner wieder offen ihren alten afrikanischen Göttern.

Der »socialismo tropical« ist kein gottloses Regime. So sagt man Fidel Castro nach, dass er gläubiger sei, als die atheististischen Lehren von Marx und Lenin es eigentlich erlauben. Nicht nur, dass er in der schwersten Krise der Insel die Kirchen wieder öffnete und den Papst einlud. Er soll auch mehr oder weniger heimlich ein Anhänger der afrokubanischen Götterwelt sein.

Mit dieser Ambivalenz stünde er nicht allein da. 1775 erlaubte der Bischof von Havanna den Nachfahren verschleppter Afrikaner auf der Insel, sich ihrer heimatlichen Götterwelt zu erinnern – sofern der Gemeindevorstand (»cabildo«) unter dem Schutz eines christlichen Heiligen stand. Damals begann, was während der ersten Revolutionsjahrzehnte bis zur deklarierten Religionsfreiheit in den Neunzigerjahren nur noch heimlich praktiziert werden durfte, aber vorher für die Kubaner eine Selbstverständlichkeit war: die gleichzeitige Anbetung christlicher Heiliger und afrikanischer Götter. Der heilige Lazarus verkörpert beispielsweise zugleich Babalú Ayé, den Gott der Krankheiten, die heilige Barbara zugleich Changó, den Gott des Feuers, und der heilige Christoforus zugleich Aggayú, den Gott der Flüsse und Ebenen.

Kein Kubaner versteckt heute mehr seinen kleinen gemischt christlich-afrokubanischen Hausaltar. Wobei die afrokubanische Götterwelt ihre christlichen *alter egos* immer mehr in den Hintergrund zu drängen scheint. Statistiken sprechen von ca. 30 % römisch-katholischen Kubanern. Wie viele von ihnen dem Synkretismus frönen, ist unbekannt. Aber man geht davon aus, dass die Mehrheit den alten afrikanischen Göttern hul-

digt, entweder als Sympathisant oder regelrechtes Mitglied eines Kults. Diese sind nach ihren alten afrikanischen Ursprungsregionen gegliedert: Die Santería z. B. stammt aus dem Land der Yoruba, die geheime Bruderschaft der Abakuá aus Calabar.

Die meisten Kubaner sind Anhänger der Santería. Wer ein richtiges Mitglied werden will, muss ein Initiationsritual über sich ergehen lassen und danach ein Jahr lang Weiß tragen. Die Zeremonien und Kulte reichen von harmlosen Konsultationen beim Orakelpriester, dem Babalao, bis zu Voodoo-ähnlichen Spektakeln unter dröhnenden Trommelschlägen, bei denen so manches Huhn sein Leben lässt und viel Blut fließt.

DIE AFROKUBANISCHE GÖTTERWELT

Die afrokubanischen Götter (»orishas«) entstammen der Natur. Wie die Götter der Antike verkörpern sie menschliche Stärken und Schwächen. Allerdings spielen bei den afrokubanischen »orishas« Farben eine große Rolle. Changó, dem Gott des Feuers, der streitbaren Männlichkeit und der Sexualität, wird die Farbe Rot zugeordnet. Yemayá – christlich auch als die Jungfrau von Regla verehrt – ist die Göttin des Meeres und der Fruchtbarkeit, ihre Farbe Blau. Ogún wird als Gott der Kraft angebetet, die allerdings gleichermaßen konstruktiv wie destruktiv sein kann; seine Farben wiederum sind Grün und Schwarz.

Insgesamt tummeln sich nach einer exakten Hierarchie rund 20 höchst unterschiedliche Charaktere im »orisha«-Universum. Seine Wächter sind Obtalá, der Schöpfer der Erde und der Menschen (christlich: die heilige Jungfrau Mercedes), und Olofí, der Gott der Gesetze und des Uranfangs (christlich: die Heilige Dreifaltigkeit).

Jedem Menschen können dabei bestimmte »orishas« zugeordnet werden. Mit welchen afrokubanischen Gottheiten man wesensverwandt ist, findet der Babalao heraus. Wer seine göttlichen Über-Ichs gefunden hat, schmückt sich gern mit deren Insignien, und sei es nur eine Perlenkette in den entsprechenden Farben. So signalisiert z. B. eine gelbgrüne Kette Orúla, die Göttin der Weisheit und der Schutzengel (christlich: der heilige Franziskus). Das Tragen dieser Farben kann freilich auch einfach nur bedeuten, dass man sich Orúlas Schutz anvertraut.

Gemälde mit synkretistischer Kultszene im Museo Histórico de Guanabacoa (→ S. 66) bei Havanna.

Sport und Strände

Kuba ist ein Tauchparadies, aber auch Wanderer,
Golfer und Angler kommen auf ihre Kosten.

*Vom Tropenparadies Cayo Coco (→ S. 77) kann man mit dem Katamaran zu Entde-
ckungsfahrten in die eindrucksvolle Inselwelt der Umgebung starten.*

Kuba arbeitet intensiv an der Erweiterung seines Angebots für Aktivurlauber. Zu den gut ausgerüsteten Tauchstationen für Kubas weltberühmte Unterwasserwelt in den vorgelagerten Archipelen gesellen sich neue Yachthäfen und neue Informationszentren für Naturlurlauber, auch neue Golfplätze sind im Bau. Traditionell ist Kuba außerdem ein Superziel für Fahrradfahrer und für alle, die das Salsa-Tanzen lernen wollen.

ANGELN

Die meisten Barsche tummeln sich im Lago La Redonda bei Morón. Angelausflüge starten vom **Centro Turístico La Redonda** (Tel. 03 35/21 22), eine Stunde mit Führer kostet 35 CUC. Weitere gute Adressen für Angler sind bei Sancti Spíritus am Zaza-Stausee das **Hotel Zaza** (Ctra. a Trinidad, Tel. 0 41/2 70 15, Fax 2 83 59) und am Hanabanilla-Stausee in der Sierra Escambray das **Hotel Hanabanilla** (→ Routen und Touren, S. 146).

GOLF

Nachdem Golf aus ideologischen Gründen lange als Kapitalistensport verpönt war, sind zu den vorhandenen Golfplätzen in Havanna und Varadero neue Anlagen geplant: z. B. auf Cayo Coco, Cayo Santa María und an der Costa Esmeralda bei Guardalavaca.

Club de Golf Habana ···≯ S. 172, A 5
Ctra. de Vento, km 8, Reparto Capdevila, Ave. Rancho Boyeros, La Habana; Tel. 07/33 89 18; Greenfee 40 CUC (9 Loch) oder 30 CUC (18 Loch).

Varadero Golf Club ···≯ S. 173, D 5
Ctra. Las Américas, Varadero; Tel. 0 45/66 77 88; Greenfee 70 CUC (18 Loch)

HOCHSEEANGELN

Auch Urlauber, die keine Hemingway-Liebhaber sind, werden ihren Spaß am Hochseeangeln haben. Die Fahrten mit den Segel- oder Motoryachten sind meist ganztägig angelegt und

MERIAN-Tipp

Kuba von oben per Fallschirm erleben

»Salto Tandem«, so heißt das Zauberwort für alle, die das Abenteuer lieben und keine Angst vor der Vogelperspektive haben. Das Fallschirmspringerzentrum, das diese luftigen Ausflüge mit Trainer am Fallschirm anbietet, befindet sich in Varaderos Westen. Vielleicht fährt man auch erst nur zum Zuschauen hin, um dann die Gelegenheit zu nutzen, einen Termin zu vereinbaren. Der zehnminütige Nervenkitzel kostet 150 CUC.

Varadero, Centro Internacional de Paracaidismo, Vía Blanca, km 1,5; Tel. 0 37/66 72 56 ···≯ S. 173, D 5

bilden eine Mischung aus Sportsgeist und Sonnenerlebnis. Cocktails sind immer an Bord, mittags steuern die Boote eine Insel an, wo fangfrischer Fisch auf den Grill kommt.

Marina Hemingway ···≯ S. 172, A 5
Calle 248 y 5ta. Ave., Santa Fé, Ciudad de La Habana; Tel. 07/2 04 11 50

Marina Internacional Puerto de Vita ···≯ S. 180, B 21
Ctra. a Guardalavaca (bei Playa Pesquero); Tel. 0 24/3 04 45

Marina Marlin ···≯ S. 180, B 24
Ave. 1, Punta Gorda, Bahía de Santiago de Cuba; Tel. 0 22/69 14 46

Marina Puertosol ···≯ S. 174, A 12
Ctra. María Aguiar, Playa Ancón, Trinidad; Tel. 04 19/62 05; www.puertosol.net

Marina Puertosol ···≯ S. 175, E 10
Cayo Guillermo; Tel. 0 33/30 17 38; www.puertosol.net

KLETTERN

In Viñales wurden etliche Kletterrouten eingerichtet. Informationen und

Tipps erhält man in Viñales im neuen **Centro de Visitante** (→ S. 75) oder im Internet unter www.cubaclimbing.com.

RADFAHREN

Kuba eignet sich hervorragend für Touren mit dem Fahrrad, das hier ohnehin (neben der Kutsche) das verbreiteste Fortbewegungsmittel ist. Es lassen sich auch bequeme Routen ohne allzu anstrengende Steigungen zusammenstellen. Spezialveranstalter bieten Touren verschiedener Schwierigkeitsgrade an, die Sightseeing mit dem Radsport verbinden; **Wikinger Reisen** (→ S. 166) z. B. für 16 Tage. Man kann sich aber vor Ort auch an den **Club Nacional de Cicloturismo Gran Caribe** wenden.

Club Nacional de Cicloturismo

····⟫ S. 172, A 5

Lonja del Comercio No. 6 D/Oficios, Habana Vieja; Tel. 07/96 91 93, Fax 66 99 08; trans@ip.etecsa.cu

REITEN

Reitausflüge werden in den touristischen Hochburgen angeboten – oft kombiniert mit anderen Aktivitäten. Reitzentren (»Centros Hípicos«) gibt es z. B. an der Playa Esmeralda. Wer Reitferien machen will, der findet bei Reiterreiseveranstaltern Angebote für Kuba, z. B. eine siebentägige Reiterreise auf dem Trail Pinar del Río bei **Das Urlaubspferd** (Wiesenstr. 25, D-64331 Weiterstadt; Tel. 0 61 51/ 89 56 38, Fax 89 38 91; www.urlaubspferd.de).

SEGELN

Die ständig wehenden Passatwinde zwischen Dezember und März schaffen ideale Bedingungen für Segler. In den Marinas (→ Hochseeangeln, S. 37) werden Katamarane und Yachten vermietet, darunter Mooring-Yachten. Wer einen längeren Segeltörn an Kubas Küsten unternehmen will, kann sich auch an den deutschen Segelveranstalter **KH+p-Yachtcharter** wenden (Ludwigstr. 12, D-70197 Stuttgart, Tel. 07 11/63 82 82 und 63 82 83, Fax 6 36 57 09; www.khp-yachtcharter.de). Skipper müssen vor Einfahrt in kubanische Hoheitsgewässer (auf 12 Seemeilen Entfernung vom Inselsockel) über HF (SSB) und 2790 oder VHF Kanal 16 (beide Netze für Touristen) ihre Ankunft bei den Hafenbehörden avisieren.

Auch wenn Sie noch nie in Ihrem Leben getaucht sind – auf Kuba sollten Sie es unbedingt einmal probieren. Die Korallenriffe zählen zu den schönsten der Welt.

Sol Melia Las Americas: Das Golferparadies liegt bei der Mansión Xanadú (→ S. 89).

TANZEN

Weil sich vor allem Salsa-, aber auch Son-Tanzen nicht so einfach auf der Tanzfläche erlernen lässt, gibt es in Havanna und Santiago de Cuba Tanzschulen oder Tanzlehrer für Touristen. Wer einen Kurs belegen will, wendet sich am besten an einen Spezialveranstalter (→ S. 165). Angebote gibt es z. B. bei **AvenTOURa, Danza y Movimiento** und **Vacancia**.

TAUCHEN UND SCHNORCHELN

Kubas Korallenriffe gelten als die zweitgrößten überhaupt und zählen zu den allerschönsten. Wer in die fantastische Welt der Korallengärten, Unterwasserhöhlen, Grotten und Krater abtaucht, wird sich an Fischen verschiedenster Arten, Größen, Formen und Farben, Algenpflanzen, Schwämmen, Muscheln und schwarzen Korallen sattsehen können. Der Korallenbewuchs beginnt auf dem oberen Rand des Festlandsockels und erstreckt sich hinunter bis in etwa 400 m Tiefe. Selbst in 50 m Tiefe ist die Sicht noch klar. Rund um die Insel sind Tauchreviere markiert. Die schönsten befinden sich bei der **Isla de la Juventud, Cayo Largo, María La Gorda, Cayo Levisa** und den **Jardines del Rey** (Cayo Coco, Cayo Guillermo, Cayo Santa María). Teilweise führen archäologische Tauchgänge auch zu gesunkenen Piratenschiffen.

Die Tauchzentren sind internationalen Tauchorganisationen (ACUC, SNSI, CMAS) angeschlossen, die Gruppen werden von fachkundigen Guides betreut. Tauchschulen gibt es in fast allen größeren Hotels an der Küste. Die notwendigen Tauchgeräte, sichere Ausrüstungen und Bleigewichte sind meist in ausreichender Zahl vorhanden.

Schnorchler erhalten auch an Badesträndem, die wie die Playa Pilar (Cayo Guillermo) nicht zu Hotelanlagen gehören, Schnorchel und Flossen. Für Anfänger gibt es an vielen Stränden organisierte Schnupperkurse. Profis müssen eine Tauglichkeitsbescheinigung vorlegen, die nicht älter als ein Jahr sein darf, ein Logbuch und ein Brevet. Mehrere Spezialveranstalter bieten komplette Tauchreisen an (→ S. 165).

Strände wie aus dem Bilderbuch findet man auf Kuba vielerorts. Als besonders schön gilt jener von Varadero (→ S. 88), schon Anfang des 20. Jahrhunderts ein Top-Reiseziel.

Die kubanischen Korallenbänke stehen unter Naturschutz. Es ist daher streng verboten, mit Harpunen und Wurfspeeren auf Jagd zu gehen. Korallen dürfen nicht abgebrochen, Muscheln nicht aus dem Wasser geholt werden. Die Tauchguides achten penibel auf die Einhaltung dieser Vorschriften. Übertritte werden mit Tauchverbot geahndet.

Im Westen der Isla de la Juventud wurde in den Fünfzigerjahren das Taucherparadies **Cabo Francés** entdeckt. Der kubanische Inselsockel fällt hier auf über 1000 m ab, für Tieftaucher eine echte Herausforderung. Die Wassertemperatur bewegt sich zwischen 25 °C im Winter und 29 °C im Sommer. Aus diesen Gründen und natürlich wegen der schönen Korallenriffe, des Artenreichtums und Farbprismas wird der Inselsporn auch bei Tauchern mit olympischen Ambitionen als eine Top-Adresse gehandelt.

Das **International Cuba Diving Center** bietet inzwischen 56 ausgewiesene Tauchzonen. Mitten ins Meer wurde eine Tauchstation mit Restaurant, Umkleidekabinen und WC hineingebaut, die durch einen langen Steg mit dem Ufer verbunden ist. Hier kommen auch Schnorchler und Strandwanderer auf ihre Kosten.

Die schönsten Tauchstationen:

Barracuda Scuba Cuba
·····≻ S. 173, D 5
Ave. 1 e/58 y 59, Varadero; Tel. 0 45/ 66 70 72

Blue Diving
·····≻ S. 175, E 10
Marina Aguas Tranquilas, Cayo Coco; Tel. 0 33/30 81 79

Centro de Buceo Punta Francés
·····≻ S. 171, E 4
Hotel El Colony, Isla de la Juventud; Tel. 0 61/39 81 81

Centro Internacional Buceo
·····≻ S. 170, B 3
María La Gorda; Tel. 0 82/77 81 31

Eagle Ray ·····⫸ S. 180, B 21
Playa Guardalavaca; Tel. 0 24/33 67 02;
www.cuba-divers.com

La Agùja ·····⫸ S. 172, A 5
Marina Hemingway, Santa Fé/La Habana;
Tel. 07/2 04 11 50

Scubacuba Shark Friends
·····⫸ S. 179, E 17
Beim Hotel Quatro Vientos, Playa Santa
Lucia; Tel. 0 32/36 51 82

Scuba Diving Center Faro Luna
·····⫸ S. 173, F 5
Playa Rancho Luna, Cienfuegos;
Tel. 04 32/54 80 40

TENNIS
Alle Resorts und viele größere Hotels
besitzen eigene Tennisanlagen, in
denen häufig auch Nicht-Hotelgäste
spielen können. Bälle und Schläger
sind meist vor Ort erhältlich, aber oft
in schlechtem Zustand. In den Städten gibt es keine Tennisplätze.

WANDERN
Wunderschöne Flecken unberührter
Natur laden auf Kuba zum Wandern
ein – allerdings durchweg nur mit
Führer. Sie stehen in den jeweiligen
Besucherzentren, z. B. von **Las Terrazas** (→ S. 73) oder **Viñales** (→ S. 74),
bereit oder sind über Hotels zu buchen: z. B. für den Nationalpark La
Güira bei San Diego de los Baños im
Hotel Mirador (→ S. 73), für den
Humboldt-Nationalpark im **Hotel El
Castillo** (→ S. 112) oder für den Nationalpark Pico Turquino im **Hotel
Villa Santo Domingo** (→ S. 144).

STRÄNDE
Kubas Strände sind ein Traum – feiner, weißer, sauberer Korallenstaub.
An der 5745 km langen Küste gibt es
rund 300 dieser Strände, die ideale
Voraussetzungen für Erholung und
Wassersport bieten. Das Meer ist
meist flach und ruhig. Die Wassertemperatur liegt ganzjährig bei 25–28 °C.

MERIAN-Favoriten
Die 10 schönsten Strände

Playas del Este
Die Bademeile Havannas – schier endlos
und hübsch mit Dünenkette (→ S. 66).

Cayo Coco
Schöne Strände vor noch schöneren
Hotels für Sonnenhungrige (→ S. 77).

Playa Pilar
Traumhafte weiße Strandbucht auf Cayo
Guillermo (→ S. 80).

Cayo Santa María
Wo noch Schildkröten ihre Eier in den
Sand legen und das Meer die Uferzone
regiert (→ S. 82).

Cayo Las Brujas
Zum Verlieben schöner, geschwungener
Hausstrand vor Naturhotel (→ S. 82).

Varadero
Der berühmteste Strand, lang und breit
wie eine Jumbolandebahn (→ S. 88).

Cayo Largo del Sur
Sandklecks in der Karibik – für Strandläufer und Sonnenanbeter (→ S. 95).

Playa Ancón
Breiter Traumstrand, kaum Hotels und
ganz in der Nähe von Trinidad (→ S. 108).

Playa Santa Lucía
20 km langer Prachtstrand, meilenweit
wild und menschenleer (→ S. 116).

Guardalavaca
Blendend schöner weißer Saum vor den
ältesten Hotels der Region (→ S. 120).

Fast überall wachen Rettungsschwimmer über die Sicherheit der badenden
Urlauber, und auch an Kubas Stränden wehen die international bekannten Signalflaggen, die man zum eigenen Schutz unbedingt beachten
sollte: Bei Rot gilt Badeverbot, bei
Orange ist Vorsicht geboten, und bei
Grün ist das Baden gefahrlos.
　　Gute Sonnen- sowie Insektenschutzmittel sollte man unbedingt im
Gepäck haben. An manchen Stränden
können Badeschuhe von Vorteil sein,
weil sich im steinigen Wasserrand
auch zahlreiche Seeigel aufhalten.
Haie verirren sich dagegen nur selten
in flache Küstengewässer.

Familientipps – Hits für Kids

Willkommen in einem Paradies für kleine Indianer, Piraten, Dino-Fans und Strandkuchenbäcker.

Nicht nur bei Kindern ein Hit – das Valle de la Prehistoria mit seinen lebensgroßen Dinosauriern. Wie zu Urzeiten tummeln sich hier über 200 Kolosse.

Kinder finden in vielerlei Hinsicht ideale Bedingungen vor. Die Strände sind sauber, das Wasser ist warm und bei ruhigem Wetter ungefährlich, und die Kubaner sind ausgesprochen kinderlieb. Hier können die Kids nach Herzenslust sie selber sein.

»Freizeit« hat allerdings auf Kuba eine andere Bedeutung als bei uns. Tagsüber sind die Kinder fast ständig betreut: in der Krippe, im Kindergarten oder in der Schule. Es gibt wenige Spielplätze und Freizeitparks, und ihre Ausstattung ist meist dürftig. Eine kindgerechte Infrastruktur findet man daher vornehmlich in den großen All-inclusive-Hotels europäischer Prägung. Im Rahmen kultureller Volkserziehung aber entstanden auf Kuba liebenswerte Plätze, die in die Evolution, die Zeit der Dinosaurier, oder das Leben der Ureinwohner einführen. Einen Extraspaß für Jugendliche bietet Varadero mit seiner neuen Gokartbahn.

Acuario Baconao ⋯⋯⟩ S. 180, C 24
Das Aquarium ist ein Spiegel der bunten Unterwasservielfalt karibischer Gewässer. Vor allem aber kann man hier in einem langen Acryltunnel großen Haien auf den Bauch schauen.
Ctra. Baconao, km 27,5, Santiago de Cuba; Di–So 9–17 Uhr; Eintritt 5, Kinder 3 CUC

Aldea Taína ⋯⋯⟩ S. 180, B 21
Eintauchen in die Welt der Indianer. In dem rekonstruierten Taíno-Dorf gruppieren sich »bohíos« (Wohnhütten) um den »batey« (Dorfplatz) mit bemalten Taíno-Figuren, die sich zum Tanz zu bewegen scheinen.
Ctra. Banes–Guardalavaca; tgl. 9–16 Uhr; Eintritt 3 CUC

Cuevas Bellamar ⋯⋯⟩ S. 172, C 5
Höhlenfeeling mit kuriosen Steinformationen und Kristallbildungen. Abenteuerliche Extratouren mit Stirnlampe in unbeleuchteten Grotten.
Ctra. a las Cuevas, Matanzas; tgl. 9–17 Uhr; Eintritt 5 CUC, Kinder 3 CUC

Delfinarien
Shows oder Schwimmen mit Delfinen gehören zu den unvergesslichen Erlebnissen – nicht nur für Kinder. An tiergerechter Haltung wird allerdings auf Kuba noch fleißig gearbeitet. Delfinarien gibt es an der **Bahía de Naranjo** bei Guardalavaca (⋯⟩ S. 180, B 21), nahe der **Playa Rancho de Luna** bei Cienfuegos (⋯⟩ S. 173, F 7) und gegenüber der Marina von **Varadero** (⋯⟩ S. 173, D 5). Der Eintritt bewegt sich zwischen 10 CUC (nur Gucken) und 60 CUC (Schwimmen mit Delphinen). Fotografieren bzw. Filmen kostet extra.

Laguna del Tesoro und Villa Guamá
⋯⋯⟩ S. 173, DE 7
Die Bootsfahrt über den sumpfigen »Schatzsee« ist für sich schon ein kleines Abenteuer. Das Indianerdorf Guamá, ein Mini-Freilichtmuseum mit nachgebauten Pfahlhütten, Stegen, Brücken und Indianerskulpturen, versetzt die Kleinen in die Welt präkolumbischer Winnetous.
La Boca, Laguna del Tesoro; Boote tgl. 10–14 Uhr; Dauer: 3 Std.; Preis 10 CUC

Piratenbollwerke
Sir Francis Drake, Henry Morgan und François Lolonois – die Bollwerke gegen diese berüchtigten Piraten konnten gar nicht mächtig genug sein. Ob in den Festungen von Havanna oder in Santiago de Cuba: Überall riecht es nur so nach Abenteuer.

Pista de Karting ⋯⋯⟩ S. 173, D 5
Mindestens 7 Jahre sollten die Kinder schon sein – für sie gibt es extra gesicherte Gokarts. Auch Zweisitzer.
Antiguo Aeropuerto Varadero; Mo–Fr 10–20, Sa, So 10–22 Uhr; 8 Min. 4–8 CUC je nach Karttyp

Valle de la Prehistoria ⋯⟩ S. 180, C 24
Fast wie im Film: eine Dino-Welt à la Jurassic Parc mit 227 lebensgroßen Dinosauriern und Mammuts.
Ctra. Baconao, km 10, Santiago de Cuba; tgl. 7–18 Uhr; Eintritt 1 CUC

Unterwegs in Kuba

Kubas berühmte koloniale Perle Trinidad (→ S. 105) liegt am Fuß der Sierra Escambray. Sie steht heute auf der Liste des UNESCO-Weltkulturerbes.

Ob die alte Diva Havanna, die Traumstrände
der Cayos, die koloniale Schönheit Trinidad
oder die Tabaklandschaften von Pinar del Río –
es ist schwer, Kuba nicht zu verfallen.

Havanna

Morbider Charme und restaurierte Pracht – keine
Stadt in der Karibik ist wie »Ciudad La Habana«.

*Auf der Höhe des Parque Central glänzt Havannas Prachtboulevard Paseo del Prado
(→ S. 57) mit dem Gran Teatro und dem Capitolio Nacional nach US-Vorbild.*

Havanna   ····> S. 172, AB 5

2,2 Mio. Einwohner
Stadtpläne → S. 49 und S. 52/53

Meterhoch spritzen die Brecher an der grauen Brüstung am Malecón und überschwemmen die Promenade. Seit Langem bearbeitet die salzhaltige Atlantikluft die alten Kolonnadenvillen der berühmten Uferstraße. Vor der Revolution drängten sich hier die Juwelierläden, in denen sich gelangweilte Millionärsgattinnen ihre Zeit vertrieben. Danach ereilte sie das Schicksal aller ehemals »kapitalistischen« Prachtmeilen in Havanna: Sie wurde geächtet und vernachlässigt.

Und heute? Neben kubanischen Anglern und Liebespärchen tummeln sich zahlreiche Touristen am Malecón, während gegenüber an der säulengeschmückten Häuserzeile bereits einige der alten Prachtfassaden in aufpoliertem Glanz leuchten. Dazu weisen große Schilder, aufgestellt vom Büro des für die Erneuerung Havannas zuständigen »Historiadors«, auf die geplante völlige Wiederherstellung von Havannas optischer Visitenkarte hin.

Seit Kuba im Tourismus seine wirtschaftliche Überlebenschance erkannte, wird die »Alte Dame der Karibik« aufwendigen Schönheitsoperationen unterzogen. Im Herzen selbstbewusst wie eh und je, präsentiert sie sich dem Besucher in einer Übergangsphase zwischen Verfall und Wiedergeburt. Nirgendwo prallen die Gegensätze zwischen Alt und Neu so aufeinander wie im **Centro**, das sich zwischen der bereits restaurierten Altstadt **Habana Vieja** und dem Malecón ausbreitet. In den Häuserschluchten des Centro bröckeln die Fassaden noch vor sich hin, lassen geöffnete Haustüren notdürftig abgesicherte Treppenhäuser erkennen, und nachts sind nur wenige Wohnungen erleuchtet, während die nahe Uferpromenade schon wieder im strahlenden Licht zahlreicher Bogenlampen erstrahlt. Nachtschwärmer zieht es in die Kneipen der restaurierten Altstadt im Osten, in das westlich anschließende jüngere und deshalb auch weniger vom Verfall gezeichnete **Vedado** mit seinen Bars und Wolkenkratzern amerikanischen Zuschnitts oder gar noch weiter in den Westen in die vornehmen staatlichen Restaurants oder Clubs und teuren privaten Paladares im ehemaligen Villenviertel **Miramar**, das längst wieder eine Klasse für sich ist.

Morbide und marode einerseits und andererseits wieder mondän –

Selbstbewusst wie eh und je

Havanna scheint erneut zu alter Größe und Vielfalt zurückzufinden, und das unter sozialistischem Vorzeichen. Ein Widerspruch, der auch Havannas Kapital ist, denn der Spagat zwischen neuem Geschäftssinn und Sozialismus macht neugierig. Man darf gespannt sein, wie weit die um geniale Lösungen nie verlegenen Hauptstädter ihre Metropole noch herausputzen werden.

La Habana Vieja, die Altstadt, spiegelt die lange koloniale Vergangenheit von Kubas Kapitale wider. Die historischen Paläste, Kirchen und Villen mit ihren Arkaden und Kolonnaden, den Säulen, filigranen Zierbalkonen, hohen Gitterfenstern und maurisch anmutenden Glasverzierungen sind größtenteils restauriert. Die Kulturschützer der UNESCO, die die 4 qkm große Fläche um die **Plaza de la Catedral** 1982 als Weltkulturgut unter ihre Obhut stellten, halfen mit einigen Millionen Dollar. In die Prachtbauten zogen Museen, Hotels, Restaurants und Bars ein. Antikes Mobiliar, exotische Pflanzen, immer wieder hinreißend gute Musikanten und eine mitreißende kubanische Lebenslust, das sind die Zutaten, die der Altstadt heute ihr unvergessliches Flair verleihen.

Das Hotel Nacional de Cuba in Vedado lockt mit Luxus und legendären Geschichten.

Die Ursprünge der Stadt lassen sich bis zu zwei ersten Siedlungen aus dem Jahr 1514 zurückverfolgen. Die Gründungsmesse für San Cristóbal de La Habana fand am 16. November 1519 unter Diego de Velázquez statt, dem Eroberer und ersten Gouverneur von Kuba. Und ihre Blütezeit begann 1556 mit der königlichen Ernennung zum Haupthafen aller spanischen Kolonien in Amerika, dem **Puerto Principal**. Fortan steuerten sämtliche spanischer Silbergaleonen aus Süd- und Mittelamerika vor ihrer Heimreise zuerst die Bahía de la Habana an. Dort wurden sie in den Werften für die Überfahrt nach Spanien gerüstet, nahmen Proviant an Bord und segelten im Flottenverband Richtung Heimat. Havanna löste Santiago de Cuba als Hauptstadt ab und wuchs schnell zum größten Hafen in der Karibik heran.

Während der Sklavenaufstände im benachbarten französischen Sainte-Domingue, die 1804 zur Geburt von Haiti führten, erblühte Havanna erneut, denn zahlreich flohen die französischen Zuckerpflanzer nach Kuba und bauten sich als Zeichen ihres wiedergewonnenen Wohlstandes in Havanna ein Prachthaus. Ein zweiter **Zuckerboom** während des Ersten Weltkriegs, dazu der Zustrom von Millionären und Mafiosi aus den USA während der dortigen Prohibitionszeit verwandelten Havanna Anfang des 20. Jh. nicht nur in die reichste Karibikmetropole, sondern auch in einen Abgrund des Alkoholschmuggels und -konsums, der Spielhöllen, Prostitution und Korruption. Kurzum: Alles, was in den USA verboten war, gedieh prächtig in dem nahen Kuba.

Nach der Revolution war Schluss mit lustig. Havanna verfiel in einen Dornröschenschlaf – bis der internationale **Tourismus** die Stadt wach küsste. Das Leben, das er ihr einhauchte, macht neugierig. Schon meldet sich auch ein Hauch alter Verruchtheit zurück. Und sei es nur während einer lässigen Taxifahrt mit einem auf Hochglanz polierten Buick oder Chevrolet aus den Fünfzigern.

Meliá Habana ···⫸ S. 52, westl. a 1
Das 1998 eröffnete Luxushotel wurde
schnell zum Mittelpunkt der neuen
gehobenen Hotelszene im aufstre-
benden Botschaftsviertel Miramar.
Mit Business-Etage, vier Restaurants,
drei Bars, drei Pools, Fitnessraum,
Tennisplätzen und Gratis-Shuttle nach
Habana Vieja auf Geschäftsreisende
wie betuchte Urlauber eingerichtet.
Calle 3ra esq. 76 y 80 (Miramar, Playa);
Tel. 07/2 04 85 00, Fax 2 04 85 05;
www.solmeliacuba.com; 397 Zimmer
●●●● MASTER VISA

Nacional de Cuba ···⫸ S. 52, ab 2
Der Luxuspalast der Amerikaner aus
den Dreißigerjahren. Damals gaben
Mafiosi wie Lucky Luciano und
Meyer-Lanski hier rauschende
Feste. Winston Churchill und Charles
de Gaulle standen ebenso auf der
Gästeliste wie die Filmstars Erro Flynn
und Marlon Brando. Das komplett re-
novierte Flaggschiff der kubanischen
Hotelgruppe Gran Caribe prangt mit
Garten auf einem Felsvorsprung über
dem Malecón mit Blick aufs Meer. Se-
henswertes »Cabaret Parisién«.
Calle O esq. 21 (Vedado); Tel. 07/
8 36 35 64/67, Fax 8 73 51 71; www.
hotelnacionaldecuba.cu; 424 Zimmer
●●●● MASTER VISA

Raquel ···⫸ S. 49, h 3
Ursprünglich beherbergte das überaus üppig im Art-nouveau-Stil erbaute Haus Büros und Warenlager eines
reichen Kaufmanns. Die Lobby atmet
heute noch den Hauch eines mächtigen Kontors, dezent erhellt durch ein
großflächiges mehrfarbiges Oberlicht.
Schöne begrünte Dachterrasse.

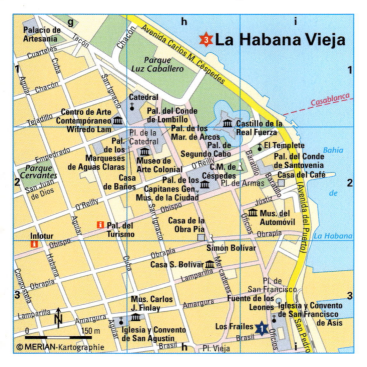

Amargura esq. San Ignacio (Habana Vieja); Tel. 07/8 60 82 80; Fax 8 60 82 75; www.hotelraquel.cu; 25 Zimmer ●●●● ▱

Sevilla
⤑ S. 53, e 2

Das 1924 in maurischem Stil erbaute und aufwendig restaurierte alte Renommierhotel spielt in Graham Greenes »Unser Mann in Havanna« eine tragende Rolle und gehört heute wieder zu den besten Adressen.

Trocadero 55 esq. Prado y Zulueta (Habana Vieja); Tel. 07/8 60 85 60, Fax 8 60 85 75; www.accorhotels.com; 178 Zimmer ●●●● MASTER VISA

Tryp Habana Libre
⤑ S. 52, südwestl. a 3

Das ehemalige Hilton – je weiter oben, desto besser die Aussicht, am besten von der beliebten Bar in der 25. Etage. In den beiden Stockwerken darunter errichteten am 8. Januar 1959 die siegreichen Revolutionäre ihr Hauptquartier. Die zahlreichen Läden und Büros im Erdgeschoss waren die ersten im Havanna nach der Wende zum Tourismus. Heute wird es von Sol Meliá (Spanien) und Gran Caribe (Kuba) betrieben. Schwimmbad, Konferenzzentrum, Internetservice.

Calle L esq. 23 y 25 (Vedado); Tel. 07/8 34 61 00, Fax 8 34 63 66; www.tryp habanalibre.solmelia.com; 572 Zimmer ●●●● MASTER VISA

Ambos Mundos
⤑ S. 49, h 2

Als es Hemingway nach Kuba zog, stieg er zunächst hier ab und unternahm von diesem Haus seine legendären nächtlichen Runden durch die Kneipen. 1997 wurde das Hotel wieder eröffnet. Hemingways ehemaliges Zimmer 511 ist so hergerichtet, als würde er gerade nur seinen Mojito in der Bodeguita del Media trinken (Eintritt für Nicht-Hotelgäste 2 CUC).

Obispo No. 153 esq. Mercaderes (Habana Vieja); Tel. 07/8 60 95 29, Fax 8 60 95 32; www.hotelambosmundos-cuba.com; 52 Zimmer ●●● bis ●●●● ▱

Comodoro
⤑ S. 52, westl. a 1

Das Hauptgebäude wirkt etwas altersschwach, aber dafür entschädigt die ansehnliche dazugehörige große Villenanlage im spanischen Stil mit ihren komfortablen Zimmern.

Calle 3 esq. 84 (Miramar, Playa); Tel. 07/2 04 55 51, 2 04 20 11, Fax 2 04 20 89; www.cubanacan.cu; 109 Zimmer, 324 Bungalows ●●● bis ●●●● MASTER VISA ♿

Plaza
⤑ S. 53, e 3

Das sympathische Grandhotel beim Zentralpark wurde erstmals 1909 eröffnet. Hier kann man stilvoll mit Blick über die Dächer von Havannas Altstadt frühstücken.

Ignacio Agramonte 267 (Habana Vieja); Tel. 07/8 60 85 83, Fax 8 60 71 88 69; www.hotelplazacuba.com; 188 Zimmer ●●● bis ●●●● MASTER VISA

Conde de Villanueva
⤑ S. 49, h 3

Charmantes Hotel für Zigarrenfans in der restaurierten Villa von Claudio Martínez de Pinillo alias Conde de Villanueva (1789–1853), einem großen Förderer des Tabakhandels. Angeschlossen sind das Restaurant **Vuelto Abajo**, die Cafetería **El Corojo** und ein klimatisierter Zigarrenladen.

Mercaderes 202 esq. Lamparilla y Amargura (Habana Vieja); Tel. 07/8 62 92 93, 8 62 92 94, Fax 8 62 96 82; www.hostalcondevillanueva.cu; 9 Zimmer ●●● ▱

Los Frailes
⤑ S. 49, i 3

→ MERIAN-Tipp, S. 18

Habana Riviera
⤑ S. 52, westlich a 1

Das von Mafioso Meyer-Lansky erbaute Hotel entzückt Fünfzigerjahre-Fans innen wie außen mit seinem aufpolierten puren Design. Bar in der Lobby, Pool, Café und Restaurant. Großartiger Blick auf Meer und Malecón. Wer will, kann die Lansky-Suite im 20. Stock für rund 200 CUC mieten.

Paseo Prado esq. Malecón (Vedado); Tel. 07/8 33 40 51, Fax 8 33 37 39;

www.habanarivierahotel.cu; 353 Zimmer
●●● MASTER VISA

El Mesón de la Flota → S. 49, h 3
Kleines Herrenhaus in der Altstadt. Etwas überteuert, aber nett.
Mercaderes esq. Amargura y Brasil
(Habana Vieja); Tel. 07/8 63 38 38, Fax
8 62 92 81; www.mesondelaflota.cu;
5 Zimmer ●●● ▱

Valencia ❧ → S. 49, i 3
Kleines, charmantes Hostal in einer
Kolonialvilla aus dem 18. Jh., im Originalstil renoviert. Direkt beim Museo
del Automóvil, und zur Plaza de Armas ist es nur ein Katzensprung.
Oficios 53 esq. Lamparilla y Obrapía
(Habana Vieja); Tel. 07/8 67 10 37,
Fax 8 60 56 28; www.habaguanex.com;
12 Zimmer ●●● ▱

Caribbean → S. 53, e 2
Schlicht und zweckmäßig – das Hotel
für den schmaleren Geldbeutel. Kleine Zimmer mit Klimaanlage.
Paseo Prado 164 esq. Colón y Refugio
(Centro Habana); Tel. 07/8 60 82 33, Fax
8 60 94 79; www.islazul.cu; 38 Zimmer
●● MASTER VISA

Casa Miramar → S. 52, westl. a 1
Schöner wohnen privat: Diese »casa
particular« vermittelt einen Eindruck
von der Wohnkultur alter Tage im Nobelviertel Miramar.
Calle 30 No. 3502 esq. 35 y 37 (Miramar);
Tel. 07/2 09 56 79; www.casamiramar.
com; 3 Zimmer ● ▱

Casa Colonial → S. 52, c 3
Gastlicher und gepflegter Lichtblick in
den Häuserschluchten des Centro,
unweit des Paladar La Guarida. Zwei
geräumige Zimmer mit Klimaanlage,
die sich ein großes Bad mit Duschwanne teilen. Auf Wunsch Frühstück
und andere Mahlzeiten.
Gervasio 216 esq. Concordia y Virtudes
(Centro Habana); Tel. 07/8 62 71 09;
E-Mail: orixl@yahoo.es; 2 Zimmer ●
▱

Parador Numantino → S. 53, d 3
Gepflegte »casa particular« in Prado-
Nähe. Der Inhaber Osmany vermietet
zwei Zimmer mit Bad, Klimaanlage, TV
und Kühlschrank.
Consulado 223 esq. Animas (Centro
Habana); Tel. 07/8 63 87 33, kein Fax;
2 Zimmer ● ▱

*Der Castillo de los Tres Reyes del Morro (→ S. 55) aus dem 16. Jahrhundert sollte die
Stadt vor allem vor den Angriffen feindlicher englischer Piraten schützen.*

Spaziergang durch die Altstadt
Die Hemingway-Route

Havanna
(La Habana)

b

c

Malecón

Miramar, Sta. Fe, Marianao, Habana

Linea

Victimas del USS Maine

Edificio FOCSA

Nacional de Cuba

Caleta de San

Malecón

Humboldt

Calzada de Infanta

Espada

23 (La Rampa)

Vedado

Parque Coppelia

Coppelia

Vapor

Hornos

Parque Maceo

Antonio Maceo

San Lázaro

Lagu

27 de Noviembre

San Lázaro

Hosp. Hermanos Ameijeiras

Centro

Virtu

Julio A. Mella

Concordia

Aramburu

Soledad

Marqués González

Lucena

Padre Varela (Belascoaín)

Gervasio

Escobar

23 (La Rampa)

27 de Noviembre

25

Neptuno

Universidad de La Habana

San Miguel

San Rafael

San Martín (San José)

Zanja

Santiago

Hospital

San Francisco

España

Ronda

Mus. Napoleónico

Hospital General Calixto García

Mus. de Artes Decorativas

José M. Gómez

Estadio Juan Abrahantes

Valle

Zanja

Salud

Jesús Peregrino

Pocito

Haba

Zapata

Castillo del Príncipe

Cementerio de Colón

Avenida Salvador Allende (Carlos III.)

Enrique Barnet (Estrella)

Marqués González

San Carlos

Iglesia de Sagrado

Calzada de Zapata

Feria de la Juventud

Pozos Dulces

Lugareño

Bruzón

Sitios

Maloja

Franco

Oquendo

Peñal Conde

Plasencia

Pedro

Peñalver

Desagüe

Avda. Carlos M. de Céspedes

Avda. Rancho Boyeros

Almendares

Calzada de Ayesterán

Desagüe

Benjumeda

Santo Tomás

Árbol Seco

Subirana

Ministerio del Interior

19 de Mayo

Factor

Pediátrico Centro Habana

Clavel

Santa Marta

Estadio José M. Pé

Aranguren

Pereira

Arroyo (Avenida Manglar)

Paseo Pl. de la Revolución

Biblioteca Nacional

Aranguren (Zaldo)

Avenida 20 de Mayo

Belas

José Martí

Gral. Suárez

Calzada de Ayesterán

Panchito Gómez

Madan

Gral. Lacoste

San Martín

Amistad

Nueva

Calzada de Infanta

San Joaquín

Santa Rosa

Estévez

Gómez (Mon

Máximo

Pal. de la Revolución

Enna

Avda. Rancho Boyeros

Pedro Pérez

20 de Mayo

Estadio Latinoamericano

Estévez

Umba

Jardín Bot., Parque Zoológico, Aeropuerto

a

b

c

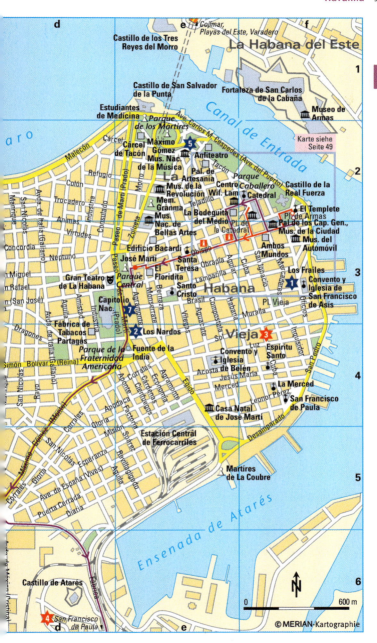

Jugendstil- und Art-déco-Gebäude findet man in Havanna ebenso wie barocke Kolonialarchitektur.

Spaziergang

Einer der schönsten Ausgangspunkte für einen Spaziergang durch die **Altstadt** ist die **Plaza de Armas**, Havannas ältester Platz. Die Anfänge der Stadt kann man sich hier auf wenigen Metern erlaufen. Unter der mächtigen alten Ceiba wurde Havanna 1519 gegründet. Der neoklassizistische Mini-Tempel **El Templete** markiert die Stelle, wo damals die erste Messe gehalten wurde. Daneben erstrahlt der **Palacio del Conde de Santovenia**, in den nach aufwendigen Restaurationsarbeiten das Luxushotel Santa Isabel eingezogen ist.

Zum Schutz der wachsenden Stadt wurde im 16. Jh. der **Castillo de la Real Fuerza** an der Wasserseite errichtet. Hat man den kleinen Park in der Platzmitte halb umrundet, steht man vor dem **Palacio de los Capitanes Generales**, der einstigen Residenz der spanischen Gouverneure in Kuba, die heute das Stadtmuseum beherbergt. Schlendert man weiter durch die belebte Einkaufsstraße **Calle Obispo** und biegt nach dem zweiten Block in die **Calle San Ignacio** ein, gelangt man zur **Plaza de la Catedral,** dem Herzen der Altstadt und einem der schönsten Plätze Lateinamerikas.

An der nördlichen Stirnseite erhebt sich die wuchtige Barockkathedrale, das Prunkstück am Platz, flankiert von einem beeindruckend einheitlichen Ensemble aus Palästen im reinen Kolonialstil. Unangetastet von der Moderne reihen sich der Palacio de los Marqueses de Aguas Claras, die Palacios de los Marqueses de Arcos, del Conde de Lombillo und de Bayona sowie das ehemalige Badehaus Casa de Baños um den Platz.

Hier soll der kubanische Dichter Alejo Carpentier Havanna zur »**Stadt der Säulen**« gekürt haben. Zurück auf der Calle San Ignacio und weiter auf der Calle Obispo, gelangt man an deren Ende zum **Parque Central.** Hier endet die spanische Kolonialepoche, und man macht mit dem **Capitolio** die ersten Republikerfahrungen.

Dauer: 1 Stunde

Sehenswertes

Capitolio Nacional   ⸱⸱⸱⟩ S. 53, d 3
Washington D.C. in Havanna. Das weiße Kapitol ist eine gelungene Kopie des US-Originals, was die Kubaner jedoch eher schmerzhaft an ihre halbkoloniale Abhängigkeit von den USA und ihren diktatorischen Präsidenten Gerardo Machado erinnert. Knapp drei Jahre arbeiteten 5000 Leute an dem Bau, der rund 17 Mio. Dollar verschlang. Im Jahr 1929 als Sitz von Senat und Repräsentantenhaus eingeweiht, wurde in dem Gebäude 1960 die Akademie der Wissenschaften untergebracht. Ab dem 24-karätigen Diamanten unter der 90 m hohen Kuppel werden sämtliche Entfernungen ab Havanna berechnet.

Parque Central (Centro Habana)

Castillo de la Real Fuerza 👥👥

⤏ S. 53, f 2

Die älteste Festung Kubas und eine der ältesten Lateinamerikas. Nachdem französische Korsaren ihre Vorgängerin geschleift hatten, kam Verstärkung: Um 1558 wurde ein Bollwerk mit 6 m dicken, 10 m hohen Mauern und breitem Wassergraben gebaut. Auf einem der Festungstürme tänzelt die zierliche Bronzefigur **La Giraldilla**, das Wahrzeichen Havannas. Mit dem späteren Bau von El Morro und La Cabaña wurde La Fuerza schließlich ihrer Funktion enthoben.
Plaza de Armas (Habana Vieja);
tgl. 9–17 Uhr; Eintritt 1 CUC

Catedral

⤏ S. 49, gh 1

Stark gealtert, aber erhaben präsentiert sich die Kalkstein-Kathedrale im schlichten Kolonialbarock auf dem gleichnamigen Platz. Im Jahr 1748 legten die Jesuiten den Grundstein für die Kirche. Vor ihrer Fertigstellung wurden die gläubigen Brüder jedoch 1767 im Streit mit der spanischen Krone um die Machtfrage aus Kuba verbannt. Unter königlicher Federführung wurde schließlich weitergebaut. 1788 zog ein Bischof ein, und die einstige Hauptkirche stieg zur Kathedrale auf. Zwei ungleiche, klotzige Türme stützen den Mittelbau. Den speziellen Klang der Glocken schreibt man der Beimengung von Gold und Silber in die Legierung zu.
Plaza de la Catedral (Habana Vieja);
Mo–Sa 10.30–16, So 9.30–12 Uhr;
Eintritt frei

Cementerio de Colón

⤏ S. 52, westl. a 4

Man muss kein Fan von Gottesäckern sein, um den Zentralfriedhof mit seinem Prachtportal, den geschmückten Grabstätten, Marmormausoleen und einigen Michelangelo-Verunglimpfungen schön zu finden. Seit dem Jahr 1872 liegen hier, im Tod vereint, Zuckerbarone wie Revolutionäre unter der Erde. Aber auch Dichter wie Alejo Carpentier und Nicolás Guillén sowie der kubanische Schachweltmeister José Raul Capablanca haben in der Gräberstadt im Westen Havannas ihre letzte Ruhe gefunden.
Zapata esq. 12 (Vedado); tgl. 8–17.30 Uhr;
Eintritt 1 CUC

Complejo El Morro mit Castillo de los Tres Reyes del Morro und Fortaleza de San Carlos de la Cabaña 👥👥

⤏ S. 53, e 1 und f 1

Zum Schutz der spanischen Silberflotte wurde 1588 an der engsten Stelle von Havannas Hafeneinfahrt dieses Monstrum von Festung gebaut, das kurz »El Morro« genannt wird. Architekt war der Italiener Juan Bautista Antonelli, ein Experte für Militärarchitektur. Von El Morro aus hat man den besten Blick auf die Skyline der kubanischen Metropole.

Südlich schließt die jüngere **Fortaleza La Cabaña** an den Komplex an. Sie wurde nach dem Abzug der Engländer erbaut, die 1762 Havanna besetzten und ein Jahr später im Tausch gegen Florida wieder abzogen. Rund 700 m misst die gigantische Anlage, die mehr als 5000 Soldaten Platz bot. Bis in die Fünfzigerjahre diente die Festung den Diktatoren als Kerker und Hinrichtungsstätte für politische Gefangene. Nach der Revolution bezog sie Che Guevara; seine Kommandantur wurde später zum **Museo Memorial a la Comandancia**. Wie früher wird noch heute um 21 Uhr die Kanonenschuss-Zeremonie »Cañonazo de las nueve« abgehalten.
Ostseite der Bahía de la Habana
(La Habana del Este); Castillo del Morro:
tgl. 10–18 Uhr; Eintritt 2 CUC. Fortaleza
Cabaña: tgl. 10–16 Uhr; Eintritt 4 CUC;
Einlass zum Cañonazo tgl. ab 20.30; Eintritt 6 CUC; Eintritt tagsüber in die Anlage ohne Museumsbesuche 1 CUC

Edificio Bacardí

⤏ S. 53, e 3

Das Bacardí-Haus spricht Bände über den Erfolg des Senkrechtstarters Facundo Bacardí. Im Jahr 1929 verlegte

Pferdekutsche am mehrspurigen Malecón, der sieben Kilometer langen berühmten Uferpromenade von Havanna.

die Rum-Dynastie ihren Stammsitz von Santiago in die Hauptstadt. Pures Art déco und eines der schönsten Gebäude Havannas. Nach der aufwendigen Restaurierung zogen Büros ausländischer Unternehmen ein, u. a. das des deutschen Kuba-Spezialisten avenTOURa.

Monserrate esq. Progreso (Centro Habana)

Maqueta Habana ⤑ S. 52, westl. a 1
Das kunstvoll von dem kubanischen Architekten Mario Covul gebastelte Modell von Havanna im Maßstab 1:1000 ist nicht nur eine Augenweide, sondern verschafft auch einen wunderbaren Überblick über die riesige Stadt. Es ist auf 35 Rolltischen montiert und misst 22 x 8 m.

Calle 28 No. 113 esq. 1ra y 3ra (Miramar); Tel. 2 02 73 22; E-Mail: maqueta@gdic.ch. gov.cu; Di–Sa 9.30–17 Uhr; Eintritt 3 CUC, Fotografieren 2 CUC, Video 5 CUC

Malecón ⤑ S. 52, ae 1/2
Wer diese Uferpromenade zu Fuß erobern will, braucht eine gute Kondition, verbindet der Malecón doch Havannas Altstadt und die Stadtteile Vedado, Centro Habana und Miramar auf 7 km Länge. Die erste Teilstrecke wurde 1901 angelegt, mit der Zeit wurde Stück um Stück angebaut.

Malecón (Centro Habana)

Palacio de los Capitanes Generales
⤑ S. 49, h 2
Mit seiner meterlangen Säulenarkade und den hübschen Balkonen macht der Palast Eindruck. Er wurde 1776 als Sitz der spanischen Generalgouverneure in Kuba gebaut und ist eines der schönsten Bauwerke aus der Kolonialzeit. Nach der Unabhängigkeit 1898 richteten sich in den prunkvollen Sälen erst die amerikanische Besatzungsmacht, dann Präsidenten und Museumsdirektoren ein.

Plaza de Armas (Habana Vieja)

Parque Central ⤑ S. 53, e 3
Zwischen der Altstadt und dem modernen Havanna gelegen, wirkt der Zentralpark mit seinen hohen Königspalmen wie eine Oase – wäre er nicht zugleich ein Verkehrsknotenpunkt. Die Habaneros lieben ihren kleinen Platz mit den schattigen Steinbänken, der mit dem **Gran Teatro** und den beiden Grandhotels **Inglaterra** und **Plaza** einen hübschen, teils barocken, teils neoklassizistischen Rahmen erhält. In der Mitte steht die Statue von José Martí (1853–1895), dem Primus unter Kubas Nationalhelden.

Parque Central (Centro Habana)

Plaza de la Revolución
⤑ S. 52, a 5/6
Alles ist bombastisch. Der Platz, auf dem schon bis zu 1,5 Mio. Menschen dem Máximo Líder lauschten. Ebenso das 109 m hohe obeliskförmige **Monumento y Museo José Martí** im Zentrum. Es überragt alle übrigen Gebäude Havannas. Im Erdgeschoss dokumentiert

es das Leben des Nationalhelden. Dazu Kubas größtes Konterfei von Che Guevara mitsamt seinem Leitspruch »Hasta la victoria siempre« an der Wand des Innenministeriums (es wurde vor rund 10 Jahren im Design modernisiert). Der Platz der Revolution ist Kubas Machtzentrale. Ihn rahmen die wichtigsten Schaltstellen von Politik, Wirtschaft und Militär der sozialistischen Republik.

Céspedes esq. Rancho Boyeros (Vedado); Monumento y Museo José Martí: Mo–Sa 9.30–17.30, So 10–14 Uhr; Eintritt 5 CUC, Fotografieren 5 CUC, Video 10 CUC

Plaza de San Francisco ····⟩ S. 49, i 3
Das Tor vom Hafen zur Altstadt. Hier kann man Hochzeitspaaren und hohen geladenen Staatsgästen wie dem Präsidenten Venezuelas auf ihrem Weg zu den Feierlichkeiten in der Kirche des **Klosterkonvents San Francisco de Asís** begegnen (1719–1762 erbaut, 1994 wieder eröffnet). Das **Museo de Arte Religioso** im Innern überzeugt durch seine zusammengetragenen Kostbarkeiten auch Skeptiker von Kubas neuer Frömmigkeit seit dem Besuch des letzten Papstes 1998. Im Norden des Platzes erhebt sich das einstige Handelshaus **Lonja del Comercio** (1907). Die **Fuente de los Leones** (Löwenbrunnen) in der Mitte des Platzes stammt aus dem Jahr 1836.

Ave. del Puerto (Habana Vieja); Kirche San Francisco und Museo de Arte Religioso im Konvent: tgl. 9–18.30 Uhr; Eintritt 1 CUC, Führung plus 1 CUC, Fotografieren 2 CUC, Video 10 CUC

Plaza Vieja ····⟩ S. 49, h 3
Der alte Handelsplatz ist mittlerweile nahezu komplett restauriert. In neuem Glanz erstrahlt auch das imposante Eckgebäude **Edificio Gómez Vila** (1909). Oben im Raum **Cámera oscura** erhält man via Echtzeit-Projektion einen guten Überblick über die umliegenden Gebäude. Schräg gegenüber sind die ältesten Gebäude zu sehen: die **Casas del Conde Lombillo** und **del Conde de San Estéban de Cañongo**.

Cámara oscura: Teniente Rey esq. Mercaderes (Habana Vieja); tgl. 9–17.30 Uhr; Eintritt 2 CUC

Prado ····⟩ S. 53, e 2/4
Eigentlich heißt der breite Boulevard **Paseo de Martí**, besser bekannt ist er

Die Plaza de Armas war der erste Marktplatz Havannas. Heute werden hier neben reichlich Revolutionsliteratur auch vorrevolutionäre Magazine und Bücher angeboten.

bei den Habaneros aber unter dem Namen Prado. Havannas prominenteste Prachtstraße, deren Schwester in Madrid zu Hause ist, führt vom Capitolio Nacional bis zum Malecón an der Hafenbucht. Prunkvolle Stadtvillen säumen die Chaussee, den erhöhten Mittelstreifen kühle Steinbänke und Schatten spendende Bäume – ein beliebter Treffpunkt für Flaneure, Liebespärchen und Familien. Die an den Straßenübergängen wachenden Löwen sollen aus den von den Engländern bei ihrem Abzug im Jahr 1763 zurückgelassenen Kanonen gegossen worden sein.

Paseo Prado (Centro Habana)

Universidad de La Habana
⸱⸱⸱⸱> S. 52, a 3

Viele Stufen sollt ihr erklimmen, mögen sich die Dominikanermönche, die Uni-Gründer, gedacht haben, als sie die schöne steile Freitreppe zur Universität von Havanna bestellten. 1728 wurde die Universität erbaut und 1842 säkularisiert. Ein Denkmal erinnert an engagierte Studentenführer und Kämpfer gegen die Diktatur, die Machado 1929 ermorden ließ.

Calle L esq. 27 de Noviembre (Vedado)

MUSEEN

Centro de Arte Contempóraneo Wifredo Lam
⸱⸱⸱⸱> S. 49, g 1/2

Wifredo Lam (1902–1982) gilt als der bedeutendste kubanische Maler. Mit Salvador Dalí besuchte der Surrealist die Kunstakademie in Madrid und war ein Schüler von Pablo Picasso. Eine kleine Sammlung von Lam-Gemälden ist im Erdgeschoss zu bewundern. Das moderne Kulturzentrum widmet sich außerdem allgemein der Kunst der Entwicklungsländer.

San Ignacio 22 (Habana Vieja); Di–Sa 10–17 Uhr; Eintritt 2 CUC

Depósito del Automóvil 👣👣
⸱⸱⸱⸱> S. 49, i 2

Während Oldtimer aus vorrevolutionärer Zeit noch herausgeputzt durch die Stadt kurven, hat sich das Automuseum bereits auf die Zeit danach eingestellt. Zu sehen sind auch Wagen von Präsidenten und Revolutionären.

Oficios 13 (Habana Vieja); Di–So 9–19 Uhr; Eintritt 1 CUC

Museo de Arte Colonial ⸱⸱⸱⸱> S. 49, h 2

Außen schlicht, innen großzügig und elegant: So ließ sich der spanische Generalgouverneur 1720 die **Casa del**

Heldenkult im Museo de la Revolución (→ S. 60): Che Guevara und Camilo Cienfuegos.

MERIAN-Tipp

5 Museo Nacional de la Música

Wer sich für die kubanische, aber auch für die weltweite Musikgeschichte interessiert, darf das Museo Nacional de la Música in der Altstadt nicht auslassen. Die Sammlung des kubanischen Anthropologen Fernando Ortiz umfasst ein reiches Sortiment afrikanischer Trommeln, kurioser Instrumente, vergilbter Partituren und antiker Plattenspieler, die man sogar in Betrieb setzen kann. Zu besonderen Anlässen werden hier auch Konzerte mit klassischer oder moderner Musik veranstaltet.

Capdevilla 1, esq. Habana y Aguiar;
Di–Sa 10–18, So 9–14 Uhr; Eintritt 2 CUC
⤙⤙⤚ S. 53, e 2

Conde de Bayona erbauen, heute das Kolonialkunstmuseum. Es zeigt altaristrokatischen Wohnstil mit kostbaren Möbeln aus der Kolonialzeit.
Plaza de la Catedral (Habana Vieja);
tgl. 9–19 Uhr; Eintritt 2 CUC, Führer 2 CUC

Museo de Artes Decorativas
⤙⤙⤚ S. 52, westl. a 3
Marmorskulpturen, edle chinesische Bodenvasen, üppige Glaslüster, die teuersten Möbel verschiedener Epochen. Die Ausstattung dieses Museums für dekorative Kunst, früher das Haus einer Gräfin, dürfte Antiquitätenfans vor Neid erblassen lassen.
Calle 17 No. 502 esq. D y E (Vedado);
Di–Sa 11–18 Uhr; Eintritt 2 CUC

Museo del Chocolate 🍴
⤙⤙⤚ S. 53, h3
Mehr ein Café als ein Museum. Der Duft des Glücklichmachers Schokolode erfüllt diese kleine Oase und lässt über Servicemängel und fade aufgeschäumten Kakao hinwegsehen. Tröstlich sind die leckeren Pralinen (»bombones«). Man kann zusehen, wie sie hergestellt werden, und alte Kakaotassen bewundern.
Mercaderes 255 (Habana Vieja);
tgl. 10–20.30 Uhr

Museo de la Ciudad   ⤙⤙⤚ S. 49, h 2
Der einstige Sitz der spanischen Gouverneure (Palacio de los Capitanes Generales) beherbergt heute das Stadtmuseum, wo man viel Wissenswertes über die koloniale Stadtgeschichte erfährt. Im eleganten Patio mit Balkonen, Säulen und wild hochwuchernden Tropenpflanzen wird **Christoph Kolumbus** mit einer marmornen Statue geehrt.
Plaza de Armas (Habana Vieja);
Di–Sa 11.30–17.30, So 9–12 Uhr;
Eintritt 3 CUC

Museo Nacional de Bellas Artes/ Antiguo Centro Asturiano de La Habana   ⤙⤙⤚ S. 53, e 2/3
Seit 2001 ist das Kunstmuseum von Havanna in zwei Gebäuden untergebracht: die **Internationale Sammlung** im restaurierten pompösen ehemaligen Centro Asturiano beim Parque Central und die **Kubanische Sammlung** im modernisierten Palacio de Bellas Artes drei Blocks weiter nördlich. Insgesamt erwarten den Kunstfreund 4800 qm Ausstellungsfläche mit Werken aus fast allen Ländern der Welt und allen Epochen – angefangen mit der Antike bis zur zeitgenössischen Malerei. Vertreten sind ebenso die Gemälde alter Meister wie Breughel, Cranach, Goya, Rubens oder Velásquez wie moderne Kunst von Luis Camnitzer, Max Ernst oder Rauschenberg. Geordnet ist die internationale Sektion nach Ländern. Die kubanische Abteilung umfasst Werke vom frühen 16. Jh. bis heute, u. a. von Wifredo Lam und Alexis »Kcho« Leyva.
Antiguo Centro Asturiano: San Rafael esq. Zulueta y Montserrate; Palacio de Bellas Artes: Trocadero esq. Zulueta y Montserrate (Habana Vieja); beide Häuser Di–Sa 10–18, So 10–14 Uhr; www.museonacional.cult.cu; Eintritt 5 CUC (beide 8 CUC)

Museo de la Revolución ⸱⸱⸱⸱⤳ S. 53, e 2

Es ist das größte und lückenloseste Museum auf Kuba zur Revolution von 1959. Zu den Exponaten gehören auch »Revolutions-Reliquien« wie Kalaschnikows, von den Revolutionären höchstselbst benutzte Teller oder Arztinstrumente, mit denen Che in den Bergen Verwundete behandelte. Dem Heroenkult um die Kämpfer Che Guevara und Camilo Cienfuegos wird mit lebensgroßen Figuren der beiden Genüge getan – wie sie gerade aus dem Unterholz hervorpirschen.

Aufbewahrt sind die Memorabilien im prunkvollen ehemaligen **Präsidentenpalast** von Fulgencio Batista. Das neoklassizistische Gebäude wurde 1913 bis 1920 erbaut und von Tiffany's aus New York eingerichtet.
Refugio esq. las Misiones y Zulueta (Centro Habana); Di–Sa 10–18, So 10–13 Uhr; Eintritt 5 CUC

Museo del Ron Havana Club
⸱⸱⸱⸱⤳ S. 53, f4

Vor dem Kauf einer Havana-Club-Rumsorte kann man sich in dem aufwendigen »Museum« ausgezeichnet über dessen verschiedene Herstellungsprozesse informieren.

Ave. d. Puerto esq. Luz y Sol (Habana Vieja); tgl. 9–17.30 Uhr; Eintritt frei

Museo de San Salvador de la Punta 👫 ⸱⸱⸱⸱⤳ S. 53, e 1

Welche Kostbarkeiten Taucher der kubanischen Archäologie-Organisation Carisub aus den rund um Kuba gesunkenen spanischen Schatzgaleonen ans Tageslicht hochholten, das kann man sich in der **Sala de Tesoro** der kleinen Fortaleza (1589) am oberen Ende des Prado ansehen. Unter den Fundstücken befinden sich neben alten Gebrauchsgegenständen von Bord auch Goldbarren und Silbermünzen.
Malecón esq. Prado (Habana Vieja); Mi–So 10–17.30 Uhr; Eintritt 5 CUC

ESSEN UND TRINKEN

Tocororo ⸱⸱⸱⸱⤳ S. 52, westl. a 1

Zu den zahlreichen Prominenten, die hier speisten und sich dann mit einem Foto im Entree des Meeresfrüchterestaurants verewigten, gehörte auch Castro-Freund Gabriel García Márquez. Exklusiv sind hier vor allem die Preise, die Kochkünste des Küchenchefs orientieren sich eher an lateinamerikanischen denn europäischen Gourmet-Maßstäben. Der Geldadel

Wenige Schritte von der Kathedrale entfernt liegt La Bodeguita del Medio. Die legendäre Cocktail-Kneipe zehrt noch heute von ihrem einstigen Stammgast Ernest Hemingway.

ist unter sich und wird in familiärem Ambiente diensteifrig umsorgt. Sushi-Fans erwartet ein gesonderter »japanischer Raum«. Benannt ist das Lokal nach Kubas Nationalvogel.
Calle 18 esq. 3ra Ave. (Miramar); Tel. 07/2 04 29 98; Mo–Fr 12–24, Sa, So ab 19 Uhr ●●●● MASTER VISA

Floridita ┈┈> S. 53, e 3
Am langen Fünfzigerjahre-Tresen sitzt man stets in Gesellschaft von Hemingway – freilich seinem in Bronze gegossenen Ehrendenkmal. Anno 1914 soll der Barkeeper Constante hier den Cocktail Daiquirí erfunden haben. Im ovalen Saal wird zu Tisch gebeten. Spezialität sind Meeresfrüchte, besonders gut (und teuer) ist Languste.
Montserrate 557 esq. Obispo (Habana Vieja); Tel. 07/8 67 13 00; tgl. 12–24 Uhr ●●● bis ●●●● MASTER VISA

La Bodeguita del Medio ┈┈> S. 49, g 2
Stammgast Ernest Hemingway und der Spruch »Mi Mojíto en La Bodeguita, mi Daiquirí en El Floridita« über der Theke haben diese Bar berühmt und stets überfüllt gemacht. Wände und Tische sind mit Namen voll gekritzelt – bekannten und unbekannten. Wer hier in der Nachbarschaft der Plaza de la Catedral nicht nur seinen Mojíto genießen, sondern auch speisen will, muss mit überzogenen Preisen rechnen. Das Restaurant liegt im Hinterraum und bietet kreolische Gerichte.
Empedrado 207 (Habana Vieja); Tel. 07/8 67 13 74 und 8 67 13 75; tgl. 12–0.45 Uhr ●●● ▱

El Patio ┈┈> S. 49, g/h 2
Das El Patio hat im **Palacio de los Marqueses de Aguas Claras** seine Tische aufgestellt. Eine schattige Arkadenterrasse direkt an der Plaza de la Catedral, ein romantischer Innenhof mit Brunnen, ein Snack oder kreolische Küche – was will man mehr.
San Ignacio 54 esq. Empedrado (Habana Vieja); Tel. 07/8 67 10 34; tgl. 12–23.45 Uhr ●●● ▱

MERIAN-Tipp
❻ **Eispalast Coppelia**
Havannas berühmtester Eispalast – eine Institution, die durch den Film »Erdbeer und Schokolade« von 1994 auch in Europa bekannt wurde. Unter dem weißen Runddach im Park werden allerdings die exotischen Sorten bevorzugt. Das Angebot ist manchmal sehr begrenzt. Stundenlanges Anstehen gehört mit zum Vergnügen. Wer Pesos Convertibles hat, bekommt sein Eis schneller, sitzt aber in einer abgedunkelten Zone.
Havanna, Calle 23 esq. L; tgl. 10–24 Uhr
┈┈> S. 52, a 2/3

La Esperanza ┈┈> S. 52, westl. a 1
Alteingeführter sympathischer Paladar im Wohnzimmer und auf der Terrasse einer Gartenvilla in Miramar. Manolo serviert professionell am großen Tisch, Hubert führt das Zepter in der Küche und verleiht den Speisen eine Prise französischer Raffinesse.
Calle 16 No. 105 esq. 1ra y 3ra (Miramar); Tel. 07/22 43 61; Fr–Mi 10–16 und 19–22.30 Uhr ●● bis ●●● ▱

La Guarida ┈┈> S. 52, c 3
Havannas bekanntestes Privatrestaurant. Der Paladar liegt im Oberstübchen eines alten, innen ziemlich verfallenen Stadthauses im Centro, einst Drehort des Filmes »Erdbeer und Schokolade«. Unter den Gästen Prominente, Diplomaten und reiche Kubaner. Reservieren!
Concordia 418 esq. Gervasio y Escobar (Centro Habana); Tel. 07/8 66 90 47; Mo–Fr 12–15 und 19–24, Sa, So 19–24 Uhr ●● bis ●●● ▱

Al Medina ┈┈> S. 49, h 2
Das maurische Flair der **Casa de los Árabes** verschafft dem Restaurant im ersten Stockwerk ein angemessenes Entree. Auch die Karte betont mit mehreren Lammgerichten, Couscous

Am Gedenktag an José Martí werden vor seinem Denkmal im Parque Central (→ S. 56) in Havanna feierlich Kränze niedergelegt.

und Falafel die arabische Note. Abgerundet wird das Ganze durch gelegentliche Bauchtanzdarbietungen.
Oficios 12 esq. Obispo y Obrapía (Habana Vieja); Tel. 07/8 67 10 41; tgl. 14–24 Uhr ●● bis ●●● ▭

La Cocina de Liliam
┄┄⟩ S. 52, westl. a 1
Liliam, einstmals Modedesignerin, sattelte um und verwandelte Patio und Garten ihres Hauses in einen kleinen Paladar und serviert dort eine köstliche traditionelle Küche. Im Angebot sind auch gute Weine.
Calle 48 No. 1311 esq. 13 y 15 (Miramar); Tel. 07/2 09 65 14; Mo–Sa 12–15 und 19–22 Uhr, Aug., Dez. geschl. ●● ▭

Los Nardos
┄┄⟩ S. 53, e 3/4
→ MERIAN-Tipp, S. 24

Vistamar
┄┄⟩ S. 52, westl. a 1
Der Paladar mit dem schönsten Blick: auf die Poolterrasse, in die benachbarten Poolterrassen, auf das Meer und vielleicht auf den Sonnenuntergang. Dazu in Knoblauch gedünsteter Fisch als Hauptspeise oder anderes zu vernünftigen Preisen.
1ra Ave. 2206 esq. 22 y 24 (Miramar); Tel. 07/2 03 83 28; tgl. 11–24 Uhr ●● ▭

Cafetería Pekin
┄┄⟩ S. 52, südwestl. a 3
Gute Adresse nicht nur für Vegetarier. Das Selbstbedienungsrestaurant ist sauber und hell, die Portionen sind groß, schmackhaft und preisgünstig.
Calle 23 esq. 12 y 14 (Vedado); Tel. 07/8 33 40 20; tgl. 12–22 Uhr ● ▭

Eispalast Coppelia 👫 ┄┄⟩ S. 52, a 2/3
→ MERIAN-Tipp, S. 61

EINKAUFEN
Die Straßen **Obispo**, **San Rafael**, **La Rampa** und **Avenida de Italia** sind die beliebtesten Einkaufsstraßen mit zahlreichen Cafés, Restaurants und Läden, darunter auch stilgetreu restaurierte Traditionsgeschäfte wie die **Panadería San José** und die Drogerie **Johnson**. Auf der **Plaza de Armas** hal-

> ## MERIAN-Tipp
> ### 🔯 US-Straßenkreuzer
> Einmal den amerikanischen Traum träumen – in einem 1949er-Dodge oder einem 1956er-Chevrolet durch Havannas Straßen kreuzen und dabei einen gefühlvollen Song von Nat King Cole aus dem Transistorradio mitsingen. Nichts leichter als das: Am Capitol (→ S. 54) stehen die Oldtimer heute als Taxis für Fahrten in Havanna und Umgebung bereit, z. B. der blitzblanke 54er-Chevrolet Belair von Humberto Fundora; Tel. 07/8 70 19 07 (Mobil 2 70 78 61). Vier Stunden fährt er schon für 20 CUC.

ten fliegende Buchhändler werktäglich Markt. Auf dem **Tacón** nebenan erstreckt sich ein riesiger Open-Air-Markt für Kitsch und Kunst, Do–Sa 10–19 Uhr. Die Geschäfte im Villenviertel **Miramar** gelten unter Habaneros als Einkaufsparadiese.

Asociación Cubana de Artesanados Artistas (ACAA) ⸱⸱⸱⸱⤳ S. 53, e 3
Kubanische Kunsthandwerker haben sich zusammengetan, um ihre Arbeiten in diesem zunächst unscheinbaren Laden auszustellen und zu verkaufen. Holz, Ton, Silber, Pappmaschee, Palmwedel, Sisal und natürlich auch Leinwand und Farbe sind ihre Werkstoffe. Jedes Stück ist garantiert ein Einzelstück.
Obispo 411 (Habana Vieja)

Casa del Café ⸱⸱⸱⸱⤳ S. 49, i 2
Ein sinnliches Vergnügen: herb-bitterer Duft von Kaffeebohnen, der aus alten Schütten und Filtern strömt, Kaffee aus kubanischem Anbau.
Baratillo 51 esq. Obispo (Habana Vieja)

Casa de la Música ⸱⸱⸱⸱⤳ S. 53, e 3
Die CD-Läden des staatlichen Aufnahmestudios **EGREM** in Habana Vieja und Miramar sind Fundgruben für Freunde kubanischer Musik.
Calle 20 No. 3308 esq. 33 y 35 (Miramar) und Galiano y Neptuno (Habana Vieja)

Casa del Tabaco ⸱⸱⸱⸱⤳ S. 49, h 2
Verkauf von Originalzigarren aller erdenklichen Marken, Qualitäten und Längen. Mit viel Sachkenntnis wird erklärt, empfohlen und ausgesucht. Das kleine Museum im ersten Stock ist auch für Nichtraucher ein Genuss.
Mercaderes 120 esq. Obispo y Obrapía (Habana Vieja)

Internacional ⸱⸱⸱⸱⤳ S. 53, e 3
Große Auswahl an Büchern vom lateinamerikanischen Kontinent, auch in deutschen Übersetzungen.
Obispo esq. Bernaza (Habana Vieja)

Palacio de la Artesanía ⸱⸱⸱⸱⤳ S. 53, e 2
Von der Rumba-Rassel und Muschelketten über Mariposa-Parfüm und Briefmarken bis zu Che-T-Shirts und Zigarren – fast jeder Souvenirwunsch wird hier erfüllt. Im Atrium-Café heizt eine Combo die Kauflust an. In einem hübschen Kolonialpalast von 1780.
Cuba y Tacón 64 (Habana Vieja); tgl. 9.15–19 Uhr

Das Gran Teatro (→ S. 65) wurde 1907 im neobarocken Zuckerbäckerstil errichtet.

Wer wissen will, was in Havanna los ist, findet jede Menge Tipps und Adressen in der kostenlosen Zeitung »Cartelera«. Es gibt sie in der Hotelrezeption oder direkt in der Redaktion (Calle 21 No. 459 esq. E y F, Vedado; Tel. 55 38 40 und 55 36 93).

Cabaret Tropicana
⸺⋗ S. 52, südwestl. a 6
Dieses legendäre Cabaret wird nicht selten mit dem Lido von Paris in gleichem Atemzug genannt. Tanzshow, Akrobatik, Karneval, Erotik und Folklore auf der Open-Air-Bühne. Dazu aufwendige Kostüme, Effekte, wilde und sanfte afrokubanische Rhythmen. Reservierung erforderlich.
Calle 72 No. 4505 esq. Línea del Ferrocarril (Marianao); Tel. 07/2 67 10 10 (Reservierung); Di und bei Regen keine Vorstellung, Beginn 21, Einlass ab 20 Uhr; Eintritt ab 65 CUC, Fotografieren 5 CUC, Video 15 CUC

Cabaret Turquino
⸺⋗ S. 52, südwestl. a 3
Gute Livegruppen würzen hier das Hochgefühl, im 25. Stock über den Dächern Havannas zu tanzen und vielleicht bei geöffnetem Schiebedach geradezu nach den Sternen zu greifen.
Hotel Libre, Calle L esq. 23 y 25 (Vedado); tgl. 22.30–3 Uhr

Café Cantante
⸺⋗ S. 52, westl. a 1
Konzerte mit populären Bands. Saxofon, Trompeten und Congas heizen hier kubanischen und ausländischen Salsa-Fans kräftig ein.
Keller des Teatro Nacional; Paseo Prado esq. 39 (Vedado/Plaza de la Revolución)

Casa de la Amistad
⸺⋗ S. 52, westl. a 2
Kulturzentrum in einer alten Villa. Jeden Samstag »Noche Cubana« mit Livebands. Vor 22 Uhr braucht man nicht anzutanzen.
Paseo Prado 406 (Vedado)

Copa Room
⸺⋗ S. 52, westlich a 1
In dem früheren Palacio de la Salsa kann man selbst tanzen oder einfach nur staunend zuschauen, wie unnachahmlich sich die Kubaner im Salsa-Rhythmus bewegen. Zeit zum Mut fassen hat man dann bis drei Uhr morgens. Showtime und Cabaret jeweils um 22.30 und 1 Uhr.

Das legendäre Cabaret Tropicana ist weit über die Grenzen Kubas hinaus bekannt.

Hotel Riviera, Paseo Prado esq. 1ra y Malecón (Vedado); Mi–Mo 22.30–3 Uhr

El Gato Tuerto ⋯⟩ S. 52, a 2
Schicke Restaurant-Bar mit Clubatmosphäre und Piano. Häufig finden auch Livekonzerte statt.
Calle O esq. 17 y 19 (Vedado); tgl. 12–3 Uhr

Gran Teatro de La Habana
⋯⟩ S. 53, d 3
Der Sitz des Weltklasse-Balletts Nacional de Cuba, das im Jahr 1948 von Alicia Alonso gegründet wurde. Reservierung ist empfehlenswert.
Paseo Prado esq. San Rafael (Centro Habana); Tel. 07/61 30 78

La Lluvia de Oro ⋯⟩ S. 49, g 3
Nette Kneipe mitten in der Altstadt mit täglicher Livemusik.
Obispo 316 esq. Habana (Habana Vieja)

Salón Rojo ⋯⟩ S. 52, a 3
Die »Rote Bar« war schon bei Frank Sinatra und Diktator Batista beliebt und wird noch immer von den Nachtschwärmern in Havanna zu den Highlights gerechnet. Wenn man gegen drei Uhr morgens gerade zu Hochform aufgelaufen ist, wird man leider ins Bett geschickt.
Hotel Capri, Calle 21 esq. N y O (Vedado); Tel. 07/8 33 37 47

SERVICE
Auskunft (INFOTUR) ⋯⟩ S. 53, e 3
Obispo esq. San Ignacio (Habana Vieja); Tel. 07/8 62 45 86;
Obispo 521 esq. Bernaza y Villegas; Tel. 07/8 33 33 33; www.infotur.cu, www.cubatravel.cu

**Aeropuerto Internacional
José Martí** ⋯⟩ S. 53, südlich a 6
Internationale Flüge: Tel. 07/2 66 41 33; Nationale Flüge: Tel. 07/33 55-76, -77

Viazul-Busbahnhof
⋯⟩ S. 53, südlich a 6
Ave. 26 esq. Zoológico (Nuevo Vedado); Tel. 8 81 14 13; www.viazul.cu

Ziele in der Umgebung

Cojímar ⋯⟩ S. 172, B 5

Wie kaum ein anderer Ort ist Cojímar durch Ernest Hemingway berühmt und zu einer Pilgerstätte geworden. Der Schriftsteller und Sportfischer startete von hier zur Hochseejagd nach dem Blue Marlin. Sein Bootsmann Gregorio Fuentes, der erst 2002 im Alter von 104 Jahren (!) verstarb, verdiente sich über 40 Jahre lang mit Geschichten über seinen berühmten Kapitän ein paar Dollars – und hielt so das Andenken an Hemingway in Cojímar äußerst lebendig. Es gilt als sicher, dass sich Hemingway hier zu seinem berühmten Roman »Der alte Mann und das Meer«, für den er den Pulitzer- und 1954 den Nobelpreis für Literatur erhielt, inspirieren ließ.

»Papa Hemingway«, wie ihn die Kubaner liebevoll nennen, wurde im Hafen von Cojímar ein Denkmal errichtet. Lächelnd blickt er da am vorgelagerten kleinen Fort vorbei hinaus aufs offene Meer.
13 km östl. von Havanna-Stadt

ESSEN UND TRINKEN
La Terraza
»Hemingway on everybody's mind.« Das Restaurant wurde zur Pilgerstätte für Busladungen von Touristen. Man speist gute Fischgerichte zwischen zahlreichen Fotos von Hemingway, die die Wände zieren, und mit herrlichem Blick auf die Bucht.
Calle Real 161 esq. Montaña y Candelaria; Tel. 07/33 87 02; tgl. 11–23 Uhr (Bar) und 12–23 Uhr (Restaurant) ●● ▱

Guanabacoa ⋯⟩ S. 172, B 5

Wenn man durch die unansehnliche Industriezone erst einmal zum alten Ortskern vorgedrungen ist, überrascht dieser mit kolonialem Flair und kleinstädtischem Leben. Jeden Sonntagvormittag ab 11 Uhr versammeln sich außerdem an der hübschen Plaza mit der 1644 erbauten **Iglesia del Potosí** zahlreiche Billighändler.

Der kleine Ort am Rand der Stadt Havanna geht ursprünglich auf eine Indianersiedlung zurück. Während der Kolonialzeit entwickelte er sich zu einem Zentrum des Sklavenhandels. Durch die **Calle Amargua**, die Straße der Bitternis, trieben die Sklavenhändler ihre schwarze »Ware«.

6 km östl. von Havanna-Stadt

MUSEEN
Museo Histórico de Guanabacoa
Die Hauptattraktion im Ort. Ochún, Obatalá, Babalú Ayé, Eleggua, Changó und all die anderen Götterkollegen sind in dem ethnologischen Museum als irdische Papp-Repräsentanten der afrokubanischen Religionen **Santería**, **Palo-Monte** oder dem Geheimbund **Abakuá** versammelt. Zahlreiche Kultgegenstände und Utensilien für die Zeremonien sind zu sehen.

José Martí 108 esq. San Antonio y Versalles; Mo, Mi–Sa 10–18, So 9–13 Uhr; Eintritt 2 CUC, Führung 1 CUC

Playas del Este ···⟩ S. 172, B5

Sieben bei Kubanern oder Touristen beliebte Badestrände hat Havannas »Riviera« im Osten zu bieten: **Bacuranao, El Mégano, Santa María del Mar, Boca Ciega, Guanabo, Jibacoa** und **Tropico**. Man erreicht diese lange, von sanften bewaldeten Dünen begleitete Strandmeile bequem von der Altstadt Havannas durch den Autotunnel unter der Hafeneinfahrt beim Castillo de San Salvador über die Schnellstraße »Vía Blanca« Richtung Matanzas. Ab Mégano bei km 22,5 kann man die schönsten Strände auch direkt auf einer Küstenstraße bis Guanabo abfahren – mit einer kleinen Ausnahme bei der »Blinden Mündung« Boca Ciega, wo die Strecke durch eine abenteuerliche Holzbrücke

unterbrochen ist. Die weiteren Playas Jibacoa und Tropico erreicht man dann wieder nur über die Vía Blanca.

Hier hat sich ein »Breezes« der All-inclusive-Hotelkette Superclubs niedergelassen. Verwaltungssitz der Region Habana del Este ist **Guanabo**. Hier sind auch Privatpensionen (»casas particulares«) erlaubt.

29 km östl. von Havanna-Stadt

HOTELS/ANDERE UNTERKÜNFTE
Atlántico Aparthotel
Strandnahe, beliebte kleine Ferienanlage mit Apartments, Restaurant und Poolterrasse.

Ave. Las Terrazas esq. 11 y 12 (Playa Santa María); Tel. 07/97 14 94; www.islazul.cu; 62 Apartments ●● MASTER VISA

Mégano
Mit Palmen und bunten Blumen aufgehübschtes und innen modernisiertes altes Ferienhotel auf einem Hügel zwischen Straßen, aber mit Pool und nah zum Strand.

Vía Blanca, km 22,5 (Mégano); Tel. 07/97 16 10, Fax 97 16 24; www.cubanacan.cu; 103 Zimmer ●● MASTER VISA

MUSEEN
Museo Municipal del Habana del Este 👍
Das nette kleine Museum zeigt u. a. Funde indianischer Siedlungsplätze aus der Region. Besonders stolz ist man auf die Knochenreste eines Buckelwals, der vor Jahren an der Küste strandete.

Guanabo, Calle 504 esq. 5ta Ave. c; Tel. 07/96 22 47; Di–So 10–19 Uhr; Eintritt 1 CUC

ESSEN UND TRINKEN
El Cubano
In dieser rustikalen Hütte mit Blick auf die Dünen verstecken sich eine Bar, eine Grillecke und ein Restaurant mit kubanischer Hausmannskost.

Ave. 5ta esq. 454 y 456 (Guanabo); Tel. 07/96 40 61; Restaurant tgl. 12–24 Uhr, Bar tgl. 24 Std. ●● ▱

Stilechte Erfrischung an den Playas del Este: Havana Club aus frischer Kokosnuss.

SERVICE
Auskunft (INFOTUR) ┈┈⟩ S. 53, e 3
Guanabo, 5ta Ave. esq. 468 y 470; Tel.
07/96 68 68 und Santa María del Mar, Ave.
Las Terrazas esq. 10 y 11; Tel. 07/96 11 11;
www.infotur.cu, www.cubatravel.cu

San Francisco de Paula

┈┈⟩ S. 172, B 5

Nach San Francisco de Paula verirrt
sich niemand, der nicht das Heming-
way-Museum besuchen wollte.
15 km südöstl. vom Zentrum Havannas

MUSEEN
**Museo Casa Ernest Hemingway/
Finca La Vigía**
Hinter dem weißen Tor öffnet sich die
Welt, in der Hemingway bis kurz vor
seinem Tod im Jahr 1961 lebte.
Seine dritte Frau Martha Gellhorn
hatte das Leben im Hotel satt, und so
mietete Hemingway die Finca 1939,
um sie schließlich 1940 käuflich zu erwerben. Nach dem Tod Hemingways

übereignete seine vierte Frau Mary
Welsh das Anwesen der Castro-Regie-
rung. 1994, zum 95. Geburtstag des
Schriftstellers, wurde das Museum
schließlich eröffnet.

Poster und Jagdtrophäen an den
Wänden zeigen den exzentrischen
Hochseeangler, Großwildjäger und
Stierkampffan. Rund 9000 Bücher und
Zeitungen stapeln sich bis unter das
Dach. Seine Werke schrieb Heming-
way auf seiner Schreibmaschine im
Schlafzimmer – und zwar im Stehen,
die Brille liegt noch auf dem Nacht-
tisch. Im Studio nebenan hortete er
Andenken aller Art, Abzeichen, Waffen
und Fotos von seinen drei Kindern.
Alles wirkt, als würde Hemingway je-
den Moment zurückkehren.

Da die Räume in sehr privatem
Zustand belassen wurden, ist das Be-
trachten von Schlaf- und Arbeitsplatz,
Wohnzimmer, Bibliothek und Bade-
zimmer nur durch die geöffneten Tü-
ren und Fenster möglich.
Finca La Vigía; Tel. 07/91 08 09; Mi–Mo
9–16.30 Uhr; Eintritt 3 CUC

Der Westen

Die Provinz Pinar del Río ist die Heimat der kubanischen Zigarre und der »schwangeren« Palme.

*In der westlichen Provinz Pinar del Río wächst der wohl beste Tabak der Welt. Diese
Gegend ist auch bekannt für die Vielfalt der dort wachsenden Palmenarten.*

Kubas westlichste Provinz Pinar del Río ist das Mekka der Zigarren-»aficionados«. Im »Vuelta Abajo« zwischen **San Luis** und **San Juan y Martínez** wird der weltbeste und teuerste Tabak geerntet. Die Tabakpflanze liebt das feuchtheiße Klima und den fruchtbaren roten bis rotschwarzen Boden dieser Gegend.

Betörend wirkt die Landschaft aber auch auf Nichtraucher. Zwischen sanften Hügelketten breiten sich die mattgrünen Tabakfelder aus. Manchmal blitzen weiße Gazetücher auf, die das Nachtschattengewächs vor extremer Sonne schützen. Überall sieht man Schuppen, in denen die Tabakblätter getrocknet werden, und »bohíos«, Bauernhäuser mit Palmwedeldächern, wie sie schon die Ureinwohner bauten.

Noch eines gibt es hier im Überfluss: Palmen. Kuba verfügt über ein stattliches Reservoir von mindestens 30 verschiedenen Palmenarten. Doch nirgendwo passiert man unterwegs so viele Palmen wie im Westen der Insel. Wie Pinsel ragen die Palmwedel der hohen Königspalme oder »palma real«, die als Nationalbaum verehrt wird, in den meist knallblauen karibischen Himmel.

Die wegen ihrer bauchigen Ausformung am Stamm »schwangere« Palme genannte Barrigona-Palme und die seltene Korkpalme wachsen nur in Pinar del Río und stehen unter Naturschutz. Am Himmel über ihnen kreisen Scharen schwarzer Truthahngeier. Elegant zwar, aber mit ihren nackten, runzligen roten Köpfen finden sie nur selten Verehrer. Gemütlich erscheint dagegen die Symbiose der schwarz-weiß gefleckten Milchkühe aus Schleswig-Holstein mit den zierlichen weißen Kuhreihern.

Ganz Pinar del Río wird von der dicht bewaldeten **Cordillera de Guaniguanico** durchzogen, die sich aus der westlichen **Sierra de los Órganos** und der östlichen **Sierra del Rosario**

zusammensetzt. Die Mittelgebirgskette geleitet bis in die Provinzhauptstadt **Pinar del Río**.

Gut ein Drittel der Provinz ist bewaldet: Steineichen, Nussbäume und die Kiefern, die ihr den Namen verliehen. Wegen ihrer reichen Tier- und Pflanzenwelt wurde die **Sierra del Rosario** 1985 von der UNESCO als erstes **Biosphärenreservat** Kubas ausgewiesen. Biologen haben hier rund 800 Pflanzenarten gezählt, von denen etwa 30 endemisch sind.

Attraktives Anhängsel im tiefen Süden ist die Karibikhalbinsel **Guanahacabibes**, seit 1987 UNESCO-Biosphärenreservat.

Pinar del Río ⤑ S. 171, D 2

149 000 Einwohner

Pinar del Río ist zwar die größte Stadt im Westen, aber dennoch eine eher gemütliche, etwas verschlafene Provinzhauptstadt. Mitten im Tabakanbaugebiet gelegen, ist sie das landwirtschaftliche Zentrum der Region. Ihre stattlichen Säulenvillen an der **Calle Martí** und der **Plaza de Independencia** verdankt sie dem Reichtum der Tabakbarone.

Gegründet wurde die Hauptstadt der gleichnamigen Provinz 1571 unter dem Namen »Nueva Filipa«, erhielt aber bald den Namen Pinar del Río – nach den vielen Kiefern (»pinos«) der Umgebung. Sie wichen Tabakfeldern, als sich hier auf der Flucht vor dem Zugriff des königlichen Tabakmonopols im 18. Jh. viele Pflanzer niederließen. Dass sie eine gute Wahl getroffen hatten, zeigte sich bald.

HOTELS/ANDERE UNTERKÜNFTE

Pinar del Río
Dieses wenig anheimelnde Funktionärshotel ist das Beste, was die Stadt von staatlicher Seite zu bieten hat. Gutes Frühstücksbuffet.
Martí Final; Tel. 0 82/75 50 70, Fax 77 16 99; www.islazul.cu; 36 Zimmer und 13 Bungalows ●● ⬭

Casa Colonial Lourdes Rabelo ♟♟

Vorteil dieser kolonialen »casa particular« mit nur einem Zimmer (mit Bad) ist seine ruhige Lage nahe der Kirche **Ermita de La Claridad del Cobre**. Wenn das Zimmer besetzt ist, kann man auf die moderne »casa particular« von Tochter Elena Rabelo ausweichen.

Isidro de Armas 269 (ehemalige Retiro) esq. Avellaneda y Pepe Portilla; Tel. 0 82/77 46 81 ● ▱

SEHENSWERTES

Casa Garay

Im Jahr 1892 erwarb Lucio Garay die Rechte an dem 200 Jahre alten Rezept für »guayabíta«. Seither wird aus dem Saft der einer Hagebutte ähnelnden Guavenart exklusiv Likör hergestellt. Man kann die Fabrik besichtigen, »guayabíta« verkosten und natürlich auch käuflich erwerben; es werden zwei Varianten angeboten: »seco« (trocken) und »dulce« (süß).

Isabel Rubio Sur 189 esq. Cerefino Fernández y Frank País; Tel. 0 82/75 29 66; Mo–Fr 9–16.30, Sa/So 9–13 Uhr; Führung 1 CUC

Fábrica de Tabacos Francisco Donatién

In Pinar del Ríos ältester Tabakfabrik von 1760 schaut man, umwölkt vom süßlich-herben Duft des *nicotina tabacum*, den »tabaqueros« bei der Arbeit zu. Im trüben Fabriklicht sitzen sie an langen Holztischen aufgereiht wie in Klassenzimmern. Die Qualitätsprüferinnen, »escogedoras«, sortieren die Blätter nach Aroma, Farbe und Brennbarkeit. Die »rezagas« trennen die Zentralrippen heraus. Die Hauptarbeit erledigt der Zigarrendreher, »torcedor«. Schließlich kommen die edlen Stücke in mit Seidenpapier ausgeschlagene Zedernholzkästchen. Zu sehen gibt es außerdem ein kleines **Tabakmuseum**.

Antonio Maceo 157 esq. Ajete; Tel. 0 82/75 34 24; Mo–Fr 9–12 und 13–16, Sa 9–12 Uhr; Führung 5 CUC

Teatro Milanés

Das neoklassizistische Theater mit 500 Plätzen wurde 1845 gebaut und nach dem Poeten José Jacinto Milanés benannt, der 1863 nur 30-jährig in geistiger Umnachtung starb. Bei diesem Prestigeobjekt der hiesigen Tabak-Aristokratie sparte man weder an Säulen noch an kostbaren Edelhölzern.

Martí esq. Colón; Eintritt 1 CUC

MUSEEN

Museo de Ciencias Naturales/ Palacio Guasch ♟♟

Das Haus von 1914 fällt auf durch seinen architektonischen Stilmix, womit der Bauherr, ein spanischer Arzt, angeblich Erinnerungen an seine Reisen festhalten wollte. Das Naturkundemuseum innen zeigt u. a. Tierpräparate und Beispiele aus der heimischen Pflanzenwelt. Im Hof ist eine lebensgroße Saurierattrappe zu bewundern. Interessant für Besucher von Viñales: Hier wird auch über die Entstehungsgeschichte der »mogotes« informiert.

Martí 202 esq. Ave. Pinares; Di–Sa 9–17, So 9–12.45 Uhr; Eintritt 1 CUC

ESSEN UND TRINKEN

Cabaret Rumayor

Rustikales Restaurant, das »pollo ahumado« (geräuchertes Brathähnchen) lockt Ausflugsbusse voller Touristen an. Kostenpflichtiger Parkplatz.

Ctra. Viñales, km 1; Tel. 0 82/76 30 50; tgl. 10–22 Uhr (Cabaret Di–So 21–1.30 Uhr) ● bis ●● ▱

El Mesón

Kubanische Hausmannskost, wie man sie in einer »casa particular« kaum besser bekommen würde. Deshalb ist dieser Paladar auch bei Einheimischen eine beliebte Adresse. Große Portionen, aufmerksamer Service.

Martí 205 esq. Pinares y Pacheco; Tel. 0 82/75 28 67; Mo–Sa 12–22 Uhr ● ▱

SERVICE

Viazul-Busbahnhof

Colón esq. Calle 14; www.viazul.cu

Ziele in der Umgebung

Archipel Los Colorados
····> S. 170/171, AD 1/2

Der **Los-Colorados-Archipel** ist der Provinz Pinar del Río im Norden parallel zur Cordillera de Guaniguanico vorgelagert. Die bekannteste Insel ist **Cayo Levisa**, ein geschätztes Ausflugsziel von Havanna, Pinar del Río oder Viñales. Cayo Levisa, ein beliebter Tauchplatz, lädt mit intakter Natur, einem schönen 3,5 km langen Strand, mit kristallin-türkisfarbenem Meer, urwüchsigem Mangrovendschungel und einem attraktiven Korallenriff zum Abschalten und Träumen in karibischer Sonne oder zum Ergründen der Unterwasserwelt ein.

Nur auf Tagesgäste eingestellt ist dagegen die kleine Insel **Cayo Jutías** weiter nordwestlich. Erreichbar von Viñales in etwa 50 Fahrminuten via Santa Lucía und einem Damm über das Meer (Eintritt inkl. Getränkegutschein für das Strandrestaurant 5 CUC pro Person, Parkplatz 1 CUC). Am Strand kann man Liegen, Tretboote und Schnorchelausrüstung mieten. **Im Norden von Pinar del Río**

HOTELS/ANDERE UNTERKÜNFTE
Villa Cayo Levisa 🍴🛏
Wenn hier nachts das Rauschen des Meers leise ins Schlafzimmer dringt, dann kommt Robinson-Romantik auf. Dabei muss niemand auf Komfort verzichten. Die Bungalows bieten Klimaanlage, Bad und sogar Satelliten-TV. Außerdem gehören zur Anlage ein Restaurant, eine Bar, ein Laden und eine gut ausgerüstete Tauchbasis. Erreichbar ist die Villa Cayo Levisa nur auf dem Wasserweg mit der Fähre (Hinfahrt 10 und 18, Rückfahrt 17 Uhr; One-way-Ticket 10 CUC). Die Überfahrt dauert etwa 20 Minuten. **Palma Rubia (La Palma); Tel. 0 82/ 75 65 01 oder 07/6 90 10 05; www. cubanacan.cu; 40 Zimmer** ●●● ▱

Prächtige Säulenvillen zeugen in Pinar del Río von altem kolonialem Reichtum.

María La Gorda
····> S. 171, B3

»Dicke Maria« heißt der Strand am Ende der Welt Kubas. Und wie das so ist mit entlegenen Flecken wie diesem auf der Halbinsel **Guanahacabibes**: Da leben nicht nur Eigenbrötler wie z. B. Köhler; da gedeihen auch die verrücktesten Geschichten. Eben wie jene von der dicken »Dame« aus Venezuela, eine mit großem Herzen für die Piraten in der Karibik. Und ganz gewiss gab es sie wirklich.

Der 8 km lange Badestrand mitsamt der Halbinsel Guanahacabibes befindet sich im äußersten Westzipfel Kubas. Die Küste ist schneeweiß von gebleichten großen Korallenbrocken. Aus dem verführerisch türkisfarbenen Wasser ragen schroffe Riffreste. Und regelmäßig im Frühjahr erleben die wenigen Bewohner der Region eine Invasion liebestoller Krebse. María

La Gorda ist ein Ziel für Individualisten und erklärtes Traumziel verwöhnter Taucher. Das Meer bietet hier über 20 attraktive Tauchplätze, darunter Schiffswracks mit verrosteten Kanonen – Barken, die vielleicht von Marías Freiern gekapert wurden.

136 km südl. von Pinar del Río

HOTELS/ANDERE UNTERKÜNFTE
Villa María La Gorda
Immer noch das einzige Hotel weit und breit. Gottlob ist es auch für Tagesgäste geöffnet, sodass sich, wer die dreistündige Anfahrt von Pinar del Río hinter sich gebracht hat, hier in zwei Restaurants stärken, sonnenbaden oder tauchen gehen kann. Gäste erwarten einsame Erkundungstouren an der weiten Bucht de Corrientes sowie auf der übrigen Halbinsel.
Playa María La Gorda; Tel. 0 82/77 81 31 oder 77 30 67; www.gaviota-grupo.com;
55 Zimmer ●●● bis ●●● ⬜

SEHENSWERTES
Nationalpark Guanahacabibes
Tor zur Halbinsel (auch nach María La Gorda) ist der kleine Ort **La Bajada**. Am Ortsausgang passiert man die Schranke zu Kubas größtem Nationalpark. Er erstreckt sich fast über die ganze flache Halbinsel Guanahacabibes, insgesamt über eine Fläche von rund 50 000 ha, und wurde 1987 von der UNESCO zum **Biosphärenreservat** erklärt. Das Gebiet ist reich an Mangroven und urwüchsiger Busch- und Baumvegetation. Allein Vogelbeobachter können sich auf 172 Arten von 42 unterschiedlichen Familien freuen; elf von ihnen sind nur hier beheimatet.

In der Biologischen Station **Estación Ecológico** bei La Bajada prüft man aber zurzeit auch die Möglichkeiten, naturschonend an einem der 19 Strände der Halbinsel zu bauen. Bislang ist diese nur bis zum ungefähr 60 km von La Bajada entfernten Cabo de San Antonio durch eine Schotterstraße erschlossen.

San Diego de los Baños
┈┈⟩ S. 171, E 2

Die Thermalquellen des kleinen Orts lockten im 19. Jh. erste Touristen an. Heute ruft hier die Natur des Umlands an.

55 km nordöstl. von Pinar del Río

Auch landschaftlich hat die Insel viel zu bieten: der Wasserfall »El Salto« bei Soroa.

HOTELS/ANDERE UNTERKÜNFTE
Mirador
Nettes Islazul-Hotel mit schöner Aussicht auf die Dächer des kleinen Orts. Unterschiedlich gepflegte Zimmer. Nebenan ist gleich das **Thermalbad**. Führungen in den Nationalpark.
Calle 23 Final; Tel. 0 82/77 83 38, Fax 0 83/78 66; www.islazul.cu; 30 Zimmer
●●

SEHENSWERTES
Nationalpark La Güira/
Cueva Los Portales
Das Gebiet des Nationalparks (rund 20 000 qkm) machte früher seinen Grundbesitzer Manuel Cortina mit Edelhölzern reich. Nach der Revolution wurde er enteignet. Vom einstigen Raubbau hat sich der Park längst erholt und ist heute ein Paradies für Vogelbeobachter. Che-Fans finden etwa 7 km vom Eingang entfernt die Höhle **Los Portales** (Eintritt 1 CUC), in der der Argentinier während der Kubakrise 1962 seine Kommandantur einrichtete.
Parkeingang 4 km westl. von San Diego de los Baños

Soroa ····▷ S. 171, F 1

Das Dorf ist das Tor zum Garten Eden der aufsteigenden **Sierra del Rosario**.
89 km nordöstl. von Pinar del Río

HOTELS/ANDERE UNTERKÜNFTE
Villa Soroa
Wer ein naturnahes einfaches Hotel den »casas particulares« im Ortskern vorzieht, der bettet sich hier.
Ctra. Soroa, km 8; Tel. 0 85/35 34, Fax 0 82/77 82 18; www.cubanacan.cu; 30 Zimmer ●●

SEHENSWERTES
Orquídeario
Mitten in der Sierra del Rosario legte der spanische Großgrundbesitzer Tomás Felipe Camacho einen Botanischen Garten an, der sich seit 1943 seines Pflanzenreichtums und seiner

Orchideensammlung rühmt. Heute ist das staatliche Orquídeario 3,7 ha groß und immer noch von 700 Orchideenarten bewachsen, von denen 250 aus Kuba stammen. Blütezeit ist von November bis April.
Ctra. Soroa, km 7; tgl. 8–17 Uhr; Eintritt 3 CUC, Fotografieren 1 CUC, Video 2 CUC

El Salto
Zum Badepool des 22 m hohen Wasserfalls »El Salto de Soroa« führen vom Parkplatz (gebührenpflichtig) an der Hauptstraße steile Stufen hinunter. Ein weiterer Weg schlängelt sich hinauf zu einem Aussichtspunkt, dem Mirador de Venus.
Ctra. Soroa, km 7; tgl. 8–17 Uhr; Eintritt (Badepool) 3 CUC

Las Terrazas ····▷ S. 171, F 1

1200 Einwohner

Hübsch an einem See und ebenfalls im Naturschutzgebiet der **Sierra del Rosario** liegt die 1971 im Rahmen eines Aufforstungsprogramms erbaute Dorf-Kooperative Las Terrazas. Die Leute leben hier vom Öko-Tourismus, der bestens organisiert ist. An der Zufahrt befindet sich ein Informationszentrum.
Autopista Havanna–Pinar del Río, km 51

HOTELS/ANDERE UNTERKÜNFTE
Moka
Hier wurde alles auf die Natur abgestimmt: Das Hotel präsentiert sich im Plantagenhausstil, bildhübsch in das Biosphärenreservat eingepasst.
Complejo Turístico Las Terrazas; Tel. 0 82/77 86 00, Fax 77 86 05; www.lasterrazas.cu; 26 Zimmer ●●● bis ●●●●

ESSEN UND TRINKEN
Cafetal Buena Vista
Restaurant im Herrenhaus einer stillgelegten Kaffeeplantage von 1802 auf 240 m Höhe mit herrlichem Blick auf die mit 31 km engste Stelle der Insel.

Kreolische Küche der Spitzenklasse mit »música campesina«.

Complejo Turístico Las Terrazas;
tgl. 10–17 Uhr; kein Tel. ●● ▱

SERVICE

Centro de Información Puerta Las Delicias/Rancho Curujey
Hier sind 2 CUC Park-Eintrittsgebühr zu zahlen. Eine Karte zeigt außerdem alle Wandermöglichkeiten (nur mit Führer, Preise 5–29 CUC). Startpunkt ist die Rancho Curujey.
Puerta Las Delicias/Rancho Curujey;
Tel. 0 82/77 85 55

···

Viñales ·····⟩ S. 171, D 2
10 000 Einwohner

Wie »Elefantenbuckel«, so sagen die Einheimischen, steigen die grün bewachsenen Berge der Sierra de los Órganos aus der roten Erde des weiten Viñales-Tals um den Ort Viñales. Die einzelnen Kalksteinfelsen, »mogotes« genannt, erreichen Höhen von 300 bis 400 m und ein Alter von rund 160 Mio. Jahren. Unter dem Regen von Jahrmillionen wurden die Kanten des weichen Kalksteins im Lauf der Zeit regelrecht abgeschliffen, sodass in der Folge diese bizarren Hügelformen entstanden. Vor allem bei dem häufigen Nebel geht von dem Tal eine fast übersinnliche Anziehungskraft aus.

Viñales ist Nationalpark und Heimat prähistorischer Pflanzen wie der Korkeiche. Die Region entwickelte sich zum Pilgerziel Nummer eins von Natururlaubern aus aller Welt. Zahlreiche »casas particulares« verleihen dem Ort ein familiäres Flair.
29 km nördl. von Pinar del Río

HOTELS/ANDERE UNTERKÜNFTE
Los Jazmines
Aufwachen mit Blick auf die früh noch von Nebel umhüllten »mogotes« – schöner liegt kein Hotel in Kuba. Auch der Ausblick von der Poolterrasse ist fantastisch. Restaurant und Bar.
Ctra. de Viñales, km 25, 55 km nordöstl. von Pinar del Río; Tel. 08/79 62 05, Fax 79 62 15; www.cubanacan.cu; 78 Zimmer ●● MASTER VISA

Hostal de Gloria
Sonnig gelegene »casa particular« mit Veranda und zwei Zimmern, die sich ein Bad teilen. Sympathische Wirtin, die auch gern und gut kocht.
Orlando Nodarse 15; Tel. 08/79 60 17;
E-Mail: yandeisy@alba.fr.vega.ins.cu ● ▱

SEHENSWERTES
Cueva del Indio 👁👁
Die bekannteste der zahlreichen Höhlen in der Region, 4 km lang und vom Fluss San Vicente durchzogen. Wie die meisten Höhlen, war auch diese bis zur spanischen Eroberung der Insel ein Kultplatz der Ureinwohner. Wiederentdeckt wurde sie erst 1920. Zur Besichtigung freigegeben ist nur 1 km. Erst geht es 200 m zu Fuß und dann 300 m mit dem Boot durch die bis zu 135 m hohen Grotten voller Stalaktiten und Stalagmiten. Ab 18 Uhr flattern tausende von Fledermäusen aus der Höhle. Restaurant und Souvenirläden finden sich am Eingang.
Tgl. 9–17.30 Uhr; Eintritt 5 CUC

Mural de la Prehistoria 👁👁
In verwaschenen Farben erzählt die Malerei von Leovigildo González Morillo, einem Schüler des mexikanischen Muralisten Diego Rivera, auf dem Mogote »Dos Hermanas« die Geschichte der Evolution – angefangen bei der Amöbe über den Dinosaurier bis zum Homo sapiens. Das Bild prangt von einer mächtigen Felswand, 120 m hoch und 180 m breit, gerahmt von einem rustikalen Restaurant, Bar und Laden. Fossilien, die von der marinen Entstehung der Region erzählen, sind u. a. im **Museo Arqueológico** (Eintritt 1 CUC) gegenüber im »Campismo Dos Hermanas« zu sehen.
Tgl. 8–19 Uhr; Eintritt 2 CUC; Parken 1 CUC

Das Prüfen und Sortieren der Tabakblätter ist die Aufgabe der »escogedoras«.

ESSEN UND TRINKEN

Casa de Don Tomás
Die hübsche Kolonialvilla von 1822 ist eins der ältesten Häuser im Ort. Innen und auf der Gartenveranda wird gepflegt kreolisch gespeist, begleitend spielt ein Quintett kubanische Klassiker (Trinkgeld erwünscht).
Ctra. Principal; Tel. 08/79 63 00; tgl. 10–22 Uhr ●● ▱

Ranchón San Vicente 🍴🍸
Rustikales »bohío«, kreolische Küche. Köstlich die Spezialität »cerdo asado y ahumado«, Spanferkel aus dem Ofen.
Ctra. a Puerto Esperanza, km 38, Valle de las dos Hermanas; Tel. 08/79 61 10; tgl. 12–17 Uhr, Bar 9–17 Uhr ● bis ●● ▱

AM ABEND

Polo Montañez
Das jüngst eröffnete »Kulturzentrum« bereichert die idyllische kleine Plaza an der Kirche mit seinem schattigen Restaurant. Am Abend Bar und Livemusik (ab 22.30 Uhr).
Plaza; kein Tel.; tgl. ab 10 Uhr

SERVICE

Centro de Visitante
Hier zeigt ein 3-D-Modell des Nationalparks Orte und Wanderwege. Tipps für Ausflüge, auch zu Pferd, und Führer für Wanderungen (ab 8 CUC).
Ctra. Viñales, km 25; Mo–Fr 8–17

Vuelto Abajo
·····⊁ S. 170/171, CD 2/3

Das beste Tabakgebiet der Welt breitet sich südlich von Pinar del Río aus. Dort findet sich auch die berühmteste private »vega« (Tabakplantage): die des über 80-jährigen Alejandro Robaina. Wochentags kann man sie besuchen (Eintritt 2 CUC). Dafür muss man 12 km von Pinar del Río Richtung San Juan y Martinez fahren, dann links und nach 3 km wieder links in einen ockerfarbenen Sandweg. Nach weiteren etwa 1,5 km kommt man zum Hof (zur Not nach der »Vega Robaina« fragen – jeder kennt sie).
15 km südwestl. von Pinar del Río

Der Nordosten

In Kubas Nordosten locken weiße Strände, türkis-
blaues Meer und verträumte Kolonialstädtchen.

*Sonne, Strand und Meer – Cayo Coco, die bekannteste Insel der Jardines del Rey, lockt
mit Karibikflair und Ferienleben fern des kubanischen Alltags.*

Die Farbe der Karibik wechselt von Kristallin zu Smaragdgrün und Azurblau zu Türkis – je flacher der Meeresboden ist, desto türkiser erscheint das Meer. Delfine springen, Pelikane fischen in Lagunen, Flamingos zupfen an ihrem Federkleid. Die Strände im Nordosten Kubas erfüllen Träume von perfekten Ferienwelten an tropischen Gefilden. Ganz besonders, seit ein paar Inseln des lang gestreckten Doppelarchipels Sabana-Camagüey, auch **Cayería del Norte** oder **Jardines del Rey** (Königsgärten) genannt, exklusiv für den Tourismus erschlossen wurden. Die gefälligere Bezeichnung »Jardines del Rey« verdanken Kubas Werbestrategen dem spanischen Insel-Eroberer Diego Velázquez. Er soll im Jahre **2500 Koralleninseln** des Doppelarchipels 1514 zu Ehren seines Monarchen Fernando V el Católico so benannt haben. Beide Archipele bilden zusammen das zweit- (oder dritt-)größte Korallenriff der Welt – nach dem australischen Great Barrier Reef (bzw. dem Barrier Reef vor Mittelamerika).

Allein fünf Inseln dieses Doppelarchipels sind bislang für den Tourismus erschlossen: **Cayo Santa María** mit den Nachbarinseln **Cayo Ensenachos** und **Cayo Las Brujas** sowie **Cayo Coco** mit der Schwesterinsel **Cayo Guillermo**. Beide Inselgruppen lassen sich mit dem Auto nach einer spektakulären Fahrt über kilometerlange Dämme (»pedrapléns«) erfahren – immer auf den Horizont zu, mitten durchs glitzernde Meer. Vorher aber muss man an den Schranken seinen Pass zeigen und eine Mautgebühr bezahlen. Kubaner dürfen nur mit Sondergenehmigung passieren.

Während der Anreise kommt man durch attraktive Orte und Städte. So führt etwa der Weg nach Cayo Santa María und die Nachbarinseln durch Santa Clara und Remedios. **Santa Clara** ist ein Muss für Che-Guevara-Fans, erinnern dort doch zahlreiche Gedenkstätten an den größten Sieg des Revolutionärs. Weshalb ihm Fidel Castro an diesem Ort auch seine letzte Ruhestätte errichten ließ, das Museo Memorial del Che Guevara. **Remedios** dagegen, eine der ältesten Städte Kubas, scheint gerade aus dem kolonialen Tiefschlaf zu erwachen. Die Kirche der kleinen Stadt gehört zu den schönsten Lateinamerikas.

Cayo Coco und Cayo Guillermo erreicht man über die östlich gelegene Provinzmetropole **Ciego de Ávila** und das weltoffene kleine **Morón,** wo viele »casas particulares« auf Kurzbesucher der Cayos warten. Stippvisiten in den Städten und Orten während

Königliche Korallengärten

der Anreise bilden eine willkommene Ergänzung zu den künstlichen Ferienwelten auf den Cayos.

In **Varadero,** dem berühmtesten Badeort Kubas, leben im Gegensatz zu den Cayos zwar noch Kubaner. Auch dürfen sie noch die mittleren Abschnitte des berühmten langen Strands benutzen. Aber auch für das Ferienparadies Varadero gilt: Wer in die kubanische Wirklichkeit eintauchen will, sollte mal raus aus dieser Urlaubswelt. Wenigstens einmal in das nahe **Cárdenas,** das mit einem interessanten Museum lockt. Oder in die ebenfalls schnell erreichte Provinzmetropole **Matanzas.**

Cayo Coco ····⟩ S. 175, EF 10

Die mit 364 qkm viertgrößte Insel der Jardines del Rey ist nur über das Meer auf einem 27 km langen »pedraplén« (Damm) zu erreichen. Manchmal überfliegen ihn riesige Schwärme von Flamingos, dann sieht man am Himmel rosa Wolken. In den Randbezirken der Insel leben große **Flamingo-Kolonien,** angeblich bis zu 25 000 Tiere. Insgesamt zählten die Biologen, die auf Cayo Coco eine

Forschungsstation betreiben, ganze 200 Vogelarten. Am häufigsten tauchen nahe der Mangrovensümpfe Pelikane und Reiher auf, aber auch viele Zugvögel und seltene Arten wie Spechte und der Tocororo, der kubanische Nationalvogel. Die Idylle ist allerdings bedroht durch den stetig wachsenden Tourismus auf der Insel. **Bei der Ein- und Ausfahrt werden 2 CUC fällig; Pass nicht vergessen!**

Hotels / Andere Unterkünfte
Blau Colonial Cayo Coco
Eine Gedenktafel am **Ayuntamiento** (Rathaus) dieser Anlage erinnert daran, dass mit diesem Haus einmal alles auf Cayo Coco begann. Am 12. November 1993 war Fidel Castro persönlich angereist, um dieses erste Hotel auf Cayo Coco zu eröffnen. Es hieß damals noch »Jardín de los Cocos«. Heute ist es ein All-inclusive-Feriendorf der Blau-Hotels-Gruppe.
Playa Las Conchas; Tel. 0 33/30 13 11, Fax 30 13 84; www.blau-hotels.com; 514 Zimmer ●●●● MASTER VISA

Meliá Cayo Coco ♟♟
Das exklusivste All-inclusive-Resort auf der Insel, schön zwischen Strand und einer natürlichen Lagune gelegen, aus der sich einige Wohnbungalows auf Stelzen erheben. Großes Sport- und Ausflugsangebot, sehr gute Restaurants, Fitnessraum, zwei große Swimmingpools. Für Kinder gibt es einen Extrabereich.
Playa Las Coloradas; Tel. 0 33/30 11 80, Fax 30 11 95; www.solmeliacuba.com; 250 Zimmer ●●●● MASTER VISA ♿

Sol Cayo Coco
Zwischen Lagune und dem palmengesäumten Strand hat sich dieser Club-Ableger des Meliá Cayo Coco angesiedelt. Hier findet man – je nach Geschmack und Bedürfnis – Action oder Ruhe rund um die Uhr.
Playa Las Coloradas; Tel. 0 33/30 12 80, Fax 30 12 85; www.solmeliacuba.com; 270 Zimmer ●●●● MASTER VISA ♿

Tryp Cayo Coco
Das Nachbarresort des Blau Colonial besticht durch seinen großzügigen Pool im Herzen der weitläufigen Anlage. Das All-inclusive-Haus wird von der spanischen Gruppe Sol-Meliá gemanagt und ist stets sehr gut besucht.
Playa Las Conchas; Tel. 0 33/30 13 00, Fax 30 13 86; www.solmeliacuba.com; 508 Zimmer ●●●● MASTER VISA ♿

Villa Gaviota Cayo Coco
Wer lieber in kleineren Häusern wohnt, findet hier am Rand der großen Ferienresorts ein angenehm unaufdringliches Hotel mit All-inclusive-Angebot. Die internationale Klinik befindet sich gleich gegenüber.
Ctra. a Cayo Guillermo; Tel. 0 33/ 30 21 80, Fax 30 21 90; www.gaviota-grupo.com; 48 Zimmer ●●●● ▭

Motel Jardín Los Cocos
Diese ehemals für Kubaner reservierte Bungalowanlage an der Straße zur (noch gesperrten) östlichen Nachbarinsel Cayo Paredón Grande ist inzwischen auch für Individualtouristen buchbar. Die Zimmer bieten alle Klimaanlage, TV und Minibar. Es gibt ein À-la-carte-Restaurant.
Ctra. a Paredón Grande; Tel. 0 33/ 30 81 31; kein Fax; 24 Zimmer in 12 Bungalows ●● ▭

Cabañas Sitio La Güira
Wer nicht viel Wert auf Komfort legt, mag vielleicht in den einfachen Bungalows dieser Ausflugs-Ranch unterkommen. Man kann aber nicht telefonisch reservieren.
Ctra. a Cayo Guillermo; Tel. 0 33/ 30 12 08; 2 Bungalows, 3 Zimmer ● ▭

Sehenswertes
Nationalpark El Bagá ♟♟
Eine Mischung aus Natur- und Freizeitpark mit Showdarbietungen wie »indianischen« Tänzen, mit Naturpfaden, Vogelbeobachtungstouren und einer Vielzahl von Tieren. Zu sehen sind in der großen Anlage u. a. Kroko-

Die schneeweißen Strände der Ferieninsel Cayo Coco bieten karibische Badefreuden pur.

dile, Leguane, Flamingos und Delfine, die nur durch ein Netz von der offenen See getrennt sind. Für die Erforschung des 8 qkm großen Parks kann man ein Fahrrad mieten oder sich von einem Traktor herumfahren lassen. Auch deutschsprachige Führungen sind im Angebot.

Ctra. a Cayo Guillermo; Tel. 0 33/30 10 63; tgl. 9–17 Uhr, Shows um 9.30 und 14.30 Uhr; Eintritt 18 CUC, Kinder 9 CUC

ESSEN UND TRINKEN

Rancho Los Márquez/Sitio La Güira
Gute kubanische Küche zu vernünftigen Preisen – ideal für Tagesbesucher. Man speist wie auf dem Land in einer »Rancho«.

Ctra. a Cayo Guillermo; Tel. 0 33/30 12 08; tgl. 9–23 Uhr ●

SERVICE

Auskunft (INFOTUR)
Aeropuerto Internacional Jardines del Rey, Cayo Coco; Tel. 0 33/30 91 09; E-Mail: aeroinfotjr@enet.cu; www.jardinesdelrey.cu

Ziele in der Umgebung

Cayo Guillermo

⸱⸱⸱⸱→ S. 175, E 10

Inselfans werden sich auf diesem nur 13 qkm großen Nachbareiland von Cayo Coco schnell wohlfühlen. In der Marina und an der schönen **Playa Pilar** pflegt man den familiären Ton einer eingeschworenen Gemeinde. Dazu überall Natur und Meer rund um die wenigen Hotels: Mangroven mit Reihern und Pelikanen im Rücken und vor der Nase die weite Meeresstraße zwischen Kuba und den Bahamas.

Von dort verschlug es Ernest Hemingway auf die Insel. Er erwähnte Cayo Guillermo sogar in seinem Buch »Inseln im Strom«. Was die Touristiker dazu nutzten, den Kult um Hemingway auf diese Insel auszuweiten, indem sie namentlich an den prominenten Besucher erinnern: Sei es mit der Playa Pilar (»Pilar« hieß die Yacht Hemingways)

oder dem **Club Cojímar** – nach dem gleichnamigen Ort im Osten Havannas, in dem er sich zu seinem Roman »Der alte Mann und das Meer« inspirieren ließ. Cayo Guillermo ist durch eine Brücke mit Cayo Coco verbunden.
Im Westen von Cayo Coco

Hotels/andere Unterkünfte

Meliá Cayo Guillermo
Üppig tropisch gestaltetes Fünf-Sterne-Resort direkt am Strand. All-inclusive, Pool, Spezialitätenrestaurants, Beautysalon, Sport, Abendprogramm.
Cayo Guillermo; Tel. 0 33/30 16 80,
Fax 30 16 85; www.solmeliacuba.com;
229 Zimmer ●●●● MASTER VISA ♿

Sol Cayo Guillermo 👫
Die Club-Variante des spanischen Sol-Meliá-Hotelkonzerns, ebenfalls sehr schön angelegt und direkt am Strand. Tagesprogramm für alle Altersgruppen, Disco und eine Bar, die niemals schließt. Alles inklusive.
Cayo Guillermo; Tel. 0 33/30 17 60,
Fax 30 17 48; www.solmeliacuba.com;
268 Zimmer ●●●● MASTER VISA

Club Cojímar 👫
Angenehm weitläufige Anlage im Bungalowstil, in der sich auch gut vor dem Animationstrubel zurückziehen kann, wer seine Ruhe haben will.
Cayo Guillermo; Tel. 0 33/30 17 12, Fax 30 17 25; www.grancaribe.cu; 212 Zimmer ●●● MASTER VISA

Sehenswertes

Playa Pilar
Wer Cayo Coco nur einen Besuch abstattet, findet in der Playa Pilar am äußersten westlichen Zipfel der Insel seinen Traumstrand vor einer leuchtend blauen See. Seit ihn allerdings auch ein kleiner Ferienzug von den Hotels aus ansteuert, ist er nicht mehr ganz so einsam wie früher.
Cayo Guillermo; Parkplatz 1 CUC; Sonnenliege 1 CUC; Katamarantrip zur vorgelagerten Cayo Media Luna 11 CUC; Strandrestaurant tgl. 8–17 Uhr

Ciego de Ávila
····⇥ S. 175, DE 12

85 000 Einwohner

Die lebhafte Provinzmetropole trägt ihren Namen angeblich nach einem Großgrundbesitzer, der hier im 16. Jh. eine Ranch betrieb. Ein landwirtschaftliches Zentrum ist sie geblieben, wenn auch heute die Ananas das Hauptprodukt ist. Am **Parque Martí**, dem Zentrum, sind noch die Reste eines alten spanischen Forts zu sehen, das während des Unabhängigkeitskriegs Ende des 19. Jh. erbaut wurde. Es beherbergt heute ein Restaurant.
100 km südwestl. von Cayo Coco

Hotels/andere Unterkünfte

Ciego de Ávila
Altes Devisen- und Funktionärshotel; guter Service, ordentliche Zimmer, aber ein vernachlässigter Pool. Restaurant, Telefonautomaten für internationale Gespräche, Leihwagen.
Ctra. Ceball, km 2; Tel. 0 33/22 80 13, kein Fax; www.islazul.cu; 144 Zimmer und 5 Bungalows ● bis ●● MASTER VISA

Morón
····⇥ S. 175, E 11

50 000 Einwohner

Umgeben von fischreichen Gewässern wie der **Laguna de la Leche** und dem **Lago La Redonda** sowie von Zuckerrohrfeldern liegt Morón nahe der Nordküste. Besucher der Inseln Cayo Coco und Cayo Guillermo können sich hier preisgünstig in einer der vielen »casas particulares« einmieten.
Gegründet wurde Morón im 18. Jh. von andalusischen Siedlern. Die automatisch um 6 Uhr und um 18 Uhr **krähende Hahnenskulptur** (1950, 1981 erneuert) am Ortseingang erinnert an ihre Heimat. Mittelpunkt der lang gestreckten Stadt ist der Park am alten Bahnhof von 1923 (Züge nach Havanna und Ciego de Ávila). Nördlich auf dem Weg zu den Cayos passiert man

Der Hahn, das Wahrzeichen von Morón, kräht automatisch um 6 Uhr und um 18 Uhr.

die holländisch anmutende **Comunidad Celía Sánchez**. Sie wurde in den Sechzigerjahren nach der Enteignung eines US-Viehzüchters für die Arbeiter der umliegenden Viehfarmen erbaut.
55 km südwestl. von Cayo Coco

HOTELS/ANDERE UNTERKÜNFTE
Morón
Typisch funktionelles Staatshotel, aber modernisiert. Ein Betonklotz mit Pool, Restaurant, Bar, Friseur, Autovermietung und Internetservice.
Ave. Tarafa s/n; Tel. 0 33/5 22 30, Fax 5 21 33; www.islazul.cu; 144 Zimmer ●●
MASTER VISA

Casa Colonial Carmen
In der gepflegten Villa in Bahnhofsnähe gibt es neben den zwei Zimmern (jedes mit Bad und Klimaanlage) auch Ausflugstipps der regen Gastgeberin. Terrasse, kleine Bar und Mahlzeiten.
General Pereza 38 esq. Felipe Poey y Carlos M. de Céspedes; Tel./Fax 0 33/50 41 81; E-Mail: yio@trocha.cav.sld.lcu ● ▱

SEHENSWERTES
Museo Ingenio Central Patria/ Zoocriadero Cocodrilo 🚸🎣
Um die in ein Museum umgestaltete Zuckermühle im Osten von Morón zu besichtigen, kann man sich einem Tagesausflug mit einer restaurierten Dampflok von 1927 anschließen, der in den Hotels der Cayos angeboten wird. Die Fahrt geht durch weitläufige Zuckerrohrfelder. Auf dem Programm stehen u. a. noch der Besuch einer Krokodilfarm und eine Bootsfahrt auf der Laguna de Redonda.
Reservierung im Hotel Morón oder unter Tel. 0 33/30 12 15; Preis 65 CUC, Kinder 48,75 CUC (inkl. Mittagessen)

ESSEN UND TRINKEN
Paraíso
In dem großen klimatisierten Restaurant wird die beste Küche von Morón serviert. Spezialität des Hauses ist die hervorragende Paella.
Calle Martí 382; Tel. 0 33/50 22 13 ext. 11; Di–So 12–14 und 19–23 Uhr ● ▱

Cayo Santa María

⤏ S. 175, D 10

Eine Insel, zwei All-inclusive-Hotels – noch steckt der weit draußen im Meer gelegene Cayo Santa María touristisch in den Kinderschuhen. Wer die rund 50 Brücken auf dem 45 km langen »pedraplén« (Damm vom Festland) auf eigene Faust bis zu dieser größten und am weitesten vom Festland entfernten Cayo hinter sich bringt, findet wilde Strände zum Baden – und am **Punto Cerquita** Biologen, die sich noch wie Schneekönige über Besucher freuen. Ob pauschal oder individuell – ein Traumziel für Urlaubspioniere.

Bei der Ein- und Ausfahrt wird 1 CUC fällig; Pass nicht vergessen!

HOTELS/ANDERE UNTERKÜNFTE

Sol Cayo Santa María 👥👤

Das All-inclusive-Hotel wirkt noch wie eine Fata Morgana in der struppigen, einsamen Wildnis von Cayo Santa María. In der Anlage surren Golfkarts herum, unter den Gästen herrscht babylonisches Sprachengewirr, und kubanisches Personal übt sich fleißig in Animation. Schöner Strand, Pool, Restaurants, Bars, großes Sportangebot.

Cayo Santa María; Tel. 0 42/35 02 00, Fax 35 02 05; www.solmeliacuba.com; 295 Zimmer ●●●● MASTER VISA ♿

SEHENSWERTES

Punta Cerquita

Es kommt schon mal vor, dass in dieser abgeschiedenen Station des »Refugio de Flora y Fauna« (Pflanzen- und Tierschutzgebiet) eine ausgewachsene Boa Zuflucht sucht. Auch nächtliche Besuche wilder Jutías (Baumratten) sind hier nichts Ungewöhnliches. Die Biologen, die in einer einfachen Hütte am Strand Wache halten, erzählen gern, welche seltenen Tiere sich in der Umgebung tummeln. Zwischen Mai und September legen am Strand in der Bucht **Wasserschildkrötenarten** ihre Eier ab. Wer will, kann hier einen Tag am Strand verbringen und baden.

Verpflegung gibt es in der Cafeteria am Flughafen von Cayo Las Brujas.

Cayo Santa María; Tel. 01 42/36 47 70; tgl. 24 Std. geöffnet; kein Eintritt

Ziele in der Umgebung

Cayo Las Brujas/Cayo Ensenachos ⤏ S. 174, C 10

Die Inseln passiert man während der Fahrt nach Cayo Santa María. Zuerst Cayo Las Brujas mit kleinem Flughafen und einem attraktiven kleinen Hotel, auch für Individualtouristen. Dann folgt Cayo Ensenachos, die Insel mit dem schönsten Strand. Zurzeit wird dort ein Hotel errichtet.

15 km südwestl. von Cayo Santa María

HOTELS/ANDERE UNTERKÜNFTE

Villa Las Brujas 👥👤

Rustikale Pfahlhäuser, wildromantisch in die dichte Ufervegetation gebaut, sodass neben den Holzpfaden der Anlage die seltensten Vögel zu beobachten sind, darunter auch schillernde Kolibris. Schönes Aussichtsrestaurant (à la carte) mit Turm über einer herrlichen Sandbucht. Komfortable große Zimmer mit Klimaanlage und Bad. Fahrrad- und Mopedverleih.

Farallón de las Brujas, Punta Periquillo (Caibarién); Tel. 0 42/35 00-23, -24, Fax 35 05 99; 23 Zimmer ●●● MASTER VISA

Remedios ⤏ S. 174, C 10

18 000 Einwohner

Nach einem langen Dornröschenschlaf herrscht in Remedios eine liebenswürdige freudige Aufbruchstimmung, seit immer mehr Urlauber auf dem Weg nach Cayo Santa María hier Station machen. Eine der sieben ältesten Städte Kubas, wurde sie 1514 von dem Spanier Vasco Porcallo de Figuera gegründet und 1544 und 1578 zum Schutz vor Piratenüberfällen landeinwärts verlegt. Doch beflügelten die Piraten den Schmuggel, und Boucaniere aus Sainte-Domingue (heute Haiti) brachten heidnische Kulte mit. 1682 schienen Dämonen die Stadt zu beherrschen. Viele Bürger zogen aus und gründeten 1691 Santa Clara.

70 km südwestl. von Cayo Santa María

HOTELS/ANDERE UNTERKÜNFTE
Mascotte
Wohnen in einem restaurierten Palast aus dem Jahr 1879. Von den hohen großen Zimmern schaut man auf die Plaza Martí. Gutes Restaurant.
Máximo Gómez 114 esq. Adel Río y Pi y Margall; Tel. 0 42/39 51-44, -45; www.cubanacan.cu; 10 Zimmer ●●
MASTER VISA

Hostal Doña María
Angenehme »casa particular« in der ältesten Straße von Remedios. Klimaanlage, kaltes und heißes Wasser.
Jesús Crespo 5; Tel. 0 42/39 68 58 ●

SEHENSWERTES
Iglesia San Juan Bautista
Eine der bedeutendsten Kolonialkirchen Lateinamerikas, erbaut 1692. Schmuckstück ist der fein geschnitz-

te und üppig mit 24-karätigem Gold verzierte Hochaltar.
Plaza Martí; keine festen Öffnungszeiten (an der Rückseite im Pfarrzimmer klopfen); Eintritt 2 CUC

MUSEEN
Museo de las Parrandas
Dieses Museum ist Remedios' berühmter »fiesta parranda« gewidmet, einem Fest mit Feuerwerk und großer Kostümparade. Es wird seit 1822 immer am 16. und 24. Dezember gefeiert. Die schönsten Kostüme sind im Obergeschoss zu sehen.
Máximo Gómez 71; Di–Sa 9–12 und 13– 18, So 9–13 Uhr; Eintritt 1 CUC

Santa Clara

⇢ S. 174, AB 10/11
210 000 Einwohner
Stadtplan → S. 85

Die Hauptstadt der Provinz Villa Clara, ein geschäftiges Landwirtschaftszentrum, ist Pilgerziel von Che-Fans aus aller Welt, seit die sterblichen Überreste des Revolutionärs hier in das **Museo Memorial del Ernesto Guevara** gebettet wurden. Aus gutem

Aus dem 17. Jahrhundert stammt der Hochaltar der Kirche San Juan Bautista in Remedios.

Die Che-Guevara-Statue von Casto Solano vor dem Provinz-Comité von Santa Clara.

Grund in dieser Stadt: Denn in Santa Clara feierte Ernesto »Che« Guevara seinen größten Triumph als Revolutionär: Am 31. Dezember 1958 besiegte er hier mit seinen Leuten die Truppen des Diktators Batista, womit der Weg nach Havanna frei war. »Hasta siempre Comandante« heißt es im »Che-Lied« von Trova-Altstar Carlos Puebla, in dem Santa Claras Ruhm verewigt ist. **130 km südwestl. von Cayo Santa María**

HOTELS/ESSEN UND TRINKEN

Los Caneyes ┄┄> S. 85, nordwestl. a 1
Abstand und Ruhe von der quirligen Stadt findet man in diesem rustikalen ländlichen Hotel. Die neu möblierten Zimmer bieten Bad, Satelliten-TV und Kühlschrank. Pool, gutes Restaurant, Internetservice, Mietwagenverleih. **Ave. de los Eucaliptos esq. Circunvalación; Tel./Fax 04 22/21 81 40; www.cubanacan. cu; 95 Zimmer** ●● MASTER VISA

Hospedaje Ernesto y Mireya
┄┄> S. 85, c 3
Sonnig gegenüber der Kirche La Pastora gelegene »casa particular«. Zum Zimmer mit Bad, TV und Klimaanlage gehören ein »sala comedor« (Essraum), Aufenthaltsraum und Balkon. Gute Küche, nah zum Parque Vidal. **Calle Cuba 227 altos esq. Pastora y Sindico; Tel. 04 22/27 35 01; E-Mail: ernesto_ tama@yahoo.com; 1 Zimmer** ● ▱

SPAZIERGANG

Man kann diese Tour auf den Spuren Che Guevaras am **Museo Memorial del Che** beginnen und etwa 20 Minuten die Calle Rafael Tristá geradewegs hinauf zum **Parque Vidal** spazieren – oder erst an diesem sonnigen Zentralpark starten. Benannt wurde er nach Oberst Leoncio Vidal, der hier 1896 im Krieg gegen die Spanier fiel.

Den Platz dominieren das prächtig restaurierte **Teatro La Caridad** (1885) und, schräg gegenüber, der ehemalige **Palacio del Gobierno Provincial** (heute Bibliothek). Dort wurden die Gebeine von Che nach der Überführung aus Bolivien bis zur Beisetzung aufbewahrt. Die Calle Leoncio Vidal dahinter führt vorbei an der alten Feuerwehr (1882–1942) hinunter zur Calle Pedro Estévez, wo linker Hand schon die hübsche Kirche **Buen Viaje** zu sehen ist. An ihr vorbei geht man bis zur **Calle Independencia**.

Dann geht es rechts hinunter zur Brücke über den Río Cubanicay zu den Schienen, auf denen Che und seine Getreuen den gepanzerten Zug mit den Batista-Soldaten entgleisen ließen. An diese entscheidende Phase der Schlacht erinnert die Gedenkstätte **Tren Blindado**: In den alten Waggons sind vor allem Waffen und Munition aus den Kämpfen zu sehen (Mo–Fr 8–19, So 8–12 Uhr; Eintritt 2 CUC). Ein Obelisk erzählt die Geschichte des entscheidenden 29. Dezember 1958 sowie der 18 Revolutionshelden.

Weiter geradeaus auf der Straße, die jetzt Carretera de Camajuani heißt, folgt nach drei Blocks die **Kommandantur** (heute Sitz des Provinz-Comités), in der Che nach dem Sieg ab dem 1. Januar 1959 residierte. Vor dem Gebäude steht die lebensgroße **Che-Guevara-Statue** des baskischen Künstlers Casto Solano. Das Kind in Ches Armen soll seinen Traum vom Neuen Menschen symbolisieren; auf Ches Schulter indes reitet ein kleiner

Don Quichote. Batista verließ übrigens noch am 29. Dezember das Land.

Für den Rückweg bietet sich zur Auflockerung ein Spaziergang immer geradeaus über die **Calle Independencia** und hinein in die neue Fußgängerzone, den **Boulevard,** an. An der Kreuzung zur Máximo Gómez geht es links wieder zum Parque Vidal zurück.
Dauer: rund 2 Stunden

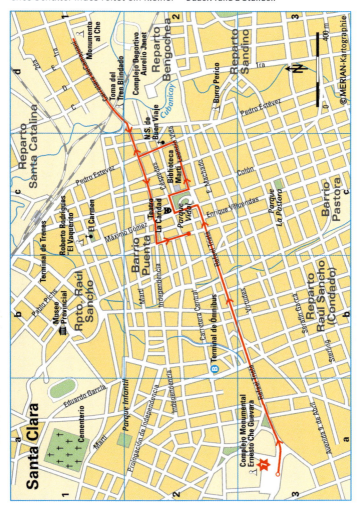

Che Guevara – Rebell und Popidol

Seinen größten Siegeszug trat der charismatische Revolutionär erst nach seinem Tod an.

Das Bild verkauft sich immer noch so gut, dass mittelmäßige Maler es auf grässlich ungelenke Weise kopieren – und trotzdem noch zu guten Preisen los werden. Gemeint ist das weltberühmte Che-Guevara-Foto des 2001 verstorbenen kubanischen Fotografen Alberto Díaz, alias »Korda«. Aufgenommen hatte er es am 5. März 1960 während einer Gedenkfeier in Havanna. Seinen weltweiten Siegeszug trat das Foto indes wenig später von Mailand aus an. Denn »Korda« hatte das Negativ dem italienischen Verleger Giangiacomo Feltrinelli geschenkt. Der stellte das Porträt frei und druckte es in millionenfacher Kopie.

Eine Ikone war geboren – der durch den Revolutionär verkörperte Traum von einer besseren Welt. Ches Motto: »Seien wir realistisch, versuchen wir das Unmögliche.« T-Shirts und riesengroße rote Fahnen mit diesem Konterfei gibt es allerorten. Dazu wurden die Fotoarchive (auch des verstorbenen »Korda«) geplündert, um den Fans einen Che zu bieten, wie er dank dieser Archive eben nur auf Kuba zu haben ist: Che zu Pferd, das Gewehr geschultert und eine Cohiba im Mund; Che in Santa Clara im Kreis seiner Mitkämpfer, Che im Kampfanzug am Schreibtisch, Che am Funkgerät in der Sierra Escambray oder entspannt beim Hochseefischen, ein Buch auf den Knien.

Dass ergraute Ex-Studentinnen bei seinem Anblick immer noch in Verzückung geraten, das lässt die zeitlose Sehnsucht nach so schönen, traurigen Helden, wie es Che war, erahnen. Die Fotos zieren teuer zu bezahlende Postkarten, Lesezeichen und Bildbände (auch auf Kuba hat Helden-

verehrung ihren Preis!) und sind die Verkaufsschlager in den Souvenirshops. Allgegenwärtig ist Che auch in kubanischen Wohnungen, auf Plakaten, Mauern und Häusern. Immer in der Blüte seiner Jahre, so überstrahlt er allüberall auf Kuba den inzwischen von Altersflecken gezeichneten Fidel Castro. Ihn, über den Che gesagt haben soll: »Ich habe jemanden gebraucht, der mich mitreißt«.

DER ARZT AUS ARGENTINIEN

Ernesto »Che« Guevara, geboren am 14. Juni 1928 in Rosario (Argentinien), stammte aus bestem Hause, doch galt er früh als rebellisch und willensstark. Von Kindesbeinen an litt er an Asthmaanfällen, die ihn Zeit seines Lebens zur Einnahme von Medikamenten zwangen. Aber er schonte sich nie. Auf einer Reise mit dem Motorrad

durch Lateinamerika lernte er das Elend der Landbevölkerung kennen. Es war für Che ein Schlüsselerlebnis. Beseelt vom Willen, die Welt zu verändern, zog es ihn nach Abschluss des Medizinstudiums zu den Krisenherden Lateinamerikas, so nach Guatemala, wo er zum erbitterten Gegner der USA wurde. In Mexiko dann kam es zur schicksalhaften Begegnung mit Fidel Castro, der sich dort auf die Befreiung seiner Heimat Kuba vorbereitete. Che hatte seinen Meister gefunden – und Fidel seinen Chefideologen. Aber als das gemeinsame Ziel erreicht war, kam für Che die Ernüchterung.

Getarnt als Geschäftsmann, reiste er in La Paz/Bolivien ein, um im Nachbarland seiner Heimat Argentinien eine Revolution zu entfachen. Im unwegsamen Gelände des tropischen Ostens aber geriet das Vorhaben zu einer Odyssee. Am 7. Oktober 1967 schrieb Che Guevara in sein Tagebuch: »Die Armee gab eine merkwürdige Information über die Anwesenheit von 250 Mann ... heraus.« Es war sein letzter Eintrag. Am 8. Oktober kam es zum Gefecht. Er wurde angeschossen und im Beisein eines CIA-Agenten gefangen genommen. Am nächsten Tag schon exekutierte ihn ein betrunkener Unteroffizier in der Schule von La Higuera.

Seinen Leichnam fand man erst 1997 unter der Landebahn von Vallegrande in Bolivien. Noch im gleichen Jahr holte Fidel Castro die sterblichen Überreste nach Kuba, um Che in Santa Clara zur letzten Ruhe zu betten.

Bilder von Ernesto »Che« Guevara sind ein Exportschlager auf Kuba.

Im einstigen Sommersitz der Familie DuPont kann man fürstlich essen und wohnen.

MUSEEN

**Museo Memorial del
Ernesto Che Guevara** ····⟩ S. 85, a 3

Das monumentale Ehrendenkmal, auf dem ein Che aus Bronze mit Kampfanzug und Knarre prangt, wurde 1988 zum 30. Jahrestag des Siegs von Santa Clara errichtet. Die Statue schuf José Delarra. Seit 1997 ruhen im Memorial die Gebeine von Che Guevara zusammen mit jenen von 30 Mitkämpfern in Bolivien. Allein die Grabnische von Che wird täglich mit einer frischen Blume geschmückt. Das angeschlossene, 2004 erneuerte Museum zeigt persönliche Dinge von Che Guevara, darunter die Kopie seiner ärztlichen Approbation. Das früher ausgestellte Original seines Bolivianischen Tagebuchs wurde entfernt.

Ave. de los Defiles esq. Circunvalación; Di–Sa 8–21, So 8–17 Uhr; Eintritt frei

SERVICE

Viazul-Busbahnhof

Ctra. Central esq. Independencia y Oquendo; www.viazul.cu

Varadero   ····⟩ S. 173, DE 5

15 000 Einwohner

Wenn man an der 20 km langen Sandbank aus feinkörnigem weißen Korallenstaub entlanggeht, das kristalline Meer die nackten Zehen umspült und sich die sonnige Tropenatmosphäre aufs Gemüt legt, verwundert der schnelle Aufstieg Varaderos zum Mallorca Kubas nicht. Ebenso lang wie die schmale Landzunge ist mittlerweile auch die Kette der Hotels.

Die Landzunge Hicacos ist Kubas Badeparadies Nummer eins. Anders als auf Cayo Santa María oder Cayo Coco gibt es hier allerdings ein Ortszentrum, in dem noch alteingesessene Kubaner leben. Die Vermietung von Zimmern indes ist ihnen strengstens verboten und wird mit der Konfiszierung des Hauses geahndet. Benutzen dürfen Einheimische auch nur die Abschnitte, die sich parallel zum Ortszentrum erstrecken.

Aber seit Fidel Castro der Prostitution den Kampf angesagt hat – und mit ihr auch dem moralzersetzenden Einfluss kapitalistisch gesinnter Touristen –, kontrollieren Polizisten immer mal wieder, ob sich Fremde und Einheimische nicht zu nah kommen. An den östlichen Strandabschnitten, wo in jüngster Zeit immer mehr Luxusresorts entstanden, ist Kubanern der Zutritt verboten. So knüpft Varadero inzwischen, wenn auch unter volkserzieherischen Vorzeichen und nur teilweise, an die Zeiten vor der Revolution an, als Varadero ein Sommerparadies exklusiv für Reiche war.

In Mode kam die schon vor 3000 Jahren von Taíno-Indianern besiedelte und nach der Konquista lange nur von Fischern bewohnte Halbinsel Ende des 19. Jh. Damals bauten sich reiche Familien aus dem benachbarten Cárdenas hier so hübsche hölzerne Ferienhäuser wie das Gebäude des heutigen **Museo Municipal**. 1915 wurde das erste Hotel eröffnet, und 1926 kaufte Irenée DuPont, ein US-Industrieller, der im Ersten Weltkrieg mit dem Verkauf von Dynamit, später mit Feuerzeugen, Füllern und Nylons, ein Vermögen verdient hatte, beinahe den gesamten östlichen Inselzipfel. Varadero wurde in den USA schick. Wer dort auf sich hielt, besaß in Varadero eine Villa – auch Al Capone.

HOTELS/ANDERE UNTERKÜNFTE

Mansión Xanadú

Wohnen wie die DuPont-Familie bis 1959. »Xanadú« nannte die heute in ein Hotel umgewandelte Luxusvilla schon ihr Erbauer. Für das vierstöckige Haus, das der Industrielle nur wenige Wochen im Jahr besuchte, soll er 1929 rund 1,3 Mio. US-Dollar bezahlt haben. Zur Ausstattung gehören massive Edelholztreppen und -kassettendecken sowie aufwendige Marmorbäder. Die vier Treppengeschosse überwand der Mann mit dem Fahrstuhl. Er transportiert heute Gäste des Hotels und Besucher in die **Bar Mirador** im Obergeschoss, im ehemaligen Ballsaal.

Das Restaurant **Las Américas** im Erdgeschoss (→ S. 91) ist öffentlich zugänglich und diente früher als Wohnraum. Zum DuPont-Anwesen gehörte auch ein 9-Loch-Golfplatz. Er wurde auf 18-Loch erweitert und steht Hotelgästen kostenlos zur Verfügung.
Ave. Las Américas, km 8,5; Tel. 0 45/ 66 73 88, Fax 66 84 81; www.varadero golfclub.com; 6 Zimmer ●●●● MASTER VISA

Meliá Las Américas 👣👣

First-Class-Herberge mit All-inclusive-Angebot und Auftakt an der exklusiven östlichen Hotelzone. Sehr schöne Lage gleich hinter dem Golfclub in einer Bucht. Flankiert wird sie im Osten vom etwas preisgünstigeren Schwesterhotel **Meliá Varadero** (490 Zimmer).
Ctra. de Las Morlas; Tel. 0 45/66 76 00, Fax 66 76 25; wwwsolmeliacuba.com; 340 Zimmer ●●●● MASTER VISA

Paradisus Varadero

Geschmackvolle Ausstattung, moderne geräumige Zimmer, Gourmet-Restaurant, Spa-Bereich und direkt am Strand. Das Ultra-all-inclusive-Resort, mit eleganten Gartenvillas für noch exklusivere Wünsche.

MERIAN-Tipp

8 Tauchboot Varasub

Für alle, die Tauchgerät oder Schnorchel eher aus dem Weg gehen, gibt es den Tauchgang mit dem Unterwasserboot **Varasub** made in Japan. Man sitzt im Trockenen, gut gekühlt durch eine Klimaanlage, und beobachtet die Unterwasserwelt, Fischschwärme, Korallen und Riffe durch den Plexiglasbootsbauch. Das Boot nimmt 48 Gäste mit, 1 $\frac{1}{2}$ Std. dauert der Trip. Während der Fahrt werden Rum und Erfrischungen angeboten.

Varadero; Reservierung: Tel. 0 45/ 66 71 54 oder in Havanatur-Büros (www.havanatur.cu); Preis: 25 CUC
⟶ S. 173, D 5

*Ausgelassenes Strandleben und Tropen-
stimmung prägen das Top-Ziel Varadero.*

Rincón Francés; Tel. 0 45/66 87 00,
Fax 66 87 05; www.solmeliacuba.com;
421 Zimmer ●●●● MASTER VISA

Sandols Royal Hicacos
Ein Luxusresort nur für Paare (Mindestalter 18 Jahre). Mehrere Pools,
vier Spezialitätenrestaurants, darunter eines für japanische Küche. Großes Sportangebot – alles im Preis inklusive, außer die Anwendungen im
Wellnessbereich.
Ctra. Las Morlas, km 15,5; Tel. 0 45/
66 84 70, Fax 66 85 44; www.sandalshica
cos.com; 404 Zimmer ●●●● MASTER VISA

RIU Turquesa 👫👭
Familienfreundliches Hotel vom TUI-
Ableger RIU-Hotels. Babysitterservice
gegen Gebühr, sonst aber ist fast al-
les inklusive, auch Tennis, Windsur-
fen oder Schnuppertauchen. Große
Poolanlage mit Kinderbecken.
Ctra. las Américas; Tel. 0 45/66 84 71,
Fax 66 84 95; www.riu.com; 270 Zimmer
●●●● MASTER VISA

Dos Mares/Pullman
Die beiden Hotels im Zentrum werden
gemeinsam verwaltet; auf Wunsch
kann man die Häuser wechseln. Die
Zimmer im Dos Mares sind kleiner,
aber dafür bietet es Strandnähe und
Parkplatz. Das 100 m entfernte Pullman liegt an der Hauptstraße.
Calle 53 y 1ra Ave. (Dos Mares) und
Ave. 1ra. esq. 49 y 50 (Pullman); Tel.
0 45/61 27 02 und 66 71 61; www.
islazul.cu; 34 bzw. 15 Zimmer ●● ▱

SEHENSWERTES
Parque Retiro Josone 👫👭
Gepflegter Stadtpark zum Bummeln
für Jung und Alt im ehemaligen Anwesen des Diktators Batista. Ein See lädt
zum Tretbootfahren ein, es gibt Restaurants, Bar und Andenkenstände.
1a Ave. E/56 y 59; Eintritt frei

Reserva Ecológica Varadero
Das etwa 450 ha große Schutzgebiet
bedeckt den Osten der Halbinsel. Am
Naturpfad **El Patriarca** wird Naturfreunde der Anblick von zwei gigantischen, mindestens 500 Jahre alten
Kakteen am Wegesrand erfreuen. An
die indianischen Ureinwohner erinnert
der **Sendero Cueva de Ambrosia**, ein
300 m langer Pfad, der zu 47 geomet-
rischen Piktografien in der Höhle Ambrosia führt. Ethnologen schreiben jedoch einige der Höhlenzeichnungen
auch entflohenen Sklaven zu, denen
die Grotte früher als Versteck diente.
Eingang: Centro Visitantes, Autopista
Sur; tgl. 9–17 Uhr; Eintritt 3 CUC

MUSEEN
Museo Municipal
Sehenswert ist vor allem die renovier-
te alte **Casa Villa Abreu**, ein Holzhaus
von 1921 aus der Anfangszeit Varaderos mit herrlichem Blick auf den
Strand. Innen erfährt man etwas über
die Ureinwohner, die Natur der Halbinsel und über Varaderos frühere Bedeutung im Regattasport.
Playa esq. Calle 57; tgl. 10–19 Uhr;
Eintritt 1 CUC

8

ESSEN UND TRINKEN

Las Américas
In der extravaganten Sommerresidenz des Industriellen DuPont (→ Mansión Xanadú, S. 89) wird internationale Küche mit französischem Einschlag serviert. Ein Luxusrestaurant im Stil europäisch-bourgeoiser Gourmettempel mit Veranda zum Strand. Reservierung empfehlenswert.
Ave. de las Américas, km 4,5; tgl. 12–16 und 19–21.30 Uhr ●●●● MASTER VISA

Antigüedades
Antik ist hier alles vom Polsterstuhl bis zu den Spitzendeckchen. Gute internationale Küche.
Ave. 1ra y 59 (vor dem Parque Josone); Tel. 0 45/66 73 29; tgl. 12–24 Uhr ●●●
▱

El Bodegón Criollo
Kleine Oase für gute kubanische Küche, ruhig an einem strandnahen Eck mit luftigen Verandaplätzen gelegen.
Ave. Playa esq. 40; Tel. 0 45/66 77 84; tgl. 12–24 Uhr ●● ▱

El Mesón del Quijote
Hier kommt einem alles spanisch vor: die Atmosphäre, die vorzügliche Paella und die Gitarrenmusik.
Ave. de las Américas/La Torre; Tel. 0 45/ 66 77 96; tgl. 12–24 Uhr ●● ▱

Esquina Cuba
Originelles Ecklokal zum Abhängen an der Bar. Auch günstige und gute typisch kubanische Speisen.
Calle 36 y 1ra Ave.; Tel. 0 45/61 40 19; tgl. 12–24 Uhr ● ▱

EINKAUFEN

Der größte Souvenirmarkt breitet sich vor dem **Eispalast Coppelía** zwischen den Calles 44 und 46 aus.

Plaza América
Varaderos Prestige-Shoppingcenter bietet Restaurants, Marken-Boutiquen, Souvenirshops und einen Supermarkt.
Autopista Sur, km11; tgl. 10–23 Uhr

AM ABEND

Mambo Club
Top-Adresse für Salsa-Tänzer. Hier treten regelmäßig die besten kubanischen Gruppen auf.
Ctra. Las Morlas, Tel. 0 45/66 85 65; tgl. ab 23 Uhr; Eintritt 10 CUC (Getränke frei)

Palacio de la Rumba
Der Sammelplatz aller Disco-Verrückten und entsprechend geräumig. Alle international und national angesagten Musikstile von Reggaeton bis Salsa werden aufgeboten.
Ave. Las Américas (hinter dem Valtur Bella Costa); tgl. ab 23 Uhr; Eintritt 10 CUC (Getränke frei)

Tropicana Varadero
»Un paraíso bajo de las estrellas« (ein Paradies unter den Sternen) – so preist sich die Tropicana-Tanzrevue in der spektakulären Open-Air-Arena nahe dem Río Canimao vor Matanzas an. Nach der Show gehört die Tanzbühne dem Publikum.
Autopista Matanzas–Varadero, km 4,5; Reservierung Tel. 0 45/26 55 55; Di–So 20.30–2.30 Uhr; Eintritt 59 CUC

SERVICE

Centro de Información Turística
Ave. 1ra y Calle 23; Tel. 0 45/66 77 48; tgl. 8–20 Uhr

Viazul-Busbahnhof
Autopista Sur esq. Calle 36; Tel. 0 45/ 61 26 26; www.viazul.cu

Ziele in der Umgebung

Cárdenas ····⟩ S. 173, D 5

82 000 Einwohner

»Cuba real«, das echte Kuba, zwischen Industrie (Raffinerien) und Zuckerhinterland – Welten scheint die Stadt von der Urlauberhochburg Varadero entfernt zu liegen. Und doch sind es gerade einmal rund 20 km.

→ S. 172, C 5

MUSEUM

Museo Oscar María de Roja

In 13 Sälen präsentiert dieses im Jahr 1900 gegründete und runderneuerte Museum eine phänomenale Ausstellung zu Archäologie, Natur, Ethnologie, Politik und Geschichte weit über die Stadtgeschichte und Kuba hinaus.

Plaza San José Echeverría; Di–Sa 10–18, So 9–12 Uhr; Eintritt 5 CUC, Fotografieren 5 CUC, Video 25 CUC

Matanzas

142 000 Einwohner

Bei der Anfahrt sollte man sich von der Industriesilhouette der Stadt nicht abschrecken lassen, denn Matanzas, die Hauptstadt der gleichnamigen Provinz, gehört zu den schönsten Städten Kubas. Nachdem die Gründungsurkunde 1690 unterschrieben war, wurde die Stadt sorgfältig im Schachbrettmuster geplant.

Die Lage in der geschützten Naturbucht war optimal gewählt, da sich das Land zwischen den Flüssen **Río Yurumí** und **Río San Juan** als sehr fruchtbar erwies. Tabak, Kaffee und später Zucker bescherten der Stadt schnellen Reichtum. Da die Großgrundbesitzer auf ihren Plantagen einen enormen Verschleiß an Sklaven hatten, entwickelte sich der Hafen im 18. Jh. zu einem der größten Sklavenmärkte der Karibik.

In der Altstadt mit ihren engen Gassen kann man noch heute die Blüte aus jenen Tagen erkennen. Die Kolonialvillen aus dem 19. Jh. sind mit Säulen, schmiedeeisernen Balkonen und originellen Kachelbildern geschmückte Prachtstücke, wie sie am **Parque de la Libertad** zu sehen sind. Geld und Glanz zogen Wissenschaftler, Dichter und Intellektuelle aus aller Welt an, was der Stadt damals den Beinamen »Athen von Kuba« eintrug. Westlich der Stadt lädt der Río Canimar zu Bootsausflügen ein.

35 km westl. von Varadero

Canimao

Ein einladendes, modernes Hotel ganz in der Nähe der Tropicana-Arena (→ S. 91). Helle Räume.

Ctra. a Varadero, km 4,5; Tel. 0 45/ 26 10 14, Fax 26 22 37; www.islazul.cu; 25 Zimmer ●● ▱

Casa particular Dr. Moreno

Die Villa des Arztehepaars liegt direkt am Buchtufer in einer Seitenstraße am Ortsausgang Richtung Varadero. Ein Zimmer mit Bad, auch Mahlzeiten.

Calle 127 No. 20807 esq. 208 y 210; Tel. 0 45/26 12 60 ● ▱

Cuevas Bellamar

In einem Kalksteinbruch arbeitende Sklaven entdeckten im Jahr 1861 südöstlich von Matanzas den größten zugänglichen Höhlenkomplex in Kuba. Sie hielten damals das unterirdische Dunkel für das Reich des Satans, weshalb sie schnell das Weite suchten und die Höhlen rasch wieder in Vergessenheit gerieten.

Erst 1948 und 1961 gingen Wissenschaftler erneut in die Tiefe, um das Höhlenlabyrinth zu erforschen. Dabei stellte sich heraus, dass die 3347 m lange Cueva Bellamar nur eine von vier Höhlen ist. Sie fanden eine wunderbare Welt der Steine, deren ungewöhnliche Kristallbildungen z. B. den »Kolumbusmantel« formen, ein über 12 m hohes Gebilde, das wie ein Vorhang in Falten gelegt ist. Die größte Felsenhöhle, die »Gotische Kammer«, ist 80 m lang und 25 m breit. Beleuchtet sind nur 750 m der Höhle. Für die »Tour de las Esponjas« in die unbeleuchteten Teile der Höhle erhält man Kopfscheinwerfer.

Ctra. a las Cuevas; tgl. 9–17 Uhr; Eintritt 5 CUC, Tour de las Esponjas 8 CUC, Fotografieren 5 CUC, Video 5 CUC

Parque Turístico Río Canimao

Bootsausflüge entführen hier auf dem Río Canimao flussaufwärts in die Tiefe seiner überraschend urwüchsigen Ufervegetation. Nach 45-minütiger Fahrt wird in einer Ranch am Ufer Rast gemacht – Zeit für ein zünftiges kreolisches Mittagessen, für Reitausflüge (im Preis inklusive) oder eine Pause im Schaukelstuhl. Um 16.30 Uhr geht es dann wieder zurück. Der Bootshafen ist ausgeschildert.

Ctra. a Varadero, km 5; Tel. 0 45/26 15 16; Abfahrt 12.30 Uhr; Preis 25 CUC (Kinder 12,50 CUC)

Teatro Sauto

Das 1862 erbaute Theater liefert den Beweis für die einstige kulturelle Bedeutung Matanzas'. Für den imposanten neoklassizistischen Bau, der mit 750 Sitzplätzen stattliche Ausmaße besaß, spendete der Namensgeber Sauto das nötige Kleingeld. Als die Zucker-Ära verging, verfiel auch das Theater, bis schließlich 1969 wieder renoviert wurde.

Plaza de la Vigía

Museo Botica Francesa Dr. E. Triolet
Medikus Dr. Triolet eröffnete die herrlich altmodische Apotheke 1882 in guter Lage am Zentralpark. Nach eigenen Rezepturen stellte er aus Kräutern und Pulvern Pillen und Salben her. In meterhohen Regalen aus feinstem Zedernholz bewahrte er seine Medizin auf. 1954 wurde die Apotheke geschlossen, die Erinnerungen an das Lebenswerk von Dr. Triolet wurden aber konserviert – eine riesige Sammlung von Flakons und Porzellandosen, Destillierkolben, Mörsern, Waagen und ärztlichem Handwerkszeug.

Parque de la Libertad esq. Maceo; wegen Renovierung vorübergehend geschl.

Museo Histórico Provincial

Eiserne Fußfesseln für Sklaven, alte Waffen, Zimmer voll mit kolonialen Möbeln aus verschiedenen Epochen, Muscheln, Schnecken und Dokumentationen zum Unabhängigkeitskrieg inklusive des runden Tisches, an dem am 1. Januar 1899 die Provinz vom spanischen Gouverneur an den General der USA übergeben wurde. Die 17 Säle des Museums im altehrwürdigen **Palacio de Junco** lassen wahrlich kein Thema aus. Sogar eine Mumie ist zu bewundern und – unter der Lupe – zwei Flöhe in Kleidern.

Milanés esq. Magdalena; Di–Fr 9.30–17, Sa 13–21, So 8–12 Uhr; Eintritt 2 CUC

Die wunderschön restaurierte Apotheke von Dr. E. Triolet ist heute Museum.

Der Süden

Endlose Zuckerrohrfelder, Bilderbuchstrände und koloniale Perlen wie Trinidad prägen Kubas Süden.

Zweifellos einer der schönsten Plätze ganz Kubas: Auf der Plaza Mayor in Trinidad (→ S. 105) hat sich das koloniale Flair nahezu unverfälscht erhalten.

Plantagen, Plantagen, Plantagen. Man fährt auf der Autopista, die Kuba wie eine Trennlinie in Nord und Süd gliedert, und sieht über weite Strecken nichts anderes als grüne Felder mit Zuckerrohr, Ananasstauden, Orangen- und Grapefruitbäumen und immer wieder Zuckerrohr.

Der gute Boden, das milde Klima und die weiten Ebenen der Provinzen **Matanzas**, **Cienfuegos** und **Sancti Spíritus** bieten die besten Bedingungen für die Landwirtschaft. Aber die Revolution hat das Arbeiten auf dem Land nicht leichter gemacht. Zwar schuften die Menschen seither nicht mehr für Großgrundbesitzer, sondern auf kaum noch überschaubar großen volkseigenen Feldern in Kooperativen für sich selbst, denn sie sind ja das »Volk«. Auch ist ihr gesellschaftliches Ansehen enorm gestiegen, denn schließlich wurde die Revolution auch und gerade zu ihrer Befreiung angezettelt. Aber mit dem Lohn in klingender Münze hapert es immer noch. Und die Arbeit ist doppelt so schwer wie anderswo, denn es mangelt allerorten an modernen Maschinen. Man erblickt verrostete Moloche von Hebebühnen für das geerntete Zuckerrohr, hitzegegerbte Männer mit Macheten in den Feldern und andere, die noch mit Ochsenkarren das Ackerland umpflügen.

Immerhin: Kein »Kapitalist« profitiert nunmehr von ihrer Arbeit wie dereinst die **Zuckerbarone** von Cienfuegos oder Trinidad, den kolonialen Perlen Kubas an der Südküste. Sie freilich häuften ihre immensen Vermögen, die ihnen den Bau ihrer kolossalen Paläste ermöglichten, noch mit der kostenlosen Arbeitskraft importierter Sklaven aus Afrika an. Als einer der ersten Europäer äußerte sich **Alexander von Humboldt** in einem kritischen politischen Essay schockiert über die unmenschliche Behandlung der Sklaven – und zwar nach seinem Besuch im Jahr 1802 in der alten Zuckerstadt Trinidad.

Im Rücken der Südküste steigt die **Sierra de Escambray** auf. Die Kühle ihrer dichten Kiefernwälder, engen Flusstäler und rauschenden Wasserfälle haben diese Gebirgsregion zu einem beliebten Ausflugsziel für Naturfreunde gemacht.

Doch mit der Küste ist der Süden noch lange nicht zu Ende. Weiter draußen in der karibischen See breiten sich die Archipele **Los Jardines de la Reina** und **Los Canarreos** mit unge-

Kühle Täler im Gebirge

zählten Inseln aus. Die größte von allen, die **Isla de Juventud**, gehört zum Archipel Los Canarreos. Viele ihrer Einwohner arbeiten auf der benachbarten Insel **Cayo Largo**, die ebenfalls zu diesem Archipel gehört und vollkommen für den internationalen Tourismus reserviert ist.

Cayo Largo del Sur
⤳ S. 173, D 8

Zahlreiche Lagunen schmiegen sich an den Strand. Schneeweißer Korallenstaub pudert die Füße. Palmwipfel neigen sich sanft zum türkisfarbenen Meer. Und Pelikane zupfen seelenruhig an ihrem Federkleid. Cayo Largo ist eine Insel für Tropenträume.

Anfang der Achtzigerjahre war sie noch ein unentdecktes Idyll wie all die anderen des Canarreos-Archipels. Inzwischen wurde die 27 km lange und 3 km breite Insel als Tauch- und Badeparadies für Kanadier, Europäer und Lateinamerikaner erschlossen. Im Jahr 1998 wurde sie sogar zum totalen All-inclusive-Ziel gekürt. Kubaner leben seither keine mehr auf der Insel. Wer hier arbeitet, kommt meist von der benachbarten Isla de Juventud, bleibt 20 Tage und kehrt danach für einen 10-tägigen Urlaub heim.

Um auf Cayo Largo sein Glück zu finden, benötigt man Robinson-Qualitäten, reichlich Lesestoff sowie die

Ausdauer eines Sonnenanbeters oder genügend Sportgeist (man kann hier schnorcheln, surfen, tiefseetauchen, hochseefischen, parasailen und segeln). Nach Einbruch der Dunkelheit sollte man sich aber zurückziehen – oder gut gegen die dann anrückenden Moskitos wappnen.

Neben dem herrlichen Strand auf der Insel lädt die **Playa Sirena** auf einer vorgelagerten Sandbank zum Sonnen und Baden ein. Für Abwechslung sorgt neben der Animation in den All-inclusive-Hotels eine **Schildkrötenfarm**. Boote starten zum Hochseeangeln. Und die Nachbarinsel **Cayo Iguana** zieht sogar Urlauber aus Varadero mit dem Versprechen an, den dort lebenden zahlreichen und zum Teil halbzahmen Leguanen zu begegnen. Ohnehin ist die Insel für Urlauber nur noch auf dem Luftweg zu erreichen. Etliche landen gleich von Übersee direkt auf Cayo Largo.

Hotels/andere Unterkünfte
Barceló Cayo Largo Beach Resort
2003 eröffnetes All-inclusive-Resort der mallorquinischen Hotelgruppe. Familienfreundlich und sehr beliebt bei lateinamerikanischen Urlaubern. Pool mit Extrabereich für Kinder. Playa Cayo Largo; Tel. 0 45/24 80 80, Fax 66 87 98; www.barcelo.com; 306 Zimmer ●●●● MASTER VISA 👫👯

Isla del Sur
Ein angenehmes Ferienhotel direkt am Korallenstrand. Weitläufige Anlage, geräumige Zimmer. Trotz Vier-Sterne-Kategorie sollte man besser keine allzu hohen Ansprüche stellen. Playa Cayo Largo; Tel. 0 45/24 81 11, Fax 24 81 60; 59 Zimmer ●●●● MASTER VISA

Pelícano
Dem Gast fehlt es an nichts: vier Restaurants, Disco, Bar, Shop, Autovermietung und Wassersport. Abends noch einen allerletzten Drink auf dem Balkon, und dann schläft man bei Meeresrauschen ein. Playa Cayo Largo; Tel. 0 45/24 83 33, Fax 24 81 66; www.solmeliacuba.com; 307 Zimmer ●●●● MASTER VISA

Sol Cayo Largo
Zweistöckige, hübsch mit hölzernen Veranden umgebene Wohnhäuser verzaubern hier mit ihrem karibischen Flair. All-inclusive-Anlage mit großem Sportangebot, darunter auch Bogenschießen. Außerdem Spa mit Sauna, Dampfbad und Massagen.

Die Leguane auf Cayo Iguana lassen sich auch aus der Nähe fotografieren.

Playa Cayo Largo; Tel. 0 45/24 82 60,
Fax 24 82 65; www.solmeliacuba.com;
296 Zimmer ●●●● MASTER VISA

Villa Lindamar

Die Zimmer in den Spitzdachhütten
am Strand sind für Romantiker und Individualisten wie gemacht. Auch weil
sie abseits der großen Anlagen an einem ruhigen Strandabschnitt liegen.
Playa Lindamar; Tel. 0 45/24 81 11, Fax
24 81 60; www.grancaribe.cu; 53 Zimmer
●●● MASTER VISA

Ciénaga de Zapata

⤏ S. 172/173, BD 6/7

Die riesige Halbinsel ragt in der Form
eines Schuhs (span. »zapata«) in die
Karibik, im tiefen Süden von den **Cayos Blancos del Sur** und der **Cayería
de Diego Pérez** eingerahmt, im Osten
begrenzt von der **Bahía de Cochinos**,
der geschichtsträchtigen Schweinebucht, sowie im Westen von der Mündung des **Río Hatiguanico**.

Mit ihren 4230 qkm gilt die Za-
pata-Halbinsel als das größte Sumpf-
gebiet der Karibik. Es breitet sich auf
einem durchlöcherten Kalkschild mit
Höhlen und Lagunen aus, durchzogen von Flüssen und überwuchert
von dichter Urwaldvegetation. Vor-
herrschend in den flachen Sumpfzo-
nen sind die in Süß- und Salzwasser
gedeihenden Mangroven – bevorzugter Lebensraum der Seekuh (span.
»manatí«) und Brutstätte für Insek-
ten, Amphibien und Fische, zugleich
gedeckter Tisch für Wasservögel und
größere Räuber wie Krokodile. Vogelbeobachter können sich auf 160 verschiedene Arten freuen, darunter
zwei Drittel aller in Kuba heimischen.
Allerdings sollte man sich gut gegen
Moskitos schützen.

Für den Menschen ist die Ciénaga ein eher unwirtlicher Lebensraum.
1912 scheiterte deshalb der Versuch
eines US-amerikanischen Unterneh-
mens, die Region urbar zu machen.

Nur den »cenagueros«, den Sumpf-
leuten (span. »ciénaga« = Sumpfge-
biet), scheint die grüne Hölle nichts
auszumachen. Wie schon in präkolumbischer Zeit stellen sie Holzkohle
her. Als Erster beobachtete Kolumbus
hier Indianer mit »rauchenden Holz-
stücken in der Hand«, als er 1494 in
der Schweinebucht vor Anker ging.

Die Ciénaga de Zapata ist heute
ein **Nationalpark**. Ein winziger Teil
des Gebiets ist durch eine Straße erschlossen. Sie zweigt von der Autopista bei Australia ab, einen ersten
Halt lohnt nach wenigen Kilometern
der **Complejo Turístico La Boca**. Dort
scharen sich Restaurants und Souvenirläden um eine Krokodilzuchtstation und den Anleger für die Boote zum
Museo Guamá (→ S. 98) sowie dem
gleichnamigen Hotel.

Weiter auf der Straße von **Guamá**
nach **Playa Larga** stimmen dann
schon Gedenksteine für gefallene Kubaner auf die historische Bedeutung
der **Schweinebucht** ein, die bei Playa
Larga beginnt. An ihrem Westufer
breitet sich das **Gran Parque Natural
Montemar** aus. Der Pfad nach La Salina wird gern für Vogelbeobachtungen genutzt. Mit Glück kann man dort
den mit nur 63 mm kleinsten Vogel
der Welt beobachten, die auf Kuba
heimische Kolibriart »Zunzuncito«.
Playa Larga verfügt über einen schönen Strand und ein Hotel.

Näheres über die historische Bedeutung der Schweinebucht für das
Kuba von Fidel Castro erfährt man
dann im Museum von **Playa Girón**.
Der Ort selbst bietet ein einfaches Hotel am stark verkarsteten Strand. Zum
Mittagsbuffet und Baden in natürlichen Pools der Karstküste lädt die
nahe **Punta Caleta** ein.

HOTELS/ANDERE UNTERKÜNFTE

Playa Girón   ⤏ S. 173, E 7

Auch hier erfüllte sich der Traum
nicht, das Hotel mit Pauschalurlau-
bern von Veranstaltern zu füllen. Die
meisten Bungalows stehen leer.

Playa Girón; Tel. 0 45/98 41 10,
Fax 98 41 17; www.cubanacan.cu;
282 Zimmer ●● [MASTER] [VISA]

Playa Larga ····⟩ S. 173, D 7
Die weitläufige Bungalowanlage an
dem schönen Strand der Schweinebucht ist eine ruhige, kaum besuchte
Adresse. Pool und Restaurant.
Playa Larga; Tel./Fax 045/98 72 94,
98 72 06; www.cubanacan.cu; 68 Zimmer
in 49 Bungalows ●● [MASTER] [VISA]

Villa Guamá ····⟩ S. 173, E 7
Wohnen in urigen hölzernen Pfahl-
bauten, unter denen das Wasser der
Laguna del Tesoro gluckert. Auf Komfort aber braucht man nicht zu verzichten. Die nach einem Hurrikan modernisierten Pfahlhäuser bieten ein
großes gekacheltes Bad, Klimaanlage, Satelliten-TV, Moskitogitter vor
den Fenstern – und oft auch einen eigenen Bootsanleger. Ein Netz von
Brücken verbindet die Pfahlhäuser
außerdem mit dem Pool und dem
Restaurant, wo man ebenfalls über
der Lagune sitzt und frische gegrillte
Langusten genießen kann. Das Museo Guamá liegt gleich nebenan.
La Boca/Laguna del Tesoro; Tel. 0 45/
91 55 51, kein Fax; www.cubanacan.cu;
44 Zimmer ●● ▱

SEHENSWERTES
Criadero de Cocodrilos
····⟩ S. 173, D 6/7
Schöner Park um ein paar Gehege mit
rund 400 Krokodilen. Die übrigen Tiere der Krokodilzuchtstation tummeln
sich inzwischen in einem nicht zugänglichen Gelände außerhalb des
touristischen Komplexes – wohl, um
die Tierfreunde aus Europa nicht zu
verschrecken. Man erfährt, wie die
Krokodile aufwachsen, und kann ihr
Fleisch probieren, die kleine Portion
für 5, die große für 10 CUC. Zu sehen
sind noch andere Arten, so z. B. der
Cotorra-Pagagei oder das Jutía.
La Boca/Laguna del Tesoro; tgl. 8–16.30
Uhr; Eintritt 5 CUC, Fotografieren 3 CUC

MUSEEN
Museo de la Intervención
····⟩ S. 173, E 7/8
Um etwas von der interessanten Ausstellung zu haben, muss man Zeit und
spanische Sprachkenntnisse mitbringen. Alte Flugzeuge, Fotos, Zeitungs-
artikel und Waffen dokumentieren hier
die **Invasion in der Schweinebucht**
von 1961. Rund 1400 von Exilkubanern angeheuerte Söldner landeten
damals mit Unterstützung des amerikanischen Geheimdienstes CIA in der
Bucht, um Fidel Castro zu stürzen und
das kubanische Volk zu befreien. Aber
das wollte sich gar nicht befreien lassen. Die Invasion begann am 17. April und war nach 72 Stunden beendet.
20 000 schlecht ausgerüstete kubanische Soldaten und Bauern hatten die
Invasoren vernichtend geschlagen.
Playa Girón; tgl. 8–17 Uhr; Eintritt 2 CUC,
Fotografieren 1 CUC, Filmen 1 CUC, Führung 3 CUC

Museo Guamá ····⟩ S. 173, D 7
Kitsch oder Kunst – mit ihren 32 lebensgroßen Indianerskulpturen vermittelt die Kubanerin Rita Longa einen netten Eindruck von der Lebens-
weise der Taíno. Postiert sind sie auf
einer kleinen Insel in der Laguna del
Tesoro (30 Min. Bootsfahrt von La Boca) zwischen »bohíos«, nachgebauten indianischen Hütten, in denen als
Indianerinnen verkleidete Mädchen
traditionelle Tänze aufführen.
La Boca/Laguna del Tesoro; Boote tgl.
10–14 Uhr; Dauer 3 Std.; Preis 10 CUC

ESSEN UND TRINKEN
Punta Caleta ····⟩ S. 173, E 7
Wer nach Lust und Laune von einem
Buffet mit Meeresfrüchten und kubanischen Spezialitäten schlemmen
will, sollte sich hier spätestens um
12.30 Uhr einfinden. Dann nämlich
wird das Buffet eröffnet. Neben der
Mahlzeit ist im Eintrittspreis zu diesem Freibad aus natürlichen Bade-
pools in der Riffküste auch ein Liege-
platz unterm Palmendach enthalten.

Die Plaza Martí (→ S. 100) in Cienfuegos ist Treffpunkt und Aushängeschild der Stadt.

8 km östl. von Playa Girón; tgl. 10–17 Uhr; Eintritt 12 CUC (bis 15 Uhr inklusive Büffet) oder 6 CUC (ab 15 Uhr); Schnorchelausrüstung 3 CUC

Cienfuegos   ····⟫ S. 173, F 7

138 000 Einwohner

Cienfuegos blickt auf eine zuckersüße Vergangenheit zurück, allerdings mit gewissen Startschwierigkeiten. In der malerischen **Jagua-Bucht** entstand bereits 1751 die erste **Zuckermühle**. Doch obwohl die üppigen Mahagoniwälder und die weite Savanne geradezu optimale Bedingungen für Zuckerrohrpflanzungen boten, begann die Erfolgsstory der Stadt erst Anfang des 19. Jh. Innerhalb weniger Jahre stieg Cienfuegos dann blitzartig zu einem der wichtigsten Umschlagplätze für den süßen Stoff auf.

Weitgehend unberührt von Piratenüberfällen, kannte der Reichtum von Plantagenbesitzern und Sklavenhändlern bald keine Grenzen. Immer mehr Zuckerrohrpflanzen bedeckten das Land. Immer mehr schwarze Sklaven wurden in diese Gegend deportiert, sodass sie den weißen Herren zahlenmäßig bald überlegen waren. Aus Angst vor Aufständen förderte der Gouverneur gezielt die Einwanderung französischer Siedler aus Bordeaux, New Orleans und Florida – Land und Überfahrt wurden gratis gewährt.

Französisches Flair spürt man bis heute in Cienfuegos, der Hauptstadt der gleichnamigen Provinz. Geografisch günstig gelegen, ist die Stadt das Zentrum einer geschäftigen Region, in der neben Rum, Tabak, Früchten und Zement immer noch der Zucker die Hauptrolle spielt. Doch trotz der vielen Schlote und Industrieanlagen hat die Altstadt kein bisschen von ihrem Charme eingebüßt.

Hotels/andere Unterkünfte
Jagua
Früher Spielcasino, heute ein mehrfach modernisiertes Hotel mit marmorglänzender Lobby. Dem alten Kasten

am Strand Punta Gorda sind die Fünfzigerjahre kaum noch anzusehen.
Calle 37 No. 1; Tel. 04 32/55 10 03, Fax
55 12 45; www.grancaribe.cu; 149 Zimmer
●●● MASTER VISA

Union
Hinter der schmucken Fassade ver-
birgt sich ein vornehm restauriertes
Stadthotel mit einem verblüffend gro-
ßen Pool im Innenhof. Bar auf der
Dachterrasse mit weitem Blick.
Calle 31 y Ave. 54; Tel. 04 32/55 10 20,
Fax 55 16 85; www.cubanacan.cu;
49 Zimmer ●●● MASTER VISA

Palacio Azul
Hohe Räume mit Stuck, ein intimes
kleines Restaurant und Zimmer mit
Kabel-TV, Minibar und Klimaanlage.
In dieser kleinen blauen Villa neben
dem alten Yachtclub wohnt man fürstlich und doch günstig.
Calle 37 (Pta. Gorda); Tel. 04 32/55 58 28/
29, kein Fax; www.cubanacan.cu; 7 Zimmer ● bis ●●

Casa de Pipe
»Casa particular« in Fünfzigerjahre-
Villa, ruhig auf Punta Gorda mit Blick
auf die Bahía Cienfuegos gelegen.

Großes Zimmer mit Bad und Klimaanlage. Auf Wunsch Mahlzeiten.
Ave. 8 No. 3903 esq. 39 y 41; Tel. 04 32/
52 52 74 ●

SEHENSWERTES

Capitolio
Keine identische Replik des Originals
in Washington: eine Miniatur zwar,
aber trotzdem eindrucksvoll. Einst
Premierpalast, hat heute der Poder
Provincial hier seinen Sitz.
Plaza Martí

Castillo de Jagua
Den Eingang der engen Flaschenhals-
Bucht sichert das kleine Fort mit
Rundkuppeltürmen. Es wurde 1745
als Warnposten zum Schutz vor Piraten gebaut. Zu seinen Füßen liegt das
kleine Fischerdorf **Perché**, gegenüber
das Hotel **Pasacabello**. Eine unregel-
mäßig verkehrende Fähre überbrückt
die enge Einfahrt zur Bucht.
An der westlichen Seite der Bucht

Plaza Martí
Der hübsche, begrünte Platz mit seinem zierlichen Musikpavillon, den
weißen Löwenfiguren und den restaurierten Prachtbauten verströmt Kurat-

Maurische Pracht an der Punta Gorda: der 1917 erbaute Palacio Valle in Cienfuegos.

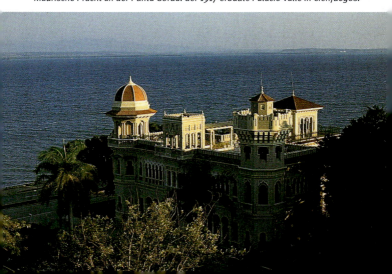

mosphäre. Alles ist neoklassizistisch und im Überschwang des Zucker-booms entstanden. Die Kathedrale von 1867 wirkt mit ihren ungleichen Türmen und verschieden langen Seitenflügeln etwas verunglückt.
Plaza Martí

Palacio Valle
Die palastartige Villa spiegelt die 1,5-Mio.-Dollar-Investition des spanischen Bauherrn Ciscle del Valle y Blanco wider. Ein Abklatsch mudéjarer Maurengotik sowie anderer Stile.
Calle 37 esq. 0 y 2; Hausbesichtigung tgl. 10–17 Uhr; Preis 1 CUC (inkl. Cocktail)

Teatro Tomás Terry
Namensgeber ist der Venezolaner Tomás Terry, der »Krösus Kubas«, der im Zuckergeschäft groß wurde und für den neoklassizistischen Musentempel mit 900 Plätzen das Geld gab. Prachtstücke sind die allegorischen Mosaiken über dem Eingang und der vergoldete Himmel im Zuschauerraum. Mit Verdis Oper »Aida« wurde das Theater 1895 eingeweiht. Auch Caruso stand hier einst auf der Bühne.
Plaza Martí; tgl. 9–16 Uhr; Eintritt 1 CUC

ESSEN UND TRINKEN
Club Cienfuegos
Die leuchtend weiße Villa könnte auch in Nizza stehen. Der ehemalige Yachtclub wurde 2002 wieder eröffnet und ist seither bevorzugter Schauplatz von Hochzeiten und anderen Festen. Auf der großen Terrasse speist man mit bestem Blick auf die Bucht.
Calle 37 esq. 10 y 12 (Pta. Gorda); Tel. 0 43 22/51 28 91; tgl. 9–3 Uhr ●●● bis ●●●● MASTER VISA

Palacio Valle
Kulinarisch entführt der Maurenpalast in die italienisch-kreolische Küche. Zum Dessert erklingt Pianomusik. Gewürzt ist der Genuss durch das orientalische Flair von Scheherezade.
Calle 37 esq. 0 y 2; Tel. 04 32/55 12 26; tgl. 10–22/23 Uhr ●●● bis ●●●● MASTER VISA

La Verja
Kolonialepoche, stilecht vom Kronleuchter bis zum Mahagonistuhl. Die Speisekarte verspricht kreolische und internationale Gerichte.
Calle 54 No. 3306; Tel. 0 43 22/51 63 11
●●●

AM ABEND
Club Benny Moré
Elegantes Cabaret-Theater, nach der Show wird zu Discomusik getanzt.
Ave. 54 No. 2907 esq. 29 y 31; Tel. 04 32/45 11 05; Do–So 22–3 Uhr; Eintritt 3 CUC

SERVICE
Viazul-Busbahnhof
Calle 49 esq. 58 y 60; Tel. 04 32/51 57 20

Ziele in der Umgebung

Jardín Botánico
⋯⟩ S. 174, A 11

Der schönste Botanische Garten Kubas. Auf 100 ha bietet er reichlich Platz für die rund 2000 verschiedenen Pflanzen und Bäume aus aller Welt. 23 Bambus- und 280 Palmenarten wachsen hier, im Gewächshaus gibt es eine Kakteenzucht von ungefähr 200 Spezies. Die Exoten unter den Bäumen sind der Brotfrucht- und der Leberwurstbaum – das »kreolische Sandwich«–, der Kaugummibaum, dessen Holz schwerer ist als Wasser, und der Strichninbaum, dessen Blätter den giftigen Stoff liefern.
25 km östl. von Cienfuegos; tgl. 8–16.30 Uhr; Eintritt 2,50 CUC

Playa Rancho Luna
⋯⟩ S. 173, F 7

Um zum einzigen nennenswerten Strand in der Umgebung von Cienfuegos zu gelangen, umfährt man den östlichen Buchtrand. Besonders attraktiv sind hier die Tauchmöglich-

keiten. Rund 50 m neben der Tauch-station verschreckt Tierfreunde ein **Delphinario**, dessen kleine Bucht für die Tiere aber wenigstens Meerwas-serqualität besitzt (Sa–Do 9.30–16 Uhr; Eintritt 10 CUC, Schwimmen mit Delfinen 50, Fotografieren 1, Filmen 2 und Leihhandtuch 2 CUC).
22 km östl. von Cienfuegos

HOTELS/ANDERE UNTERKÜNFTE
Faro Luna 🏃🏃
Rundum modernisiertes kleines Feri-enhotel mit großer Poolterrasse (Blick aufs Meer). Angenehm große Zimmer mit Satelliten-TV, außerdem Internet-service und Autovermietung.
Ctra. Pasacabello, km 18; Tel. 04 32/ 54 80 30, Fax 54 80 62; www.cubanacan. cu; 46 Zimmer ●● MASTER VISA

Isla de la Juventud
⋯⋯➔ S. 171, EF 3/4
70 000 Einwohner

Unübersichtliche Felsenbuchten, ein dichter Sumpfgürtel aus Mangroven und Wäldern – wie es sich für einen ordentlichen Piratenunterschlupf ge-hört. Als Havanna zum Sammelpunkt der spanischen Gold- und Silberflotte wurde, nahmen die Freibeuter sich die Isla de la Juventud als Operations-basis. Die gefürchtetsten Unholde – Henry Morgan, Piet Heyn, John Haw-kins und Sir Francis Drake – versorg-ten sich hier mit Trinkwasser, schlu-gen Holz für die knarrenden Schiffs-planken und flickten durchschossene Segel. Eine Insel, die den Stoff für Le-genden nährt. Heute ist die 2200 qkm große Tropeninsel der Fruchtgarten Kubas. Die meisten Mangos, Kokos-nüsse und vor allem Pampelmusen werden hier geerntet.

Touristisch steckt die Isla de la Juventud noch in den Kinderschuhen. Mietwagen sind mit rund 100 CUC pro Tag hoffnungslos überteuert (Tipp: ein Taxi nehmen). Für Ausflüge zu den attraktiven Höhlen und Strän-den im militärischen Sperrgebiet des Südens vergibt allein das Ecotur-Bü-ro in der Hauptstadt **Nueva Gerona** (36 000 Einwohner) Lizenzen.

Die größte Attraktion der Insel liegt vor der Küste und ist nur guten Tauchern zugänglich: die weiten Ko-rallenbänke des **Canarreos-Archipels** mit ihren Schwamm- und Gorgonien-kolonien, unversehrten Korallen und

Übermütige Kinderschar auf der Isla de la Juventud, der »Insel der Jugend«.

tropischen Fischschwärmen. Die Unterwasserwelt genießt den Ruf des besten karibischen Tauchreviers.

Hotels/andere Unterkünfte
Centro Internacional del Buceo Colony   ⟶ S. 171, E 4
Wenn keine Taucher da sind, dann hat man das Hotel ganz für sich allein. Der Bau aus den Fünfzigern wird zurzeit modernisiert. 24 Zimmer in Bungalows sind fertig und sehr komfortabel ausgefallen (mit Kabel-TV, Klimaanlage, Safe, Fön und Terrasse).
Ctra. Siguanea, km 42; Tel. 0 46/39 82 82, Fax 39 84 20; www.grancaribe.cu; 24 Zimmer ●● ▱

Casa Barbarita   ⟶ S. 171, F 3
Unabhängiger Eingang, gepflegtes Zimmer mit Bad und Klimaanlage und sogar eine kleine Bar im Hof. In der »casa particular« der Krankenschwester Barbara García wird man gut umsorgt – auch mit Mahlzeiten.
Nueva Gerona, Calle 45 No. 3606 esq. 36 y 38; Tel. 0 46/32 49 03 ● ▱

Sehenswertes
Cabo Francés   ⟶ S. 171, E 4
Der Südwestzipfel der Insel ist Startpunkt für Tauchausflüge zu den rund 60 ausgewiesenen Tauchspots, zudem breitet sich hier ein herrlicher Korallensandstrand aus. Man erreicht die Punta Francés am gleichnamigen Kap mit der Fähre ab dem Hotel Buceo Colony (einfache Fahrt zwei Stunden).
Fähre tgl. 9 Uhr (Rückkehr 17 Uhr); Anmeldung Tel. 0 46/39 82 82; Preis 15 CUC

Cueva de la Punta del Este   ⟶ S. 172, A 8
Die 20 qm große Höhle an der Südostspitze der Insel birgt indianische Höhlenmalereien, die zu den bedeutendsten in der Karibik gerechnet werden. Experten deuten die Kreise als eine Form der Zeitmessung, die Zeichnungen am Höhlendach als Sternenbewegung am Himmel.

Blick in das Aufzuchtbecken der Krokodilfarm im Süden von Nueva Gerona.

Punta del Este; Zutritt nur mit Sondergenehmigung von Ecotur

Museen
Finca El Abra
In diesem Haus des einflussreichen Katalanen José María Sardá durfte sich Kubas Nationalheld José Martí im Herbst 1870 von seiner schweren Erkrankung erholen, die er sich als jugendlicher politischer Häftling während der Zwangsarbeit in den Steinbrüchen von Havanna zugezogen hatte. Sardá hatte diese Ausnahmebehandlung auf Bitten des mit ihm befreundeten Vaters von José Martí bei der Kolonialregierung erwirkt. Der in ganz Lateinamerika verehrte Kubaner wurde nach seiner Genesung in dieser Finca das erste Mal ins spanische Mutterland deportiert.
Ctra. de Siguanea, km 2,5; Di–Sa 9–16, So 9–13 Uhr; Eintritt 1 CUC, Fotografieren 1 CUC

Presidio Modelo

Der letzte Gefangene verließ dieses martialische Zuchthaus im Jahr 1967; der berühmteste war zweifellos Fidel Castro. Er verbüßte hier wegen des Moncada-Sturmes 19 Monate Haft, die meiste Zeit allerdings im Hospital. Heute sind die 5-stöckigen Rundtürme mit den kreisförmig um die Wachposten angeordneten Zellen für rund 6000 Gefangene nur noch Ruinen. Erbaut wurden sie 1926 bis 1931 unter Diktator Machado und zwar nach dem Vorbild eines berüchtigten Zuchthauses in Illinois (USA). Seit 1967 beherbergen die Mauern ein Dokumentationszentrum.

4 km östl. von Nueva Gerona; Mo–Sa 9–16, So 9–12 Uhr; Eintritt 2 CUC

ESSEN UND TRINKEN
El Dragon

Chop Suey für 9 CUC – preiswert ist dieses ansonsten nette und gepflegte Restaurant für chinesische und kubanische Küche nicht.

Nueva Gerona, Calle 39 esq. 27 y 28; Tel. 0 46/3 24 47; tgl. 12–22 Uhr ●● ◻

El Río

Eine der besten Adressen für frischen Fisch – allerdings ein Peso-Restaurant für Kubaner. Man muss warten, bis die Tür geöffnet wird, und dann nach einem Platz fragen.

Nueva Gerona, Calle 20 esq. 41; Tel. 06 12/2 48 89 ● ◻

SERVICE
Ecotur

Agentur für Ausflüge in die militärische Sperrzone im Süden. Außerdem Trips zum Refugio de Fauna los Indios an der Westküste, zum Botanischen Garten Jungla de Jones und zu einer Krokodilfarm.

Calle 39 esq. 24 y 26 (Nueva Gerona); Tel. 0 46/32 71 01; Mo–Fr 8–17 Uhr

Taxi
Nueva Gerona: Tel. 0 45/32 22 22

Sancti Spíritus

····⟩ S. 174, C 11/12

100 000 Einwohner

Die Hauptstadt der gleichnamigen Provinz im Nordosten Trinidads gehört zu den ältesten Städten Kubas und besitzt einen schönen kolonialen Kern mit kleinen Plätzen und alten Kirchenbauten. Winston Churchill freilich war weniger begeistert. In seinem Buch »My Early Life« notierte er mürrisch: »ein Ort zweiter Klasse und äußerst ungesund ...«.

Gegründet wurde Sancti Spíritus 1514 von Diego de Velázquez während seines Eroberungsfeldzugs auf Kuba. Wie üblich bei solchen Unterwerfungsaktionen der Indianer, begleitete ihn ein katholischer Priester. Es war kein Geringerer als der spätere Indianerbeschützer Bartolomé de Las Casas. Während der Vorbereitung auf eine Predigt in der hölzernen Vorgängerkirche der heutigen Parroquial Mayor del Espiritú Santo sollen ihm – wie er selbst in seinen überlieferten Schriften erzählt – die Augen über das Unrecht aufgegangen sein, das die spanische Krone den Ureinwohnern zufügte.

HOTELS/ANDERE UNTERKÜNFTE
Hostal del Rijo

Der stattliche koloniale Palast von 1818 ist, nach einer kompletten Restaurierung, 2001 als Hotel für verwöhnte Reisende eröffnet worden. Zimmer mit Kabel-TV, Bad und Klimaanlage. Schöner großer Patio und Pool auf dem Dach.

Honorato del Castillo 12; Tel. 0 41/2 85 88, Fax 2 85 77; www.cubanacan.cu; 16 Zimmer ● bis ●● MASTER VISA

ESSEN UND TRINKEN
Mesón de la Plaza

Spanische und kreolische Küche sind die Stärken dieses angenehmen kleinen Restaurants direkt an der Plaza.

Máximo Gómez 34; Tel. 0 41/2 85 46; tgl. ab 10 Uhr ● ◻

Wildwest-Stimmung in Trinidad – Ross und Reiter sind hier kein ungewöhnlicher Anblick.

EINKAUFEN

Circulo Filatélico
Briefmarkenzirkel netter älterer Herren. Hier gibt's z. B. Sonderbriefmarken mit Che-Guevara-Fotos von Korda aus dem Jahr 1968.
Máximo Gómez Sur 11; kein Tel.; tgl. 9–22 Uhr

Trinidad   ┄┄⟩ S. 174, A 12

38 000 Einwohner
Stadtplan → S. 107

In keiner anderen Stadt Kubas wird das »Goldene Zeitalter« des Zuckerbooms prachtvoller in Szene gesetzt als in Trinidad. Die Crème der Zuckeraristokratie ließ sich an der **Plaza Mayor** nieder: die Canteros, Iznagas, Trujillos, Morets und Arguíns. Ihre restaurierten Paläste haben die viertälteste Stadt Kubas zu einem kolonialen Schmuckstück gemacht, für dessen Erhalt sich seit 1988 auch die UNESCO einsetzt. Lückenlos reihen sich die restaurierten Kolonialgebäude, heute meist Museen, um die Plaza Mayor. Die hohen Holztüren, die vergitterten Fenster, die auf Säulen gestützten Balkone, die roten Ziegeldächer und das blank getretene Kopfsteinpflaster versetzen zurück in die Blütezeit der Stadt, das 18. Jh.

Auch Trinidad wurde 1514 von Diego de Velázquez gegründet – an der Stelle einer alten Taíno-Siedlung. Einer der ersten Verwalter war **Hernán Cortés**, der später Mexiko erobern sollte. Schmuggel mit den Engländern auf Jamaika war zunächst das einträglichste Geschäft. Doch bald boomte die Zuckerwirtschaft, auch dank des regen Sklavenschmuggels mit Jamaika. Erst als sich das Zuckergeschäft im 19. Jh. nach Havanna und Cienfuegos verlagerte, ging es mit der wohlhabenden Stadt bergab. Trinidad versank in einen tiefen Schlummer. Die Zeit blieb einfach stehen.

Neben Havanna ist Trinidad heute das beliebteste Ausflugsziel auf Kuba. In erster Linie lebt die Stadt vom Tagestourismus, aber an der nahen herrlichen **Playa Ancón** gibt es auch einige gute Ferienhotels.

Von privat an privat: Bohnen auf dem Bauernmarkt von Trinidad.

HOTELS/ANDERE UNTERKÜNFTE

Las Cuevas   ····⟩ S. 107, östl. C 1
In den aufsteigenden Hang gebaute, weitläufige Bungalowanlage mit Superblick auf Trinidad und die Halbinsel Ancón. Zum Hotel gehört eine Museumshöhle und – in ausreichendem Abstand für die Nachtruhe – die größte Höhlendisco Kubas.
Finca Santa Ana; Tel. 04 19/61 33;
109 Zimmer ●●● MASTER VISA

Mesón del Regidor   ⟩ S. 107, a 2
Die schönste und stilvollste Wahl für alle, die im Herzen der Altstadt wohnen wollen. Kolonial möblierte Zimmer mit Bad, gutes Restaurant.
Simón Bolívar 20; Tel. 04 19/37 56;
4 Zimmer ● bis ●● ▱

Hostal Mayra y Rolando
    ····⟩ S. 107, westl. a 2
Saubere moderne »casa particular«. Unabhängige Zimmer mit Bad und Klimaanlage, nette junge Gastgeber.

Piro Guinart 36 esq. Anastacio Cárdenas y Pedro Zerquera; Tel. 04 19/23 51;
E-Mail: rolandollerena@hotmail.com;
2 Zimmer ● ▱

SPAZIERGANG

Die Altstadt von Trinidad wirkt wie ein exklusiver Zirkel aus Palästen und Kirchen, der sich um die Plaza Mayor schart. Es schadet nichts, sich ihr auf Umwegen zu nähern. Beginnend bei der **Calle Jesús Menendez** (früher Alameda), wo man vor der Fußgängerzonen-Absperrung parken kann, kommt man links über die Colón und gleich wieder rechts über die Gustavo Izquierda (früher Gloria) zum Baugerüst um den gigantischen **Iznaga-Palast**. Um ihn herum gelangt man in die Simón Bolívar (ehemals Desengaño) und zum hübschen **Palacio Cantero** mit dem **Museo Histórico** (→ S. 107).

Die anschließende Gasse Francisco Gómez Toro (früher Peña) bringt Sie links herum zu einer der ältesten Straßen der Stadt, der Piro Guinart (früher Boca). In ihr liegen rechts das Restaurant **Jigüe** und, an der Kreuzung zur Martinez Villena (die alte Real de Jigüe), das erste Rathaus (»cabildo«) von Trinidad. Vorn erhebt sich der noch originale Kirchturm des ehemaligen **Konvents San Francisco**. Innen ist eine Dokumentation über den Kampf gegen die Konterrevolutionäre in der Sierra Escambray zu sehen (Di–So 9–17 Uhr; Eintritt 1 CUC).

Zeit für den Besuch des einstigen Machtzentrums, der **Plaza Mayor**, und zwar rechts über die Fernando Hernández Echerrí (früher Christo). Gleich zu Beginn des hübschen Karrees aus Gartenzäunen, Bänken und Palmen liegt das **Museo Romántico** (→ S. 107) im pompösen **Palacio Brunet**, gefolgt von der platzbeherrschenden **Parroquial Mayor de la Santísima Trinidad**, der Kathedrale der Heiligen Dreifaltigkeit (erneuert 1894). Schräg gegenüber die **Casa de los Sánchez Iznaga**. Danach führt die Fernando Hernández Echerrí gerade-

aus weiter zur **Casa Humboldt** (mit Kreuz in der Fassade). Hier wohnte Alexander von Humboldt während seines Besuchs im Jahr 1802. Zur Colón und dem Ausgangspunkt sind es nur ein paar Minuten.
Dauer: 2 Stunden

MUSEEN

Museo de Arqueología y Ciencias Naturales ···⫸ S. 107, b 2

Im Museum für Archäologie und Naturwissenschaften sind präkolumbische Steinwerkzeuge und Tonkrüge zu sehen, aber auch Fußfesseln für Sklaven. Kurios: eine Zahnbürste, die der Mexiko-Eroberer Hernán Cortés benutzt haben soll. Eher makaber: das Skelett eines durch Folterungen gestorbenen Sklaven.
Plaza Mayor esq. Simón Bolívar 457; Mo–Sa 9–17 Uhr; Eintritt 1 CUC

Museo de Arquitectura Colonial ···⫸ S. 107, b 2

Interessante Ausstellung zur Stadtplanung mit Modellen und Karten.
Plaza Mayor esq. Fernando Hernández Echerrí; Sa–Do 9–17 Uhr; Eintritt 1 CUC

Museo Histórico ···⫸ S. 107, a 2

Museum zur Geschichte der Stadt im ehemaligen Wohnhaus des Zuckerbarons Cantero. Die Ersteigung des Turms wird mit einem herrlichen Ausblick auf die Plaza Mayor und die umliegenden Dächer belohnt.
Simón Bolívar 423; tgl. außer Fr 9–17 Uhr; Eintritt 2 CUC

Museo Romántico ···⫸ S. 107, b 1

Elegante Möbel aus Edelhölzern, Kristalllüster aus Böhmen und Baccarat, Fayencen, Sèvres- und Meissener Porzellan. Das ehemalige Herrschafts-

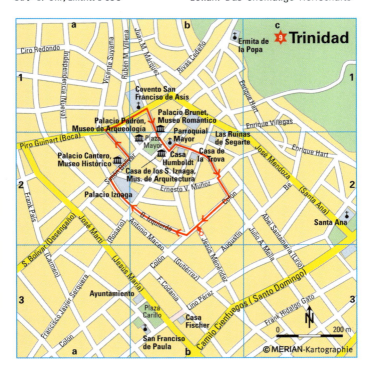

© MERIAN-Kartographie

haus liefert einen guten Einblick in den luxuriösen Lebensstil der Zucker-barone im 19. Jh. Die Küche ist noch intakt, auf der Feuerstelle stehen so-gar riesige Töpfe. Vom Balkon im ers-ten Stock hat man einen schönen Blick auf die Plaza Mayor.
Fernando Hernández Echerrí 52; tgl. au-ßer Mo 9.30–17 Uhr; Eintritt 2 CUC

ESSEN UND TRINKEN
El Jigüe ⸺⟩ S. 107, a 1
Staatliches Restaurant in altem hüb-schen Haus, breite Speisenauswahl von Hähnchen (»pollo«) bis Spaghetti.
R. Martinez Villena 69; Tel. 04 19/64 76; tgl. 10–22 Uhr ●● ▱

Palenque de los Congos reales
⸺⟩ S. 107, b 1
Man speist nett unterm Laubdach, abends mit Livemusik gewürzt.
Fernando Hernández Echerrí; kein Tel.; tgl. 10–2 Uhr ●● ▱

La Canchánchara ⸺⟩ S. 107, a 1
Treffpunkt für Urlauber. Probieren Sie die lokale Spezialität »canchánchara« (mit Rum, Limonensaft, Honig)!
R. Martínez Villena 78; kein Tel.; tgl. 10–20 Uhr ● ▱

EINKAUFEN
El Alfarero Cerámica
⸺⟩ S. 107, südöstl. c 3
Keramikwaren direkt vom Hersteller.
Andrés Berro Macías 51; Tel. 04 19/30 53

Taller de Instrumentales Musicales
⸺⟩ S. 107, b 2
Traditionelle Musikinstrumente von Maracas-Rasseln bis zu Bongos.
Jesús Menéndez 127-A esq. Ernesto Valdés y Colón; Tel. 04 19/43 48

AM ABEND
Ayala ⸺⟩ S. 107, östl. c 1
Cabaret und Disco zwischen Stalakti-ten und Stalagmiten – erhellt von ei-ner spektakulären Lightshow.
Westl. v. Hotel Las Cuevas; tgl. außer Mo 22–2 Uhr; Eintritt 10 CUC (Getränke inkl.)

Casa de la Trova ⸺⟩ S. 107, b 2
Wechselnde Livebands sorgen hier stets für beste Stimmung
Fernando Hernández Echerrí; tgl.10–1 Uhr; Eintritt (nach 20 Uhr) 1 CUC

SERVICE
Viazul-Busbahnhof ⸺⟩ S. 107, a 2
Piro Guinart esq. A. Maceo y G. Izquierdo; www.viazul.cu

Ziele in der Umgebung

La Boca/Playa Ancón
⸺⟩ S. 174, B 12

Knorrige Seetraubenbäume im sonni-gen Fischerdorf La Boca und ein herr-lich breiter weißer Strand auf der Halb-insel Ancón machen Trinidad auch für einen längeren Aufenthalt attraktiv.
5 bis 10 km südwestl. von Trinidad

HOTELS/ANDERE UNTERKÜNFTE
Brisas Trinidad del Mar ♥♦
Farbenprächtig im Stil eines mediter-ranen Dorfes erbautes All-inclusive-Hotel direkt an der Playa Ancón.
Península de Ancón; Tel. 04 19/65 00, Fax 65 65; www.cubanacan.cu; 241 Zim-mer ●●● bis ●●●● MASTER VISA

Hostal Sol y Mar
Gepflegte, sichere »casa particular« direkt an der Uferstraße von La Boca. Erfahrene Vermieter, gute Küche.
Ave. del mar 87 (La Boca); Tel. 04 19/ 38 20; 2 Zimmer ● ▱

Gran Parque Natural Topes Collantes
⸺⟩ Karte S. 147

Im Rücken von Trinidad steigen die grünen Berge der **Sierra Escambray** bis über 1000 m auf, Heimat zahlrei-cher Edelhölzer, Zedernarten, Farne und der Mariposa, der stark duften-den Nationalblume Kubas. Die sonni-

gen Hanglagen bringen seit 1748 einen Spitzenkaffee hervor. Der Naturpark breitet sich auf 700 m Höhe um das Kurhotel **Topes de Collantes** aus. Dort starten auch die Ausflüge zum 2 km entfernten, 75 m hohen Wasserfall des Flusses Caburní oder zum Salto Vega, zu Vogelbeobachtungen oder alten Kaffee-Fincas. Das Wandern ohne Führer ist nicht erlaubt.
21 km nordwestl. von Trinidad

SERVICE

Complejo Turístico Topes Collantes
Große, informative Übersichtskarte mit Wanderwegen, Vermittlung von Führern, Reitausflügen und Unterkunft in den kleinen Ökohotels des Parks (Villa Caburní und Los Helechos).
Información beim Kurhotel; Tel. 0 42/ 54 02 19, Fax 54 01 17; tgl. 8–17 Uhr; E-Mail: reserva@topescom.co.cu; Ökohotels ● ○ ▱

Valle de los Ingenios

⸱⸱⸱⤑ S. 174, B 12

Das vor den Toren der Stadt gelegene, wunderschöne große Tal der einst über 40 alten Zuckermühlen (»ingenios«) steht zusammen mit der Stadt Trinidad unter UNESCO-Schutz. Die alten Herrenhäuser, die Gesindehäuser, die sich zu Dörfern auswuchsen, all das erinnert hier geradezu an alte Gutshofzeiten. Der weithin sichtbare **Wachturm von Manaca-Iznaga** freilich entlarvt den dunklen Quell des Reichtums: die Sklaverei. In ständiger Angst vor Aufständen, schlugen die Aufseher hier bereits bei kleinen Unregelmäßigkeiten Alarm. Die historischen Plätze des Zuckertals liegen rechts und links der Straße von Trinidad nach Sancti Spíritus und sind durch Schilder ausgewiesen. Noch restauriert wird das prächtige ehemalige Plantagenhaus **Guaímaro**.
14 bis 20 km östl. von Trinidad

SEHENSWERTES

Hacienda Iznaga
Flankiert vom 43,5 m hohen begehbaren Wachturm von Manaca-Iznaga (1 CUC), ist das ehemalige Plantagenhaus von Alejo María del Carmen y Iznaga der Touristenmagnet im Zuckertal. Gute kreolische Küche im offenen Restaurant, Infomaterial und originelle Souvenirs an den Ständen.
Ctra. a Sancti Spiritus esq. Iznaga; Tel. 04 19/72 41; tgl. 8–16.30 Uhr ● bis ●● ▱

Noch immer wird im Valle de los Ingenios Zuckerrohr geschnitten.

Der Osten

Grüne Hänge, Palmen und Plantagen: Im heißen Osten Kubas scheint Afrika ganz nah zu sein.

Üppig grüne Täler und dichter Regenwald sind typisch für den niederschlagsreichen Nordosten der Provinz Baracoa. Hier werden auch Bananen, Kaffee und Kakao angebaut.

Der Osten ist in jeder Hinsicht die heißeste Gegend Kubas. Nicht nur das Klima ist tropischer, auch das Temperament seiner Bewohner ist feuriger. Eine gute Portion Selbstbewusstsein, Wohlstand und die große Entfernung zur Kolonialregierung in Havanna bewirkten eine besonders fortschrittliche, revolutionäre Gesinnung. Schnell griffen die Heißsporne hier zu den Waffen, wenn es um die Freiheit ging. Aufkeimende Revolten breiteten sich wie Buschfeuer aus. In keiner anderen Gegend Kubas gab es mehr Aufstände gegen Sklaverei, die spanische Kolonialregierung und die Diktatur. »Cuba libre« ist hier nicht nur ein Cocktail, sondern ein geflügeltes Wort.

Erst machten die aufsässigen Indianer den spanischen Konquistadoren das Leben schwer. Später rüttelten die Sklaven mit ihren Aufständen an der ökonomischen Basis der Pflanzeraristokratie. Im 19. Jh. gingen die Kreolen gegen die spanische Kolonialherrschaft auf die Barrikaden. Aus **Santiago de Cuba**, der »Wiege der Revolution«, stammten gleich mehrere bedeutende Freiheitskämpfer, so Carlos Manuel de Céspedes, Antonio Maceo und der Dichter José María Heredia, der sich als Anführer der ersten Unabhängigkeitsbewegung um Kopf und Kragen schrieb. **Manzanillo** wäre lediglich eine nette Hafenstadt, wenn Céspedes nicht hier 1868 zum Kampf für die Unabhängigkeit von Spanien aufgerufen hätte.

Bayamo machte im 19. Jh. als intellektuelles Zentrum Karriere: Helden der ersten Revolte, Mulattengeneral Antonio Maceo, ein Haudegen erster Güte, und General Máximo Gómez, das strategische Genie, agierten in der Stadt. Dem kubanischen Bolívar, José Martí, brachte Bayamo aber kein Glück: Er fiel 1895 im Kampf für die Unabhängigkeit vor den Stadttoren.

Selbst die **Sierra Maestra** leistete einen revolutionären Beitrag: Ihr undurchdringliches Urwalddickicht bot geradezu ideale Bedingungen für den Partisanenkampf. In der schwer zugänglichen **Comandancia de la Plata** bei Santo Domingo arbeiteten ab 1956 Fidel Castro und seine Guerilla-Kollegen am Sturz der Batista-Diktatur, nachdem sie im heutigen **Parque Nacional de Desembarco de Granma** gelandet waren.

Auch kulturell hebt sich der Osten deutlich vom Rest der Insel ab. Afrika scheint einem viel näher zu sein als Europa. Als Zentrum der Plantagenwirtschaft befand sich hier einst auch das Zentrum des Sklavenhandels. Die Anwesenheit der Schwarzen hat auffallende Spuren hinterlassen –

Die Wiege der Revolution

in der erkennbar dunkleren Hautfarbe der Menschen, im Voodoo-Kult, in der Musik, in den Kochtöpfen und im ansteckend schwungvollen karibischen Lebensrhythmus.

Und die Landschaft zeigt Kontraste. Flache Ebenen mit weiten Zuckerrohrfeldern und Viehweiden stehen Kubas höchstem Gebirge, der Sierra Maestra mit ihrer Regenwaldvegetation, gegenüber. Wo in den Provinzen **Santiago de Cuba** und **Granma** sattgrünes Dickicht wuchert, ist die Provinz **Guantánamo** streckenweise so ausgedörrt, dass bisweilen selbst Kakteen schlaff werden. Das von der Welt abgeschiedene **Baracoa** wirkt noch immer wie ein unverdorbenes Paradies. Wer sich dagegen nur erholen möchte, ist an einem der feinsandigen Strände östlich von Santiago bestens aufgehoben.

Baracoa   ⸻⟩ S. 181, E 23

65 000 Einwohner

Von Bergen eingekesselt und abgeschottet, mutet Baracoa wie aus einer anderen Welt an. Die Landschaft strahlt eine fast biblische Unberührtheit aus. Als Kolumbus 1492 in die

Bucht segelte, dürfte es kaum anders ausgesehen haben: dichter Regenwald, üppige sattgrüne Tropenvegetation, verträumte Palmenszenerien und einsame Buchten. Bis in die Sechzigerjahre führte keine befestigte Straße in die Provinzhauptstadt Baracoa. Erst Fidel Castro ließ die Küstenstraße **La Farola** bauen. Was Baracoa jedoch kaum einen erkennbaren Fortschritt brachte: Bauern bestellen mit Hacke und Pflug ihre kleinen Felder, der Esel trägt die Lasten nach Hause.

Im Hafen, wo seit 1992 eine Kolumbusstatue steht, hatte der Entdecker 500 Jahre zuvor zum Zeichen der Landnahme ein Kreuz in den Boden geschlagen. **Diego Velázquez** legte dann 1511 den Grundstein für die erste Siedlung Kubas und machte sie zum Ausgangspunkt für die Eroberung der Insel. Drei Jahre stand Baracoa im Rang der ersten Hauptstadt Kubas, bis sie 1514 die Regalien an **Santiago** abtreten musste.

Baracoa versorgt heute ganz Kuba mit Bananen, Kaffee, Kakao und Kokosnüssen. Touristisch wurde es mit seinem Tafelberg **El Yunque**, dem Humboldt-Nationalpark und seinen reißenden Flüssen aus den Bergen ein beliebtes Ziel für Naturliebhaber. Als Quartier bieten sich in dem beschaulichen Ort auch zahlreiche »casas particulares« an.

MERIAN-Tipp

9 ⭐ **Villa Maguana**

Ein kleines Paradies! Wer hier wohnt, hat zwei wilde Strandbuchten fast für sich allein, dazu den Blick auf ein vorgelagertes Korallenriff. Im Schaukelstuhl auf der Veranda kann man die Sonne am Horizont aufsteigen sehen und sich dann genüsslich der Faulenzerei widmen.

Ctra. Baracoa–Moa, km 22; Tel. 0 21/4 51 95; www.gaviota-grupo.com; 4 Zimmer ●● ····▶ S. 181, E 23

El Castillo

Wer sich hier bettet, ist gut und sicher in den verbauten Resten einer Festung von 1742 untergebracht. Traumhafter Blick über Baracoa. Im Haus: die Agentur für alle Ausflüge.

Calixto García, Loma del Paraíso; Tel. 0 21/4 51 65, Fax 4 52 23; www.gaviota-grupo. com; 34 Zimmer ●● MASTER VISA

La Habanera

Neues nettes kleines Hotel im Herzen der Stadt. Tourismusbüro, Internetservice und der Nightclub **Café 1511** gleich gegenüber.

Maceo 68 esq. Frank País; Tel. 0 21/4 52 73 und 4 52 74; 10 Zimmer ●●

Porto Santo 🏃‍♀️

Älteres Ferienhotel an der Bahía de Miel (Honigbucht) beim Flughafen. Restaurant mit ausgezeichneter kreolischer Küche; Miniatur-Badestrand.

Ctra. al Aeropuerto; Tel. 0 21/4 51 05, Fax 4 51 35; www.gaviota-grupo.com; 57 Zimmer ●● MASTER VISA

Casa Tony

Ruhig gelegene »casa particular« mit Extra-Eingang, Bad und kleiner Terrasse. Tony gibt auch gute Tipps.

Mariana Grajales 97; Tel. 0 21/4 37 49; 1 Zimmer ●

Museo Municipal

Das Stadtmuseum in der kleinen Festung **Matachin** (1742) am Ortseingang erzählt von Indianern, Kolumbus, der Revolution und der Natur.

Fortaleza Matachin; Tel. 0 21/4 21 22; tgl. 8–18 Uhr; Eintritt 1 CUC

Finca Duaba

Rustikale, hübsch in einen botanischen Garten gebettete Raststätte für Ausflügler. Kreolische Küche.

Ctra. Baracoa–Moa, km 4; kein Tel.; tgl. 8–16 Uhr ●

La Punta

In der Fortaleza de la Punta. Solide Fischgerichte zum schönen Blick über die Bahía de Miel.

La Punta; kein Tel.; Di–So 12–15 und 18–22 Uhr ● 〰

Ziel in der Umgebung

....

Parque Nacional Alejandro de Humboldt

····⟫ S. 181, DE 22/23

Der 71 140 ha große Nationalpark ist seit 2001 UNESCO-Weltkulturerbe. Weil hier die meisten Niederschläge Kubas fallen, bedeckt ihn überwiegend Regenwald – der letzte zusammenhängende in der Karibik. Rund 2000 Pflanzenarten, von denen 400 nur hier vorkommen, haben Biologen gezählt. Am besten zugänglich ist er von Baracoa aus – aber nur mit Guide (tgl. 7.30–17 Uhr, geführte Wanderungen bis 15 Uhr; Eintritt 10 CUC inkl. Führung). Im **Centro de Visitantes** sind Schautafeln zur Flora und Fauna im Park zu sehen. Keine Gastronomie!

Ctra. Baracoa–Moa, km 34 (Bahía de Taco)

Bayamo   ····⟫ S. 179, F 19

144 000 Einwohner

Umgeben von weiten Reisfeldern und Weideflächen, beeindruckt Bayamo mit seiner schönen Lage im Flusstal des **Río Cauto** zwischen der **Sierra Maestra** im Süden und dem **Golf von Guacanabyabo** im Westen. Diego Velázquez wählte den Ort 1513 für seine zweite Stadtgründung. Heute ist Bayamo eine pulsierende, aber angenehm untouristische Stadt und Metropole der Provinz Granma, die ihren Namen nach jener Yacht trägt, mit der die Revolutionäre 1956 an der **Playa de las Coloradas** im Südwesten der Provinz landeten.

Bayamo war während der Unabhängigkeitskriege einer der wichtigsten Schauplätze. 1868 erklärte **Manuel de Céspedes**, der Wortführer gegen Sklaverei und Kolonialherrschaft, Bayamo zum Regierungssitz der jungen Republik. Er selbst wurde erster Präsident. Schon im folgenden Januar aber fiel Bayamo erneut an die Spanier. Die Bayamesen zündeten daraufhin ihre Stadt an und inszenierten so auf dramatische Weise den Untergang der Unabhängigkeit.

Idyllisch zwischen Gebirge und Meer liegt das beschauliche Städtchen Baracoa.

Mit der Pferdekutsche lässt sich die Altstadt von Camagüey ganz gemütlich erkunden.

HOTELS/ANDERE UNTERKÜNFTE
Escuela Telégrafo
Höchst bemühtes Personal lässt in diesem restaurierten kleinen Stadtpalast nahe der Fußgängerzone leicht die Hotelfachschule erkennen.
Saco 108; Tel. 0 23/42 55 10, Fax 42 73 89; www.ehtgr.co.cu; 12 Zimmer ●

Royaltón
Direkt am verkehrsberuhigten schönen Parque Céspedes gelegenes ordentliches Stadthotel mit Restaurant.
Maceo 53; Tel. 0 23/42 22 90, Fax 42 47 92; www.islazul.cu; 33 Zimmer ●

MUSEEN
Museo Casa Natal de Manuel de Céspedes
Das Geburtshaus von Manuel de Céspedes zeigt neben kostbarem Mobiliar zahlreiche historische Dokumente. Er selbst spielt nur eine Nebenrolle.
Maceo 57; Di–Sa 8–18, So 10–13 Uhr; Eintritt 1 CUC

Museo Provincial
Das Provinzmuseum ist im Geburtshaus von Manuel Muñoz Cedeño untergebracht, der die Nationalhymne »La Bayamesa« komponierte. Archäologische Fundstücke, Dokumente zur Stadt- und Provinzgeschichte.
Maceo 58; Mo–Sa 8–18, So 9–13 Uhr; Eintritt 1 CUC

SERVICE
Viazul-Busbahnhof
Ctra. Central a Santiago de Cuba; www.viazul.cu

Ziele in der Umgebung

Manzanillo   ⟶ S. 179, E 19

Zuckerhafenstadt am Golf von Guanacayabo. Sie besitzt eine attraktive Uferpromenade und ein sehenswertes Zentrum mit Bauten im maurischen Stil (→ Routen und Touren, S. 142).
73 km westl. von Bayamo

Niquero

···⟩ S. 178, C 20

Das Tor zum Landeplatz der berühmten Yacht »Granma«. Schöne alte karibische Holzhäuser. Alles liegt an der Hauptstraße: Banken, Tankstelle, Telefonzentrum, Hotel.

146 km südwestl. von Bayamo

HOTELS/ANDERE UNTERKÜNFTE
Niquero
Sympathisches karibisch-koloniales Hotel, hübsch möbliert und gut geführt. Zimmer mit modernem Bad, Restaurant, Tanzbar auf dem Dach.
**Martí 100 esq. Céspedes; Tel. 0 23/
59 23 67 und 59 23 68; www.islazul.cu;
26 Zimmer ● ▱**

SEHENSWERTES
Monumento de Desembarco
Hier steht eine Kopie der »Granma«. Außerdem führt ein Weg 1,8 km durch die Mangroven genau zu dem Platz, an dem Fidel Castro, sein Bruder Raúl, Che Guevara und 79 weitere Revolutionäre am 2. Dezember 1956 zum Guerillakampf strandeten.
Am Südende der Playa Las Coloradas

Santo Domingo

···⟩ S. 179, E 20

Das kleine Bergdorf am Fuß des Pico Turquino ist das Tor zur »Comandancia de la Plata«, dem ehemaligen Rebellenlager in der Sierra Maestra (→ Routen und Touren, S. 144).
73 km südwestl. von Bayamo

Camagüey

···⟩ S. 178, C 17

306 000 Einwohner

Umgeben von weiten Weiden, über die sich ein gigantischer blauer Himmel spannt, ist die Hauptstadt von Kubas größter Provinz das Tor zum Osten. Gegründet wurde die heute drittgrößte Stadt des Landes 1514

von Diego de Velázquez, allerdings unter anderem Namen und an anderer Stelle. Die ursprüngliche Ortschaft hieß **Santa María de Puerto Príncipe** und lag etwa beim heutigen Nuevitas. Gleich zu Anfang wurde sie zweimal verlegt. Doch auch ihr Rückzug ins Landesinnere konnte die Stadt nicht vor Piraten schützen. **Henry Morgan** brannte sie 1668 fast völlig nieder.

Unbeirrt griffen die Camagüeyanos damals zu Ziegel und Lehm und bauten ein labyrinthisches Straßensystem, in dem die Bewohner schnell flüchten konnten, die Piraten sich aber verirren sollten. Damit es heute Besuchern nicht so ergeht, sind die vielen schönen Plätze ungewöhnlich gut ausgeschildert.

Der Umzug in die Ebene gereichte Camagüey nicht zum Schaden. Das beweisen die vielen Kirchen und stattlichen Kolonialgebäude, die unter Denkmalschutz stehen. Lokaltypische Accessoires zur traditionellen Kolonialarchitektur sind die riesigen Tonkrüge, sogenannte »tinajones«, in denen die früher stets um ausreichend Nass besorgten Bürger Regenwasser horteten. Erst 1903 erhielt die Stadt nach dem Kaziken der Region ihren jetzigen Namen Camagüey.

HOTELS/ANDERE UNTERKÜNFTE
Colón
Nostalgie aus den Zwanzigerjahren, 2001 als Stadthotel wieder eröffnet. Reizvolle Lobby mit alter Bar, schlichte Zimmer mit Satelliten-TV, Internetservice.
**República 472 esq. San José y San
Martín; Tel. 0 32/28 33 46 und 28 33 80;
www.islazul.cu; 47 Zimmer ●● ▱**

Gran Hotel
Stilvolles, 1937 erbautes Stadthotel an der Fußgängerzone. Pool, Zimmer mit Satelliten-TV, angenehmes Café mit Jugendstilflair.
**Maceo 67 esq. Agramonte y Gómez;
Tel. 0 32/29 20 93, Fax 29 39 33; www.
islazul.cu; 72 Zimmer ●●● ▱**

Parque Agramonte

Grünes Herz der Stadt, flankiert von der Kathedrale **Nuestra Señora de la Candelaria** (erstmals 1530 erbaut). Vorbildlich restauriert wurde die Casa de la Trova.

Zwischen Cisneros, Indepedencia, Martí und Luaces

Plaza del Carmen

Wunderschön von der Klosterkirche del Carmen bis zu den Anliegerhäuschen restaurierter Platz, garniert mit verschiedenen originellen Bronzefiguren, z. B. einer Gruppe »schwatzender Damen« an einem Tisch.

Martí y 10 de Octubre

Plaza San Juan de Díos

Koloniales Flair am schönsten Platz der Stadt. Hier stehen makellos gepflegte, einstöckige Kolonialhäuser. Im Antiguo Hospital de San Juan de Dios, einem ehemaligen Hospital (1728), wurde das **Museo de Arquitectura Colonial** eingerichtet (Mo–Sa 9–18, So 9–13 Uhr; Eintritt 1 CUC). Gegenüber in der **Galeria de Arte** stellt der international arrivierte Künstler Joel Jover (* 1953) seine Werke zum Kauf aus (tgl. 9–12 und 14–18 Uhr).

Zwei Blocks südl. des Parque Agramonte

Plaza de los Trabajadores

Den dreieckigen Platz beherrscht die ehemalige Kirche eines Karmeliterinnenklosters, die **Iglesia de la Merced**. 1748 erbaut, ist sie die älteste Kirche der Stadt. Besonders sehenswert sind ihr silberner Hochaltar und die Jugendstilgemälde. Prunkstück in den Katakomben ist ein Silbersarg.

Ebenfalls an diesem Platz liegt die **Casa Natal Ignacio Agramonte**, das stattliche Geburtshaus von Ignacio Agramonte. Der Rechtsanwalt und General kämpfte an der Seite von Manuel de Céspedes im ersten Unabhängigkeitskrieg. Es ist heute Museum (Di–Sa 10–17 Uhr; Eintritt 2 CUC).

Ignacio Agramonte

La Campana de Toledo 🍴🍴

In der »Glocke von Toledo« (sie ist im Patio zu sehen) isst man stilvoll gute spanisch-kreolische Küche.

Plaza San Juan de Dios 18; Tel. 0 32/ 28 68 12; tgl. 9–21 Uhr ●● ▱

Viazul-Busbahnhof

Ctra. Central Oeste esq. Perú; www.viazul.cu

Ziel in der Umgebung

Playa Santa Lucía

····⟩ S. 179, E 17

Der Hausstrand von Camagüey und mit der vorgelagerten **Cayo Sabinal** das Schlusslicht des Archipels Camagüey-Sabinal. Ursprünglich ein beliebtes Ferienziel der Kubaner, versucht man hier seit Jahren ausländische Touristen an den 20 km langen Strand zu locken – jedoch mit mäßigem Erfolg. Die wenigen All-inclusive-Hotels kämpfen fast alle ständig um Auslastung. Tauchern allerdings wird viel geboten, u. a. das Füttern von Haien. Das schönste Stück der Playa Santa Lucía beginnt am Ende der kleinen Hotelmeile längs der wilden Lagune voller Flamingos. Sie mündet beim Fischerdorf La Boca in einen Traumstrand mit Restaurants.

109 km nordöstl. von Camagüey

Brisas Santa Lucía 🍴🍴

Gefällige, großzügige All-inclusive-Anlage mit Tropenflair. Bestes Haus am Platz und entsprechend gut gebucht.

Playa Santa Lucía; Tel. 0 32/33 63 17, Fax 36 51 42; wwwcubanacan.cu; 400 Zimmer ●●● MASTER VISA

Escuela Santa Lucía

Das frühere Ferienhotel dient jetzt als Hotelfachschule und preisgünstiges

Motel für Individualreisende. Solide unabhängige Zimmer mit Bad, TV und Terrasse zum Strand.
Playa Santa Lucía; Tel. 0 32/33 63 10, Fax 36 51 66; 31 Zimmer ● ⬜

ESSEN UND TRINKEN
Bocana
Eines der besten Strandrestaurants des Landes. Traumblick auf Palmen, weißen Strand und das blaue Meer zu köstlichen Fischgerichten.
La Boca; kein Tel.; tgl. 9–21 Uhr ●● bis ●●● ⬜

Guantánamo → S. 181, D 23
208 000 Einwohner

»Guantanamera« – wer kennt diesen Song nicht. Dass **José Martí**, der Texter des Liedes, ein Mädchen aus Guantánamo meinte, ist weit weniger geläufig. Richtig berühmt wurde die Hauptstadt der gleichnamigen Provinz aber erst durch den US-Marinestützpunkt an der **Bahía de Guantánamo**, (Guantanamo Bay) auf dem seit der Jagd auf Osama Bin Laden afghanische Taliban und andere Terrorismusverdächtige interniert sind.

Eingerichtet wurde das 112 qkm große Areal 1903 im Zuge des sogenannten Platt-Amendments. Der Pachtvertrag sah eine Laufzeit von 99 Jahren, einen Jahreszins von 2000 Dollar, aber auch eine Beendigung in beiderseitigem Einvernehmen vor.

Für Washington gibt es keinen Grund, den Vertrag zu kündigen. Dem Vernehmen nach will Washington demnächst gar ein internationales Gefängnis auf dem Stützpunkt einrichten. Castro verweigert indes unverdrossen als Zeichen des Protestes die Annahme des Pachtzinses. Das Geld soll sich auf einem Schweizer Konto ansammeln. Zuletzt lebten hier 3500 Zivilisten und Militärs plus 600 Taliban und weitere 2000 US-Soldaten, die nur für sie zuständig sind.

ESSEN UND TRINKEN
Mirador de Malones
Kubanisch speisen mit Traumblick auf den US-Stützpunkt. Eintrittskarten (15 mit, 5 CUC ohne Essen) gibt es nur bei Gaviota in Baracoa (Hotel El Castillo) oder Santiago de Cuba (Villa Santiago). Pass nicht vergessen!
Ctra. de Boquerón, Cainamera; Tel. 0 21/4 13 86 ●● ⬜

Monumentales Siegesdenkmal in der Provinzhauptstadt Guantánamo.

Holguín   ⸺⟩ S. 180, A 22

259 000 Einwohner
Stadtplan → S. 119

Sprungbrett zur aufstrebenden Tourismusregion um **Guardalavaca**. Viele Ferienflieger steuern die Provinzmetropole deshalb gleich direkt an. Ihren Namen trägt die Stadt nach dem Besitzer der ersten Hacienda auf ihrem Grund, dem Spanier **García Holguín**. Er erhielt das Land 1545 für seine Verdienste als Seefahrer.

HOTELS/ANDERE UNTERKÜNFTE

Pernik   ⸺⟩ S. 119, östl. C 2
Nicht nur Name und Straße erinnern an die sowjetische Zeit – auch das kastige Hotelgebäude. Große Zimmer, Restaurant, Swimmingpool und eine stets gut besuchte Bar.
Ave. Dimitrov; Tel. 0 24/48 10 11, Fax 48 16 67; www.islazul.cu; 200 Zimmer
●● MASTER VISA

Casa Doris González Herrera
        ⸺⟩ S. 119, a 2
Unabhängige geräumige Ferienwohnung mit Küche und Bad im Obergeschoss eines Einfamilienhauses. Sicherer Parkplatz, nah zum Zentrum.
Victoria 68 esq. Agramonte y Garayalde; Tel. 0 24/42 43 51 ● ⬜

SPAZIERGANG

Holguín nennt sich auch die »Stadt der Parks«. Ihre grünen Karrees lockern den rechtwinkligen Grundriss der Stadt angenehm auf. Der Spaziergang beginnt am zentralen Park, der **Plaza Calixto García**. Hier kann man auch parken. An ihrer Westseite verläuft die Calle Maceo mit der **Casa de la Trova**, in der abends immer gute Bands spielen (Eintritt 1 CUC). Ein kleines Stück weiter präsentiert die **Casa de Arte** Kunstausstellungen. Ein Abstecher zum Naturkundemuseum **Carlos de la Torre** führt geradeaus über die kreuzende Calle Martí. Wer sich den Museumsbesuch für später aufheben will, geht rechts in die Calle Martí und gleich wieder links in die Calle Martíres zur **Plaza de Maqueta**. Restaurierte Häuser mit Musik-, Buch- und Souvenirläden und das 2006 noch unfertige Hotel Don José gruppieren sich um ein altes Marktgebäude, »belebt« von lebensgroßen Bronzefiguren. Weiter auf der Calle Martíres und die erste Straße links, geht es zur Plaza Julio Graves De Paralta mit der **Iglesia San Isidro** (1720) an der Calle Mandeley (früher Libertad). Sie führt zurück zum Zentralpark Calixto García, nun seiner Ostseite. Zwei Blocks weiter nördlich auf dieser Straße folgt die lauschige **Plaza San José** (auch Parque Céspedes). Alte Bäume beschatten hier die Iglesia San José (1820). Wieder zwei Blocks weiter breitet sich der populäre **Parque Diversiones** (Park der Freizeit) aus.

Sprichwörtlich der Höhepunkt des Rundgangs ist der sieben Blocks entfernte Aussichtsberg **Loma de La Cruz**. 450 Stufen führen zu dem Kreuz auf seiner Kuppe, das dort seit 1790 steht. Die Maceo führt danach, vorbei an Villen mit Privatzimmern, wieder zurück zum Ausgangspunkt.
Dauer: anderthalb Stunden

MUSEEN

Museo de Ciencias Carlos de la Torre   ⸺⟩ S. 119, b 2
Stolz dieses Naturkundemuseums ist seine Schnecken- und Muschelsammlung, die größte Kubas. Von den 7000 Ausstellungsstücken sind allein rund 4000 Schneckenhäuser, darunter auch die der einheimischen Schneckenart *polymita pictas*.
Maceo 129; Di–Sa 9–22, So 9–21 Uhr; Eintritt 1 CUC

ESSEN UND TRINKEN

Salon 1720   ⸺⟩ S. 119, b 2
Fein speisen in den herrschaftlichen Räumen einer Villa von 1890. Beliebt für Familienfeste ist die Bar-Terrasse mit Discomusik auf dem Dach.
Frexes 190 esq. Manduley y Miró; Tel. 0 24/46 81 50; tgl. 12.30–23 Uhr ●● ⬜

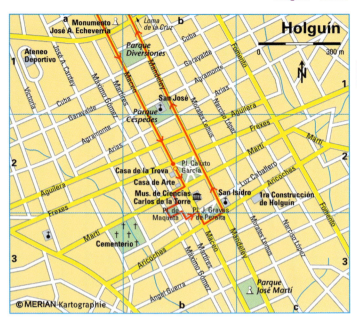

Holguín

© MERIAN-Kartographie

Ziele in der Umgebung

....

Alturas de Mayabe

····⇢ S. 180, A 22

Nirgendwo sonst lässt sich Holguíns
schöne Lage zwischen Karstbergen
besser erkennen als vom Mirador de
Mayabe. Er ist Teil eines Komplexes
mit Restaurant, Pool, Museumsfinca
und dem Hotel **Villa Mayabe**.

8 km südöstl. von Holguín; Mirador:
tgl. 9.30–17 Uhr; Eintritt frei; Hotel:
Tel. 0 24/42 21 60, Fax 42 53 47; www.
islazul.cu; 24 Zimmer ● ▱

....

Banes

····⇢ S. 180, B 22

Die heute so ruhige Provinzstadt im
Nordosten von Holguín stand Anfang
des 20. Jh. ganz unter dem Einfluss
der US-amerikanischen United Fruit
Company. Eine Tatsache, die zwei Erz-
feinde in der Geschichte Kubas geprägt haben mag, freilich auf konträ-
re Weise: den hier 1901 geborenen
Fulgencio Batista und den im nahen
Birán beheimateten **Fidel Castro**. In
Banes heiratete Fidel Castro 1948
standesgemäß Mirta Díaz-Balart, die
Tochter des Bürgermeisters. Die Ehe
wurde fünf Jahre später annulliert.

Banes ist heute als einziger Ort
mit »casas particulares« im Umfeld
von Guardalavaca (34 km) eine beliebte Adresse bei Alleinreisenden. Ar-
chäologisch Interessierte können sich
hier außerdem über die sensationel-
len Funde von 1887 informieren.

86 km östl. von Holguín

MUSEEN

Museo Baní-Indocubano

Das wichtigste Zentrum für die Kultur
der Ureinwohner in Kuba hortet rund
14 000 Fundstücke. Ausgestellt ist
nur ein kleiner Teil: Arbeits-, Kult- und
Schmuckgegenstände, meist aus Ton.

Eine weltberühmte Rarität, weil es mittelamerikanische Einflüsse belegt, ist das goldene Idol.

General Marrero 305; Di–Sa 9–17, So 8–12 Uhr; Eintritt 1 CUC

Museo Chorro de Maíta/ Aldea Taína 👣👣

Ein kleines Museum bietet hier einen Einblick in die größte indianische Begräbnisstätte in der Karibik, den Chorro de Maíta. Die Fötushaltung der Skelette verweist auf den indianischen Glauben an die Wiedergeburt. Gegenüber wurde ein Taíno-Dorf rekonstruiert, die »Aldea Taína«.

Ctra. Banes–Guardalavaca; Di–Sa 9–17, So 9–13 Uhr; Eintritt 2 CUC

Birán ⋯⋯⁚> S. 180, B 22

Hinter dem Dorf in einem hohen Tal des Altiplanicie de Nipe liegt die **Finca Manacas**, auf der Fidel Castro Ruz am 13. August 1926 geboren wurde und die ersten 14 Jahre seines Lebens verbrachte. Seit 2002 ist sie als »historischer Platz«, als **Sitio histórico Birán**, der Öffentlichkeit zugänglich. Nirgendwo kommt man der Persönlichkeit des hier bereits zur Legende stilisierten amtierenden Präsidenten Kubas so nah wie hier. Er selbst eröffnete das restaurierte Anwesen.

Mit 26 Gebäuden wirkt es wie ein kleines Gutsdorf. Seine Ländereien soll Vater Ángel Castro durch Landkäufe von der United Fruit Company ständig erweitert haben. Man sieht etwa das Grab von Vater Ángel Castro († 1956) und Mutter Lina Ruz († 1963), die Grundschule, die Hahnenkampfarena, dann den Verkaufstresen für Schlachtfleisch, die Post, das letzte Wohnhaus der Familie und das originalgetreu rekonstruierte erste, in dem Castro geboren wurde. Es war 1954 abgebrannt. Viele private Fotos geben einen Einblick in das Leben der Eltern wie von Fidel, seinen beiden Brüdern und vier Schwestern. Dazu

erzählen die Führer: »Raúl liebte den Hahnenkampf« oder »Lina war sehr gläubig« oder gar von Fidels Geburt (»er war 12 Pfund schwer«). Die Führung endet im ehemaligen Gästehaus.

Finca Manacas; 66 km südöstl. von Holguín; Mo–Sa 9–12 und 13–16.30, So 9–12 Uhr; Eintritt 10 CUC, Fotografieren 10 CUC, Video 10 CUC

Cayo Saetía ⋯⋯⁚> S. 180, C 22

Auf der Insel gibt es schöne Strände und wild lebende Tiere wie Antilopen, Strauße und Wasserbüffel. Wer ihnen nah sein will, kann sich im Hotel **Villa Saetía** einquartieren. Zur Insel führt eine befestigte Straße.

131 km östl. von Holguín; Eintritt 10 CUC (Pass nicht vergessen!); Hotel: Tel. 0 24/9 69 00, Fax 9 69 03; 16 Zimmer ● bis ●●● MASTER VISA

Guardalavaca/Costa Esmeralda ⋯⋯⁚> S. 180, B 21

Guardalavaca, übersetzt »Hüte die Kuh«, ist ein Badeort mit herrlich breitem weißen Sandstrand, der seine koloniale Vergangenheit als Rindfleischlieferant der königlichen Silberflotte längst abgehakt hat. Zurzeit bemüht sich die dortige Hotellerie, mit den neueren All-inclusive-Resorts an den Stränden der nahen **Costa Esmeralda** mitzuhalten. Mit einer Ausnahme wurden deshalb alle Hotels in Guardalavaca zu einem All-inclusive-Resort zusammengefasst; »casas particulares« sind hier verboten.

57 km nordöstl. von Holguín

HOTELS/ANDERE UNTERKÜNFTE
Paradisus Río de Oro
Flaggschiff der Sol-Meliá-Hotelgruppe – ultra-all-inclusive und super-exklusiv. Auch Gartenvillas.

Playa Esmeralda; Tel. 0 24/3 00 90, Fax 3 00 95; www.solmeliacuba.com; 300 Zimmer ●●●● MASTER VISA

Sol Río de Luna y Mares Resort 🍽️
Zum All-inclusive-Angebot gehört hier gleich eine ganze Bucht allein für die Gäste des Doppelhotels.
Playa Esmeralda; Tel. 0 24/3 00 30, Fax 3 00 65; www.solmeliacuba.com
●●●● MASTER VISA

Brisas Guardalavaca 🍽️
All-inclusive-Resort am schönsten Strandabschnitt. Familienfreundlich, Kinderclub, großes Sportangebot.
Guardalavaca; Tel. 0 24/3 02 18, Fax 3 01 62; www.cubanacan.cu; 437 Zimmer
● bis ●●● MASTER VISA

··

Parque Natural Cristóbal Colón ···⟩ S. 180, B 21

Herzstück dieses neuen Ferienparks ist die **Bariay-Bucht,** wo Kolumbus am 28. Oktober 1492 das erste Mal Kuba bzw. »Cubanacan« (indianischer Inselname) betrat. In sein Bordbuch schrieb er damals den berühmten Satz: »Ich habe keinen schöneren Ort je gesehen.« Der Park beinhaltet das Westufer der **Bahía de Naranjo** mit den Stränden **Playa Pesquero** und **Playa Yuraguanal,** inklusive der dortigen All-inclusive-Resorts wie der Playa Costa Verde oder Playa Turquesa. Noch im Bau befindlich war zuletzt ein Club Mediterranée.
40 km nordöstl. von Holguín

HOTELS/ANDERE UNTERKÜNFTE
Breezes Costa Verde 🍽️
Die familiäre Variante der jamaikanischen Hotelgesellschaft Superclubs – bestens für alle Freizeitspäße gerüstet und wunderschön angelegt.
Playa Pesquero; Tel. 0 24/3 05 20, Fax 3 05 25; www.superclubscuba.com; 480 Zimmer ●●●● MASTER VISA

SEHENSWERTES
Bariay Parque Monumento Nacional
Der 206 ha große Park um den Landeplatz von Kolumbus lädt u. a. zum Besuch eines rekonstruierten Taíno-Dorfes und eines Monuments ein, das den Zusammenprall der Alten mit der Neuen Welt symbolisiert. Errichtet wurde es 1992 zur 500-Jahr-Feier der Entdeckung Amerikas.
Fray Benito; tgl. 9–17 Uhr; Eintritt 8 CUC, Fotografieren 1 CUC, Video 2 CUC

Bioparque Rocazul
In dem 150 ha großen Naturpark am Westufer der Bahía de Naranjo werden geführte Wanderungen angeboten.
Playa Yuraguanal; Tel. 0 24/3 08 33; tgl. 9–17 Uhr; Dauer 3 Std., 13 CUC

Rund um Guardalavaca kann man das Strandleben unter blühenden Bäumen genießen.

Santiago de Cuba

Kubas heimliche Hauptstadt betört mit Musik,
Temperament und wilder Karibikküste.

*Die Kathedrale von Santiago de Cuba am ehemaligen Paradeplatz Parque Céspedes
steht auf den Grundmauern eines Kirchenbaus aus dem frühen 16. Jahrhundert.*

Santiago de Cuba

····⟩ S. 180, B 24

442 000 Einwohner
Stadtplan → S. 125

Landschaftlich in die grandiose Kulisse von Bergen, Buchten und Meer gebettet, atmet Santiago de Cuba tiefstes Karibikflair. Mit ihrer Festung am Eingang der Bucht blickt die Stadt Richtung Jamaika. Viele französische Namen im Telefonbuch erzählen von Einwanderern aus dem nahen Haiti. Und auch das Klima ist tropischer als anderswo. Nirgends wird es so heiß wie im tiefen Osten Kubas.

Obwohl die zweitgrößte Stadt des Landes, wirkt Santiago eher provinziell. Schnell gelangt man zu Fuß vom Hafen auf den Stadthügel ins Herz der Stadt, den **Parque Céspedes**, und zur Casa Velázquez, dem ältesten Haus Kubas. Umgeben ist das Zentrum von langen Gassen mit alten Kolonialhäusern. Nur ab und an erheben sich dazwischen klassizistische Paläste. Die bedeutendsten sind restauriert, z. B. das Gebäude des **Bacardí-Museums**. In den Seitengassen aber grassiert der Verfall. Dass die Stadt heute von Havanna vernachlässigt wird, ist nicht mehr zu übersehen.

Dabei ist Santiago de Cuba in vielerlei Hinsicht der Schlüssel zu Kuba. Bald nach der Gründung im Jahr 1514 machte Diego Velázquez die strategisch so günstig in der Bucht gelegene Stadt zur **Inselmetropole**. 1531 landeten hier die ersten Sklavenschiffe. Mit der Ernennung Havannas zur Inselhauptstadt versank Santiago de Cuba zwar einige Zeit in politischer Bedeutungslosigkeit. Aber um 1800 erblühte es erneut durch Zuwanderer aus Hispaniola (auch Diego de Velázquez und andere erste Konquistadoren waren von dort gekommen), dieses Mal aus dem französischen Teil Sainte-Domingue. Rund 30 000 französische Pflanzer der bis dato umsatzstärksten Zuckerkolonie der Kari-

bik fanden damals in Santiago de Cuba eine neue Heimat und betrieben ihr einträgliches **Zuckergeschäft** von dort aus weiter. Sie rückten nun Kuba an die Stelle, die zuvor Sainte-Domingue innehatte: die des führenden Zuckerexporteurs in der Karibik.

Auch der Anbau von Kaffee und Kakao – sowie der Sklavenhandel – nahmen mit den zugewanderten französischen Pflanzern einen ungeahnten Aufschwung. Mehr noch: Auch in puncto Kultur war der Zustrom von Franzosen und Sklaven für Santiago de Cuba ein Segen. Bis heute ist die Stadt in Sachen Literatur, Musik und Politik Havannas stärkste Rivalin. Santiago wird deshalb auch gerne die »heimliche Hauptstadt« genannt. Musikalisch gilt sie als Wiege fast al-

Wo einst alles begann

ler kubanischer Stile, etwa für das aus Spanien mitgebrachte melancholische Lied Trova, den Bolero und natürlich den mittlerweile weltberühmten Son.

Ihre Erfolge auf dem musikalischen Parkett mögen viele Santiagueros darüber hinwegtrösten, dass sie in der Geschichte Kubas so oft die Rolle des Steigbügelhalters spielen mussten. Nicht nur, dass in ihrer Stadt die Entwicklung des kolonialen Kuba überhaupt und seine Karriere als Zuckerinsel begann, auch für das heutige Kuba weisen einige Bezüge in diese Region. In Santiago de Cuba ging Fidel Castro zur Schule, hier kämpfte er seine erste Schlacht gegen das Batista-Regime, und hier konnte er auch nach seiner niederschmetternden Niederlage noch auf treue Freunde zählen. Schließlich verkündete Castro hier, bevor er nach Havanna zog, den Sieg der Revolution.

Hotels/andere Unterkünfte
Meliá Santiago de Cuba

····⟩ S. 125, nordöstl. d 1
Luxushotel in postmoderner Baukastenarchitektur, knallig und bunt, aber

Das Grandhotel Casa Granda liegt direkt am Céspedes-Park.

mit modernen Zimmern ausgestattet und geschmackvoll eingerichtet.
Ave. de Las Américas y Calle M (Reparto Sueño); Tel. 0 22/68 70 70, Fax 68 71 70; www.solmeliacuba.com; 302 Zimmer
●●●● [MASTER] [VISA]

Casa Granda

⋯⟩ S. 125, b 2/3

Das kleine Grandhotel verströmt den Charme der Belle Époque. Auf der Veranda kann man bei einem Cocktail und kubanischer Musik das Treiben im Céspedes-Park beobachten.
Heredia 201 esq. Lacret; Tel. 0 22/ 65 30 21, Fax 68 60 35; www.grancaribe.cu; 58 Zimmer ●●●● ◻

Villa Santiago

⋯⟩ S. 125, nordöstl. d 1

Wer sich dem Trubel der Stadt gern entzieht, findet in diesem Hotel im Villenviertel komfortable Zimmer oder behaglich eingerichtete Bungalows. Tropischer Garten mit Pool.
Ave. Manduley 502 (Reparto Vista Alegre); Tel. 0 22/64 13 68, Fax 68 71 66; www. gaviota-grupo.com; 47 Zimmer, 14 Villen
●● bis ●●● [MASTER] [VISA]

Las Américas ⋯⟩ S. 125, nordöstl. d 1

Funktionelles Ferienhotel mit ordentlichen Zimmern, Restaurant und Pool. Im Notfall kann man sich hier auch ärztlich versorgen lassen.
Ave. de Las Américas y General Cebreco (Reparto Sueño); Tel. 0 22/64 20 11, Fax 68 70 75; www.islazul.cu; 70 Zimmer
●● [MASTER] [VISA]

Casa Adelaida

⋯⟩ S. 125, nordöstl. d 1

Die Fremdenführerin Adelaida schuf für ihre Gäste eine kleine Oase. Zimmer mit Bad und Klimaanlage, gutes Essen, Tipps auch auf Deutsch.
Calle N No. 4 esq. Ave. de Céspedes y 4ta; Tel. 0 22/62 53 28; www.geocities.com/ casascu; 2 Zimmer ● ◻

Casa Caridad Miranda García

⋯⟩ S. 125, nordöstl. d 1

Gleich um die Ecke vom Las Américas. Junge nette Gastgeber, großes Zimmer mit Bad, Klimaanlage und TV. Auf Wunsch wird man auch bekocht.
Calle B No. 8,5 esq. 4ta y M; Tel. 0 22/ 68 88 98; 1 Zimmer ● ◻

SPAZIERGANG

Der Kreuzfahrtanleger am Hafen ist auch für alle, die nicht mit dem Schiff anreisen, ein guter Ausgangspunkt. Hier bekommt man einen Eindruck von der engen Verbindung der Stadt zu ihrem Hafen. Von der breiten Hafenstraße mit dem **Uhrenturm**, der Avenida Jesús Menendez, kommt man über die Calle Aguilera nach lediglich sechs Blocks direkt zur Nordseite des **Parque Céspedes**. Auf dem blauen Balkon des **Ayuntamiento** (Stadtverwaltung) verkündete Fidel Castro am 1. Januar 1959 den Sieg der Revolution. An der rechten Seite des Platzes, erkennbar an den alten luftigen Holzgittern, liegt die **Casa Velázquez**, die

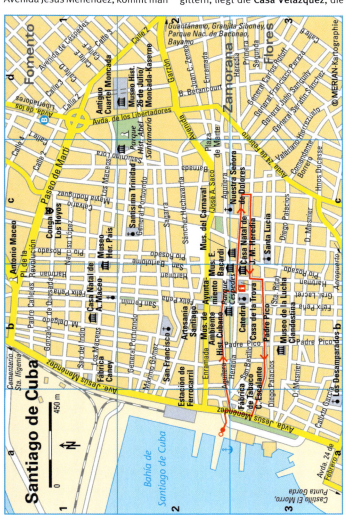

ehemalige Residenz des Kuba-Eroberers und Stadtgründers. Gegenüber erhebt sich die Santa Ifigenia Basílica Metropolitana, auch **Catedral de Nuestra Señora de la Asunción** genannt. Errichtet wurde sie erst 1922 anstelle einer mehrfach durch Erdbeben zerstörten Vorgängerkirche von 1528. Seit der letzte Papst hier 1998 eine Messe hielt, ist sie wieder regelmäßig für Gottesdienste geöffnet.

Den Parque Céspedes kann man auf dem Rückweg noch einmal auf sich wirken lassen und nun über die **General Lacret** zwischen Kathedrale und dem Grandhotel **Casa Granda** (→ S. 124) zur Erkundigung der Seitenstraßen aufbrechen. Sie stößt auf die Bartolomé Masó, wo es links weiter geht, vorbei am Paladar Las Gallagas (linke Seite), und dann folgen (auf der rechten Seite) nacheinander das Acuario, das Restaurant Santiago 1900 und das **Rummuseum** (Museo del Ron).

Schräg gegenüber des Rummuseums bringt uns die kleine Gasse Pio Rosario zur Calle Heredia. Ein paar Stufen führen dort gleich im Eckhaus auf der gegenüberliegenden Seite in das **Karnevalmuseum** (→ Museo del Carnaval, S. 130).

Um zum **Jesuitenkolleg** zu gelangen, in dem Fidel Castro die Schule besuchte, folgt man der Calle Heredia weiter und biegt links in die übernächste Querstraße Mayia Rodriguez ein. Das Kolleg ist ein großes mehrstöckiges Gebäude, das derzeit noch restauriert wird. Gleich dahinter liegt die hübsche **Iglesia Nuestra Señora de los Dolores**. Vor ihr breitet sich die von Bäumen beschattete und von Lokalen umringte Plaza Dolores aus, einer der schönsten Plätze der Stadt.

Die Straße gegenüber der Kirche ist nun wieder die Aguilera. Sie führt zum **Museo Emilio Bacardí Moreau** (→ S. 130), dem ältesten Museum Kubas. Über die kleine Gasse vor dem Eingang kommt man zurück zur Heredia, die wieder zum Parque Céspedes zurückführt, vorbei an der legendären Musikkneipe **Casa de la Trova** und dem Tranztreff **Casa de Estudiante**.

Für den Rückweg zum Hafen schlendert man rechts bei der Casa Granda in die Calle Lacret und geradeaus bis zur nächsten Querstraße, der schönen alten Geschäftsstraße **Antonio de Saco**. An ihrem Ende sieht man schon die Hafenstraße und dahinter das Blau der Bucht schimmern.
Dauer: ca. 2 Stunden

Imposanter Schutz für die Bahía de Santiago – der Castillo El Morro.

Castillo El Morro ⤑ S. 125, südl. a 3

Cementerio Santa Ifigenia
⤑ S. 125, nordwestl. b 1

Padre Pico ⤑ S. 125, b 3

Parque Céspedes ⤑ S. 125, b 2/3

⤑ S. 125, b 3

SEHENSWERTES

Castillo El Morro ⤑ S. 125, südl. a 3
Drohend wacht die wuchtige Festung auf einer etwa 60 m hohen Klippe am Ostrand der engen Einfahrt zur **Bahía de Santiago de Cuba**. Ähnlichkeiten mit El Morro in Havanna sind nicht zufällig, Architekt war in beiden Fällen der spanische Festungsbaumeister Juan Bautista Antonelli. Ab 1590 wurde mit dem Bau begonnen: mit dreifachen Gräben, mehreren Zugbrücken, zwei doppelten symmetrischen Bollwerken und sechs verschiedenen Ebenen für die Feuerlinie. Von der untersten bis zur obersten Ebene mussten die Soldaten rund 250 Stufen im Laufschritt überwinden.

El Morro galt als eine der gewaltigsten Festungen in der Neuen Welt. Seit 1997 steht der **Castillo de San Pedro del Morro** auf der Liste des UNESCO-Weltkulturerbes. Das Museum zeigt unter anderem eine Dokumentation der entscheidenden Seeschlacht von 1898 zwischen Spanien und den Vereinigten Staaten.
Ctra. del Morro; tgl. 8.30–19.30 Uhr; Eintritt 4 CUC

Cementerio Santa Ifigenia
⤑ S. 125, nordwestl. b 1
Der Friedhof ist seit 1868 letzte Ruhestätte für zahlreiche Berühmtheiten, allen voran von Freiheitsapostel José Martí (1853–1895). Er ruht in einem monumentalen Mausoleum. Auch Tomás Estrada Palma, der erste Präsident der Republik, und Emilio Bacardí Moreau (1844–1922), der erste Bürgermeister von Santiago de Cuba, sind hier begraben.
Ave. Crombet; tgl. 7–18 Uhr; Eintritt 1 CUC

Padre Pico ⤑ S. 125, b 3
Von der Straße mit der fotogenen Treppe bietet sich ein einzigartiger Blick auf die Dächer der Umgebung. Sie verbindet die Oberstadt, wo früher die Vornehmen lebten, mit der Unterstadt, dem traditionellen Wohnort von Handwerkern, Dienstboten und Sklaven.

Die Calle Padre Pico verband früher die feine Oberstadt mit der Unterstadt.

Parque Céspedes ⤑ S. 125, b 2/3
Die gute Stube Santiagos. Alle bedeutenden Ereignisse Kubas hat dieser Platz miterlebt. Wo die Spanier einst die Schaltzentralen ihrer Macht errichteten, mussten sie 1898 zerknirscht ihre Kapitulation verkünden: Spanien verlor mit Kuba seine letzte Kolonie. Am 1. Januar 1959 feierte hier Fidel Castro den Sieg der Revolution mit tausenden jubelnden Menschen.

MUSEEN

Casa Natal de José María Heredia
⤑ S. 125, b 3
Bei Lateinamerikas Literaturstudenten ist José María Heredia einer der bekanntesten Lyriker. Wegen seiner aufrührerischen Verse fiel er bei der Kolonialregierung in Ungnade. Den größten Teil seines kurzen Lebens (1803–1839) verbrachte er im Exil.
Heredia 260 esq. Hartmann y Pío Rosado; Di–So 9–21 Uhr; Eintritt 1 CUC

Musik – Sehnsucht und Erfüllung

Kuba erlebt nach dem »Buena Vista Social Club« eine beispiellose Renaissance seiner Rhythmen.

Keine Bar, kein Restaurant, keine Veranstaltung in Kuba ohne Musiker, die die Szenerie mit »música tradicional« untermalen. Seit der Film »Buena Vista Social Club« von Wim Wenders und Ry Cooder Kinogänger in aller Welt mit seinen sensiblen musikalischen Porträts ungebrochener kubanischer Altstars begeisterte, beflügeln Kubas alte Rhythmen auch den Tourismus. Kein Wunder, dass sich sogar Fidel Castro – normalerweise eher körperertüchtigenden Freizeitbeschäftungen als dem Tanz und der Musik zugetan – schon wohlwollend über die Renaissance kubanischer Klassiker geäußert haben soll.

Die sehnsüchtigste Spielart traditioneller kubanischer Musik ist der **Bolero**. Wie ein süßer Seufzer, untermalt von dunklen Gitarrenklängen und Trommelschlägen und getragen von inbrünstiger Sangeskraft des Interpreten, bohrt er sich in die Seele, meist mit Texten voller herzzerreißendem Liebesschmerz. So klagt der Bolero »Mil gracias«:

»Es ingrato darse cuenta / de lo poco tú me quisiste a mi!«

»Wie hart ist es doch, begreifen zu müssen / wie wenig Du mich geliebt hast …«.

Natürlich tanzt man den Bolero langsam und eng, die Seelenqual immer mal wieder durch kunstvolle, etwas steife Schritte und Drehungen ausdrückend. Dabei kommt es darauf an, Haltung zu bewahren, d. h. sich zumindest mit dem Oberkörper stolz vom Partner zu distanzieren.

Kubaner haben das im Blut. Jede Faser ihres Körpers scheint mit der Musik mitzuschwingen – ohne dabei hemmungslos zu wirken. Für alle ihre Rhythmen haben sie spezielle Tänze, seien es Bolero oder Son, die Chacha-

chá, der Mambo oder die Guaracha. Diese mögen ihre Ursprünge in Europa und Afrika und fragmentarisch vielleicht auch noch bei den »areítos«, den einst auf der Insel heimischen Indianern, haben. Aber ihren letzten Schliff erhielten sie alle auf Kuba.

EUROPA UND AFRIKA IN KUBA

Typisch für Kuba ist der lebhafte **Son**. Seine Wiege stand in Santiago de Cuba. Dort swingt es an jeder Ecke – fast wie in New Orleans, der Jazzmetropole in den Südstaaten, mit denen Santiago immerhin die zahlreichen schwarzen Einwanderer aus Sainte-Domingue, dem späteren Haiti, gemeinsam hat. Der kubanische Schriftsteller Alejo Carpentier erzählt über diese Zeit, als Santiago de Cuba von Flüchtlingen vor den dortigen Sklavenaufständen überfüllt war, in seinem Roman »Das Reich von dieser

Welt«: »Worauf es jetzt ankam, war, die Trompete zu blasen, ein Menuetttrio mit der Oboe zu begleiten oder auch nur die Triangel zu schlagen ... Zum erstenmal hörte man in Santiago de Cuba die Musik von Passepieds und Kontertänze. Die letzten Perücken des Jahrhunderts, von den Töchtern der Kolonisten getragen, drehten sich zum Klang bewegter Menuette, deren Rhythmus schon den Walzer ankündigte. Ein zügelloser, fantastischer, liederlicher Wind wehte durch die Stadt ...«

Es war die Geburtsstunde einer entfesselten Musikszene, in der alle Stile wie in einem Hefeteig zu voller Reife erblühten. »Der Son ist musica mulata, die Verschmelzung von Europa und Afrika in Kuba«, soll Kubas Poet Nicolás Guillén gesagt haben. Der Son ist wie die Erfüllung des Versprechens einer neuen Identität, Ausdruck eines erstarkten afrokaribischen Selbstbewusstseins und allein schon deshalb Kubas Nationalmusik.

Um sich davon zu überzeugen, wie stolz und selbstbewusst der Son in Santiago getanzt wird, muss man nur einmal die »Casa de la Trova« besuchen und die Tänzer mit eigenen Augen erleben. So ein »Haus der Troubadoure« gibt es in fast jeder Stadt Kubas. Übrigens: »Nueva Trova« ist kein neues Haus für Liedersänger. So heißt eine kubanische Musikrichtung, die Ende der Sechzigerjahre von Liedermachern mit kritischen und nachdenklichen Texten begründet wurde.

Lebenslust pur in Baracoa (→ S. 111):
Kuba wie es swingt und lacht.

Museo de Ambiente Histórico Cubano ┈┈▷ S. 125, b 2/3

Eigentlich sind es zwei Museen in zwei Häusern, die miteinander verbunden wurden. Zu sehen sind zum einen historische Räume der 1516 erbauten Residenz des Stadtgründers Diego Velázquez, heute die älteste Kolonialgebäude Kubas. Typisch für diese Anfangszeit: das »Büro« unten, hier sogar noch mit Geldschmelzofen, und oben die privaten Räume, hier mit luftigen Holzgittern im andalusischen Mudéjar-Stil – einzigartig in der Karibik. Von der Casa Velázquez gelangt man in das Museum für koloniale Wohnkultur. Es zeigt den Luxus, in dem die späteren Kolonialherrn lebten: kostbare Möbel, Tapisserien, Vasen und Kristall.

Félix Peña 612; Mo–Sa 9–17, So 9–12 Uhr; Eintritt 2 CUC

Museo del Carnaval ┈┈▷ S. 125, c 2/3

Klein, aber oho: Furcht erregende Masken, aufwendige Kostüme, diverse Trommeln, Plakate und Fotos geben eine Vorstellung des berühmten Karnevals von Santiago de Cuba, der stets erst Ende Juli stattfindet.

Heredia 303 esq. Pío Rosado; Di–So 9–17 Uhr; Shows um 16 Uhr; Eintritt 2 CUC, Fotografieren 1 CUC, Video 5 CUC

Museo Emilio Bacardí Moreau ┈┈▷ S. 125, b 2/3

Das älteste Museum in Kuba, 1899 vom ersten Bürgermeister Santiagos gestiftet. Emilio Bacardí unterstützte die Unabhängigkeitsbewegung und wird deshalb von Kuba heute als ein Held geehrt – ganz im Gegenteil zum Rest der von Castro enteigneten Bacardí-Familie, die ihr Rum-Imperium nach Puerto Rico und auf die Bahamas verlegte. In dem Museum geht es vor allem um Archäologie, Kolonialkunst und Stadtgeschichte. Im Keller sind z. B. eine Mumie und Schrumpfköpfe aus Ecuador zu sehen.

Pío Rosado esq. Aguilera; Di–Sa 9–21, So 9–17 Uhr; Eintritt 3 CUC

Museo Histórico 26 de Julio/ Moncada-Kaserne ┈┈▷ S. 125, d 1/2

Museum in der einst zweitgrößten Militärbastion Batistas, die am 16. Juli 1953 unter der Führung von Fidel Castro von 79 Rebellen angegriffen wurde und mit einem Desaster endete. Zu sehen ist eine Dokumentation, auch über die von Batista später zu Tode gefolterten Gefangenen. Die Einschusslöcher in der Fassade werden gut gepflegt. Heute werden in der Kaserne Schüler unterrichtet.

Calle 2 y Ave. de los Libertadores; Mo–So 9–17, So 9–12 Uhr; Eintritt 2 CUC, Fotografieren 2 CUC, Video 5 CUC

ESSEN UND TRINKEN

El Cayo ┈┈▷ S. 125, südl. a 3

Um hier zu Fisch oder Languste den schönen Blick auf die Bucht genießen zu können, nimmt man die Fähre von Punta Gorda zur Cayo Granma. Teuer, aber ein unvergessliches Erlebnis.

Cayo Granma; Tel. 0 22/69 01 09; tgl. 9–21 Uhr; Überfahrt von der Marina Marlin 3 CUC; Anmeldung im Cubatur-Büro bei der Kathedrale ●●● ▭

Santiago 1900 ┈┈▷ S. 125, b 3

Die beste kreolische Küche Santiagos, serviert im wunderschönen Jugendstil-Ambiente eines früheren Bacardí-Besitzes.

San Basilio 354; Tel. 0 22/62 35 07; Di–So 13–15 und 18–24 Uhr ●●● VISA

La Maison ┈┈▷ S. 125, nordöstl. d 1

International-kreolische Küche, serviert zu Geigenmusik in einer pompösen Jugendstilvilla. Nach dem Essen kann man sich im Garten eine Modenschau anschauen und kaufen, was einem gefällt.

Ave. Manduley esq. 1ra; Tel. 0 22/64 11 17; tgl. 11–15 und 20–22 Uhr; um 22.30 Uhr Modenschau (15 CUC) ●● bis ●●● MASTER VISA

Las Gallegas ┈┈▷ S. 125, b 3

Gutes Lammfrikassee, gewürzt mit einer Prise Bohème-Szene. In diesen

Öffentlicher Nahverkehr auf Kubanisch: Sammeltaxi an der Plaza de la Revolución.

Paladar im Obergeschoss zog es angeblich auch schon Stars des kubanischen Kinos.
Bartolomé Masó (früher San Basilio) 305; Tel. 0 22/62 47 00; tgl. 13–24 Uhr ●●

Zunzún ⟶ S. 125, nordöstl. d 1
Feine Adresse im Villenviertel Vista Alegre. Man speist in Separees bzw. den ehemaligen Zimmern der Villa oder auf der Veranda.
Ave. Manduley 159; Tel. 0 22/64 15 28; tgl. 9–23 Uhr ●● MASTER VISA

Matamoros ⟶ S. 125, c 2
Gut besuchtes Café-Restaurant im Zentrum mit Livemusik von Gitarrencombos. Ordentliche Küche.
Plaza Dolores; Tel. 0 22/62 26 75; tgl. 11–23 Uhr ● ☐

Salón Tropical ⟶ S. 125, östlich d 1
Paladar zwischen Tropengrün auf dem Dach eines dreistöckigen Hauses. Nilda kümmert sich um die Gäste und der Bruder kocht. Mo, Di, Mi gibt's gute kubanische Hausmannskost,

Do italienische Küche, und wochenends wird gegrillt.
Fernandez Marcane 310; Tel. 0 22/64 11 61; Mo–Fr 18–24, Sa 12–24 Uhr ● ☐

EINKAUFEN

Artesanía Santiago ⟶ S. 125, b 2
Andenkenladen mit großer Auswahl an Kunsthandwerk, darunter afrokubanische Figuren, Gemälde kubanischer Künstler und Musikkassetten.
Félix Peña

Fábrica Caney ⟶ S. 125, a 1
Die emaillierten Fledermäuse an den Wänden künden von der Rumherstellung. 1838 gegründet, destillierten die Arbeiter früher für das Bacardí-Imperium, heute für die Revolution. Keine Besichtigung, aber Verkauf.
Ave. Jesús Menéndez

Librería La Escalera ⟶ S. 125, b 3
Der Inhaber nennt sich selbst »Especialista en venta de libros de uso y raros« – Spezialist im Verkauf gebrauchter und seltener Bücher. Sogar der »Stern« berichtete schon über

Kubanisches Lebensgefühl wird durch Gitarre und Gesang verkörpert.

diesen originellen, bis dicht unter die Decke mit Visitenkarten, Artikeln, gebrauchten Zeitschriften und Büchern angefüllten Laden.
Heredia 265 esq. San Félix y Carnicería; tgl. 8–23/24 Uhr

AM ABEND
Casa de los Abuelos ⋯> S. 125, c/d 2
Im »Haus der Großväter« geht es ziemlich locker zu. Hier üben mitunter auch Tanzschüler aus dem Ausland zu Son- und Salsa-Klängen. Abends traditionelle Livemusik.
Plaza de Marte; tgl. ab 21.30 Uhr; Eintritt 2 CUC

Casa de la Trova ⋯> S. 125, b 3
Die wohl berühmteste »Casa de la Trova« Kubas, früher ein mit vergilbten Jazz-Plakaten dekorierter (sonntäglicher) Treffpunkt der alten Musikergarde von Santiago. Heute für die Besucher ein Lokal im Patio, wo aber

immer noch so mancher Daddy von dazumal jammt und dazu getanzt wird.
Heredia 208; tgl. ab 11 Uhr; Eintritt 1 CUC (tagsüber), 3 CUC abends

Conga Los Hoyos ⋯> S. 125, c 1
Das Ensemble Los Hoyos, das traditionsreichste von Santiago, probt hier wöchentlich den Trommelwirbel und Trompetendonner für den Karneval. Die Afterwork-Party für Santiageros.
José Martí 320 esq. Moncada

Tropicana Santiago
⋯> S. 125, nordöstl. d 2
Tanzrevue im Stil des Tropicana von Havana, doch mit eher karibischen Themen, und nach der Show wird hier hemmungsloser als in der Hauptstadt abgetanzt.
Autopista Nacional, km 1,5; Tel. 0 22/64 10 31; Beginn 21 Uhr, Mi– So ab 22 Uhr; Eintritt 30 CUC (1 Getränk inklusive)

SERVICE
Auskunft, Tickets und Ausflüge
Cubatur ⋯> S. 125, b 3
Hier kann man u. a. die Tickets für die Besichtigung der Tabakfabrik kaufen. Auch Buchung der meisten Ausflüge.
Parque Céspedes (gegenüber Casa Granda); Tel. 0 22/68 60 33; tgl. 8.30–17 Uhr

Viazul-Busbahnhof
Ave. Libertadores esq. Yarayo; Tel. 0 22/2 84 84; www.viazul.cu

Ziele in der Umgebung

Chivirico ⋯> S. 180, A 24

Kleiner Küstenort westlich von Santiago mit einem attraktiven Ferienresort am schönen Strand **Las Coloradas**.
60 km westl. von Santiago de Cuba

HOTELS/ANDERE UNTERKÜNFTE
Brisas Sierra Mar 👫
Das All-inclusive-Resort breitet sich mit fantastischem Blick über der Küs-

te am Hang aus. Wer sich hier bis 17 Uhr unter die Gäste mischen will, zahlt 25 CUC (inkl. Mittagsbuffet). Großer Terrassenpool, Restaurants, Läden, Club für Kinder.

Ctra. de Chivirico, km 60; Tel. 0 22/2 91 10, Fax 2 91 16; www.cubanacan.cu; 200 Zimmer ●●●● MASTER VISA

El Cobre ----> S. 180, B 24

Bis in das 19. Jh. hinein gab es in dieser Gegend eines der größten Kupfervorkommen der Welt. Die Minen sieht man vom Parkplatz vor der Wallfahrtskirche **Virgen de la Caridad del Cobre**. Sie ist der dunkelhäutigen Jungfrau der Barmherzigkeit geweiht – oder, im Santería-Kult, der Göttin Ochún. Ihre Geschichte begann mit drei Fischern, die 1606 angeblich in der Bahía de Nipe eine kleine Holzstatue mit der Aufschrift »Ich bin die Jungfrau der Barmherzigkeit« fanden und nach El Cobre brachten.

1916 erklärte Papst Benedikt XV. die Jungfrau zur Nationalheiligen, 1936 wurde sie gekrönt. Seit 1977 pilgern Gläubige am 12. September zur Basilika der »Heiligen Jungfrau des Kup-

fers«. Unter den Votivgaben sind gelbe Blumen, Orden, Stofftiere und nachgeformte Körperteile aus Blech. Der goldene Talisman des Máximo Líder und die Zettel mit Siegeswünschen, datiert auf 1868, 1895 und 1958, wurden inzwischen entfernt.

Melgarejo, ca. 25 km westl. von Santiago; tgl. 6–18 Uhr; Eintritt frei

Gran Parque Nacional Sierra Maestra ----> S. 179, D 20 – S. 180, B 23/24

Die größte und höchste Gebirgskette auf der Insel erstreckt sich über rund 240 km parallel zur Küste vom Cabo Cruz im äußersten Westen und läuft am östlichen Küstenzipfel in der Provinz Guantánamo aus. Im Süden stürzt der Fels an einigen Stellen halsbrecherisch tief ins Meer ab. Der Norden des Hochgebirges präsentiert sich dagegen mit sanften Hanglagen.

Höhepunkt ist der **Pico Turquino**, mit seinem 1972 m hohen wohlgeformten Gipfel der höchste Berg Kubas. Er erhebt sich nahe der Karibikküste und ist auch von dort über einen Trekkingpfad erreichbar, aller-

Wie eine Erscheinung wirkt die majestätische, im Grün der Umgebung golden leuchtende Wallfahrtskirche von El Cobre nordwestlich von Santiago.

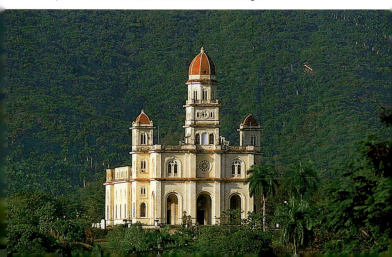

Der Hausstrand von Santiago de Cuba: die wilde Bucht der Playa Siboney.

dings nur mit Führer oder einem Reiseveranstalter. Das Gebiet um den Gipfel steht heute als **Parque Nacional Pico Turquino** unter Naturschutz.

Die auf dem Vulkangestein der Sierra Maestra üppig wuchernde Wildnis macht weite Teile des Gebirges schwer zugänglich. Eine Tatsache, die Fidel Castro und seine Mitkämpfer nach der missglückten Landung aus Mexiko nutzten, um sich in der Sierra Maestra zu verstecken. Von 1956 bis 1959 agierten sie dort von einem gut durch Laub gedeckten Gelände, der **Comandancia de la Plata** (→ S. 144). Das Rebellenversteck kann man heute besuchen, am bequemsten ab Santo Domingo. Spezialveranstalter kombinieren Trekkingtouren zur »Comandancia« mit der Besteigung des Pico Turquino.
123 km westl. von Santiago

SEHENSWERTES
La Comandancia de la Plata
→ Routen und Touren, S. 144

Parque Nacional de Gran Piedra ⤐ S. 180, C 23/24

Der Nationalpark schützt einen großen Teil der **Cordillera de la Gran Piedra.** Die etwa 30 km lange Barriere zwischen der Karibikküste und dem Binnenland ist ein Ausläufer der Sierra Maestra, üppig bewachsen von allein 15 Farnarten, von Kaffeebüschen, Mangobäumen und Guaven. Benannt wurde der Park nach seinem höchsten Punkt, einem einsam bis auf 1234 m herausragenden Steingiganten.
14 km östl. von Santiago de Cuba

HOTELS/ANDERE UNTERKÜNFTE
La Gran Piedra
Beste Aussichten für Naturfreunde. Das Hotel liegt mitten im Nationalpark auf 1214 m Höhe. Die 452 Stufen zum Gipfelstein starten gleich daneben.
Ctra. Gran Piedra, km 14; Tel. 0 22/ 68 61 47, kein Fax; www.horizontes.cu; 17 Zimmer in Bungalows ●● ▱

Finca Isabélica

Ehemalige Kaffee-Finca in einem Hochtal des Gran-Piedra-Nationalparks, 2 km südlich des Hotels Gran Piedra. Herrenhaus und Plantage wurden um 1800 von dem französisch-haitianischen Großgrundbesitzer Victor Constantin Couson erbaut. Benannt hat er das Anwesen nach seiner schwarzen Geliebten Maria Isabel, mit der er in eheähnlichen Verhältnissen zusammenlebte. Als um das Jahr 1850 mit Brasilien ein potenter Konkurrent im Kaffeexport erwuchs, wurde La Isabélica stillgelegt.

Die Plantage ist weitgehend im Originalzustand erhalten geblieben und dient heute als Museum. Trockenflächen, Kaffeeschälanlage, Lager, alte Werkzeuge, die Wohnetage des Kaffeebarons und die Verschläge für die Sklaven veranschaulichen Kaffeeanbau, Kaffeeherstellung und die Sklavenarbeit. Das Wohnhaus vermittelt einen guten Eindruck vom Lebensstil eines Kaffeebarons.
Ctra. Gran Piedra, km 14; tgl. 8–16 Uhr; Eintritt 1 CUC

Reserva Biosfera Baconao   ····⟩ S. 180, C 24

Das Biosphärenreservat Baconao erhielt seinen Namen von der UNESCO für seine Artenvielfalt. U. a. wurden hier rund 800 Insektenarten, 60 Vogel- und 29 Reptilienarten gezählt. 34 400 ha groß, breitet es sich bis zur Grenze der Provinz Guantánamo aus.
40 km östl. von Santiago

Bucanero 👫

Sporthotel in paradiesischer Natur. Dazu alle Annehmlichkeiten eines typischen Clubhotels.
Ctra. Baconao, km 4 (Arroya La Costa); Tel. 02 26/68 63 63, Fax 68 60 70; www.grancaribe.cu; 200 Zimmer ●●●● MASTER VISA

Club Amigo Los Corales/Carisol

Älteres Ferienresort im Doppelpack, das sich Clubatmosphäre auf die Fahnen geschrieben hat. Direkt an der schönen Playa Cazonal gelegen.
Ctra. Baconao, km 54; Tel. 0 22/35 61 22, Fax 35 61 77; www.cubanacan.cu; 144 Zimmer ●●● MASTER VISA

Valle de la Prehistoria 👫

Das eigentliche Highlight im Biosphärenreservat Baconao. Auf mondähnlicher Erdoberfläche tummeln sich hier 227 lebensgroße, naturgetreu nachgebildete Dinosaurier und Mammuts aus Gips, als würden sie gerade grasen, kämpfen oder spielen.
Ctra. Baconao, km 10; tgl. 7–18 Uhr; Eintritt 1 CUC

Museo Nacional del Transporte Terrestre

Ein Muss für alle Fans von Oldtimern. Hier stehen 44 Automobile aus grauer vorrevolutionärer Zeit. Darunter der Ford von Fidel Castros Mutter Lina Ruz. Dazu gibt es rund 2000 Minimodelle zu sehen.
Ctra. Baconao, km 8,5; tgl. 8–17 Uhr; Eintritt 1 CUC, Fotografieren 1 CUC, Video 5 CUC

Siboney   ····⟩ S. 180, B 24

Der Vorort von Santiago liegt an der schönen wilden **Playa Siboney**. Ein Mussreiseziel für alle Sightseeingtouren ist die **Granjita Siboney** an der Landstraße. In dieser harmlos wirkenden Hühnerfarm unter Palmen versteckten die Guerilleros Waffen und Uniformen für den Sturm auf die Moncada-Kaserne am 26. Juli 1953. Die wenigen, denen nach dem missglückten Angriff die Flucht gelang, zogen sich an dieser Stelle auch wieder um.
Ctra. Siboney, km 13; tgl. 9–17 Uhr; Eintritt 1 CUC, Fotografieren 1 CUC, Video 5 CUC

Routen und Touren

Das Umland von Santa Clara (→ S. 83), der Hauptstadt der Provinz Villa Clara, wird vor allem durch die Landwirtschaft geprägt.

Wer Kuba kennenlernen will, muss raus aus den Strandhochburgen und durch das Land reisen. Nur Mut! Die wichtigsten Straßen sind gut ausgebaut, und mehr Schilder als früher weisen den Weg.

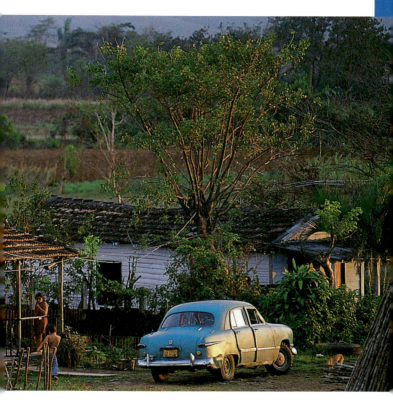

Die Hemingway-Route – Zeitreise auf den Spuren des berühmten Schriftstellers

Charakteristik: Zeitreise durch die turbulenten Außenbezirke Havannas, zur Küste und zurück in die Altstadt; **Dauer:** Tagesausflug; **Länge:** 33 km; **Einkehrmöglichkeiten:** La Terraza in Cojímar (→ S. 65); **Karte:** ⸺⸽ S. 139 und S. 172, AB 5

Stammgast Hemingway in Bronze in seiner Lieblingskneipe Floridita (→ S. 61).

Hemingway lebte immerhin 20 Jahre auf der Insel und verfasste einen großen Teil seines Romanwerks hier. Der erste Abschnitt der Tour lässt sich leicht zu Fuß bewältigen. Für den Rest benötigt man ein Auto oder ein Taxi.

Plaza de Armas ⸺⸽ Parque Central

Startpunkt ist die **Plaza de Armas** in Havannas kolonialem Altstadtkern. Von hier biegt man in die Calle Obispo. An der Ecke zur Calle Mercaderes stößt man auf die erste Hemingway-Station: das Hotel **Ambos Mundos**. Bei seinen Aufenthalten in Havanna stieg Hemingway bis zum Jahr 1939 immer hier ab. Das Zimmer

Nummer 511 war sein Zimmer, und es ist bis heute für ihn reserviert. Seine Schreibmaschine, ein Modell seiner Yacht und eine leere Flasche »Chivas Regal« stehen noch immer an ihren Plätzen. Unten, am Eingang, erinnert eine Bronzetafel an die ersten Jahre des Schriftstellers in Kuba.

Abends steuerte der Lebemann seine beiden Stammkneipen an. Vom Hotel ging er dann links durch die Calle Mercaderes, bog links in die Calle Empedrado ein und landete kurz hinter der Plaza de la Catedral in der **Bodeguita del Medio** (→ S. 61). Am Tresen traf er US-Schauspieler, Jazzer, Intellektuelle und Politiker. Wer Hemingway Tribut zollen will, trinkt hier mindestens einen Mojíto.

Hatte der Nobelpreisträger vom Mojíto genug, ging er in seine zweite Lieblingskneipe **Floridita** (→ S. 61). Man schlendert die Calle Empedrado bis zur Kreuzung Calle Cuba – dann links. Zwei Straßenblöcke weiter ist man wieder in der Calle Obispo, in die man rechts einbiegt, um an deren Ende, Ecke Monserrate, die hell erleuchtete Bar zu finden. Am Tresen wurde der erste Barhocker stets für Hemingway freigehalten. Dort sitzt er nach wie vor – freilich als Statue.

Parque Central ⸺⸽
San Francisco de Paula

Vom Parque Central aus geht es nun motorisiert weiter. Das Ziel ist **San Francisco de Paula** im Südosten von Havanna, gut 30 Autominuten vom Zentrum entfernt. Am Capitolio vorbei, gelangt man zum Kreisverkehr der Fuente de la India und fährt in südwestliche Richtung hinein in die Zentralader **Máximo Gómez** (Monte).

Hier nicht vom regen Verkehr nervös machen lassen, ruhig links einordnen und nach zehn Blocks in die **Belascoain Padre Varela** (Ampel) einbiegen. In der Belascoain muss man sich wieder links einordnen, um sie gleich an der nächsten Kreuzung (Ampel) verlassen zu können und links in die **Calle Fábrica** zu fahren. Auf der Fábrica bleibt man etwa 1,5 km, überquert dabei gleich zu Anfang Zuggleise und erneut am Ende, kurz bevor sie auf die Schnellstraße Vía Blanca stößt (Ampel). Hier links auf die Vía Blanca und immer geradeaus.

Nach etwa 2 km kommt wieder eine Kreuzung, an der es nun rechts dem Schild nach in die **Carretera Central/Virgen del Camino** geht. Sie mündet in eine Kreuzung mit Park (Ampel), den man in einem kleinen Schlenker umfahren muss, und zwar rechts und gleich wieder links dem

Schild »San Francisco de Paula« nach. Die Straße heißt jetzt **Calzada de Güines**, ist aber immer noch die Carretera Central und bereits der direkte Zubringer zur Finca Vigía. Es geht jetzt an hässlichen Neubausiedlungen vorbei immer geradeaus bis nach **San Miguel del Padrón**, das kaum spürbar in den Vorort San Francisco de Paula mündet.

Normalerweise weist in der Ortschaft ein Schild links zum **Museo Casa Ernest Hemingway** (→ S. 67). Man kann das weiße Tor von Hemingways **Finca Vigía**, in der das Museum eingerichtet wurde, aber auch schon von der Calzada de Güines bzw. Carretera Central sehen. Die Finca ist weiträumig mit einer weißen Mauer abgeriegelt.

1939 hatte Hemingway beschlossen, seinen ersten Wohnsitz nach Kuba zu verlegen. Er zog mit seiner

Die Hemingway-Route

Hemingway-Fans erwartet in der Fischerkneipe La Terraza (→ S. 65) von Cojímar eine große Auswahl hochprozentiger Genüsse.

dritten Frau **Martha Gellhorn** in die Finca, ein Gebäude von 1888, ein, weil sie das Hotelleben in Havanna satthatte. Ihm gefiel es dagegen erst gar nicht so recht, sich so weit von seinen Stammlokalen zu entfernen.

Bei der Einrichtung der Finca gab dann Hemingway selbst den Ton an: Jagdtrophäen, Stierkampfposter, Bücherregale, Schallplattensammlungen, diverse Flaschen-Fraktionen und private Erinnerungsstücke spiegeln sein Leben wider. Wenn die Eisenglocke der »Vigía« ertönte, wusste die ganze Nachbarschaft, dass die Hemingways prominente Gäste wie u. a. Gary Cooper, Ingrid Bergman, Marlene Dietrich, Spencer Tracy oder Jean-Paul Sartre und Simone de Beauvoir empfingen. Zwischen Mangobäumen, Bambus und Orchideen befindet sich im Garten der Swimmingpool, in dem der Literat jeden Morgen seine Bahnen gezogen haben soll.

Ein paar Schritte weiter steht der dreistöckige Turm, den seine vierte Frau **Mary Welsh** für ihn als Schreibwerkstatt bauen ließ. Nach seinem Tod vermachte seine letzte Frau die Finca La Vigía dem kubanischen Volk, von dem er liebevoll »Papa« genannt wurde. Die Villa ist so geblieben, wie Hemingway sie 1961 hinterlassen hat; deshalb darf sie auch nicht betreten werden. Man kann nur durch die offenen Fenster einen Blick in die Räume werfen.

San Francisco de Paula ⋯⟩ Cojímar

Zurück auf der Hauptstraße geht es links weiter durch **San Francisco de Paula** hindurch und weiter geradeaus bis zu Havannas Umgehungsstraße »Vía Monumental« (Auffahrt gleich nach der Brücke links). Sie führt direkt nach Nordosten zum Küstenort **Cojímar**. Dort ankerte Hemingways Yacht »Pilar«, dort fuhr er zu seinen Angelfahrten aus und traf sich in der damals noch sehr rustikalen Fischerkneipe **La Terraza** (→ S. 65) mit den Fischern zum Plausch über Anglerglück und -pech. Am Hafen wurde dem berühmten Dauergast von seinen Anhängern ein Denkmal gesetzt.

Einmal um die Sierra Maestra –
In die Heimat von Kubas Revolutionären

Charakteristik: Hier lernt man die abenteuerliche Seite Kubas kennen. Keine Gegend kann mehr Schlachten und Aufstände vorweisen, kaum eine Landschaft ist atemberaubender und abwechslungsreicher; **Dauer:** 2 Tage; **Länge:** 450 km; **Einkehrmöglichkeiten:** Rund 150 km nach dem Start bietet sich in Marea del Portillo vor Pilón der Club Amigo Punta de Piedra an (Crta. Granma, km 16,5; Tel. 0 23/59 70 62; 12 Zimmer ● ☐); Alternativen sind das 59 km weiter gelegene Hotel Niquero (Martí 100 esq. Céspedes; Tel. 0 23/59 23 67 und 59 23 68; www.islazul.cu; 26 Zimmer ● ☐) im gleichnamigen Ort oder das weitere 62 km entfernte Guacanayabo (Ave. Camilo Cienfuegos; Tel. 0 23/5 40 12, Fax 6 23 41 39; 112 Zimmer ● ☐) in Manzanillo. In Bayamo wohnt man zentral und trotzdem ruhig im soliden Royalton (→ S. 114); **Karte:** ⋯⟩ S. 180, AB 23/24 und S. 178/179, CF 19/20

Santiago de Cuba ⋯⟩ Pilón

Ausgangspunkt der Fahrt ist **Santiago de Cuba.** Man verlässt die Stadt über den Paseo de Martí, vorbei am Bahnhof und der Mercedes-Niederlassung, bis links eine Brücke kommt. Diese überquert man und erreicht dann automatisch die wildromantische **Panoramastraße,** die die Sierra Maestra über nahezu 150 km säumt. Zwischen Meer und Gebirgsmassiv fährt man immer in Schlangenlinie an der Küste entlang in Richtung Chivirico. Schroffe Felsabstürze wechseln sich mit traumhaft idyllischen Buchten ab. Immer wieder bieten sich atemberaubende Ausblicke auf die Kulisse aus tiefblauem karibischen Meer, der Steilküste und der üppig bewachsenen Berglandschaft – zumindest dann, wenn der Hitzedunst nicht zu sehr über dem Meer brütet und alles verhängt.

Nach etwa 60 km liegt links das **Hotel Sierra Mar** (für 25 CUC kann man sich bis 17 Uhr in das All-inclusive-Leben einklinken, z. B. auch zum Mittagessen). Ein paar Kilometer weiter öffnet sich der Blick auf eine der schönsten Buchten an dieser Küste mit der vorgelagerten winzigen Cayo Granma, und dann passiert man schon das kleine **Chivirico.**

Die Sierra Maestra bedrängt Küste und Straße nun immer mehr, zum Teil mit nackten Klippen und Geröllsteinen. Auch wechselt die Qualität der Straße oft zur abenteuerlichen Schotterpiste. Ortschaften sind selten, und bei klarer Sicht zeichnet sich die mächtige Skyline von Kubas höchstem Gipfel, dem **Pico Turquino,** ab. 52 km nach Chivirico weist ein Holzschild auf den 1972 m hohen Berg hin. Der Gipfel liegt von hier lediglich etwa 5 km entfernt, darf aber nur mit Führer bestiegen werden. Wer Lust verspürt, in das grüne Dickicht einzutauchen und womöglich den Berg zu erklimmen, muss für diesen Trekkingausflug einen Tag rechnen und ihn in Santiago organisieren (→ S. 132).

Bis **Marea del Portillo** folgen noch ein paar abenteuerliche Fahrten hart zwischen schroffen Kliffs und steiniger Meeresküste. Bei Magdalena wird die Grenze zur Provinz Granma passiert, und dann ist der kaum als Ort erkennbare Platz auch schon erreicht, an dem drei Hotels auf den Beginn des Tourismus in dieser abgeschiedenen Region warten: das verschlafene All-inclusive-Haus **Club Amigo Marea del Portillo,** das (geschlossene) Hotel »Farallón del Caribe« dahinter auf der Klippe und der ein paar Kilometer weiter an einer Bucht gelegene nette **Club Amigo Punta Piedra.** Im nahen Pilón (12 km) gibt es keine Einkehrmöglichkeiten.

Kirche im autofreien Zentrum der Provinzhauptstadt Bayamo (→ S. 113).

Pilón ⸺⤍ Manzanillo

Nach **Pilón** verlässt die Hauptstraße die Küste und überquert den südwestlichen Zipfel der Provinz Granma. Eine andere, schlechtere Straße führt 26 km hinter Pilón geradeaus zum **Parque Nacional Desembarco del Granma**, einem der jüngsten und unberührtesten Nationalparks in Kuba. Um zu den Sümpfen zu gelangen, in denen 1956 die mit 84 Rebellen und Munition völlig überladene Yacht »Granma« nach abenteuerlicher Irrfahrt von Mexiko landete, muss man dem Verlauf der Hauptstraße nach Pilón quer über die Halbinsel folgen und am **Golfo de Guacanayabo** links nach **Niquero** abbiegen. Dort ist ein Nachbau der »Granma« zu sehen, außerdem führt südlich von Niquero an der **Playa Las Coloradas** ein Holzsteg zu dem Platz, an dem die Rebellen an Land gingen und von Batista-Soldaten empfangen wurden. Nur 15 Männer entkamen dem Kugelhagel und

flohen in die Sierra Maestra, wo sie ihr Hauptquartier, die »Comandancia de la Plata«, errichteteten (→ S. 144).

Nach diesem Abstecher geht es zurück zur Abzweigung hinter Niquero und nun weiter geradeaus durch weites Zuckerland nach **Media Luna**, die Heimatstadt von Fidel Castros langjähriger (Kampf-)Gefährtin **Celia Sánchez Manduléy**. Ihr Geburtshaus (No. 111) liegt direkt an der Hauptstraße vor der großen Zuckerfabrik und ist nicht zu verfehlen.

Ausblicke auf den Golf von Guacanayabo begleiten die Weiterfahrt – und weite Zuckerrohrfelder. Nach rund 40 km führt ein kleiner Abzweig nach links zur Zuckerfabrik **La Demajagua** (tgl. 10–17 Uhr; Eintritt 1 CUC) Sie gehörte einst dem Kämpfer für Freiheit und Gleichheit Manuel de Céspedes, der am 10. Oktober 1868 seinen Sklaven die Freiheit schenkte und damit den ersten Unabhängigkeitskrieg auslöste. 1872 hatte Céspedes 4000 Weiße und 8000 Farbige, »mambises« genannt, für den Kampf mobilisiert.

Manzanillo lohnt einen Kurzbesuch. Die Architektur im Stadtkern hat eine seltsame maurisch-andalusische Prägung. Ihre Parks geben der Stadt etwas Großzügiges. Ein Gang zum Céspedes-Park mit dem Neptunbrunnen und dem sevillanischen Pavillon ist am Wirkungsort des Freiheitshelden selbstverständlich. Wer in Manzanillo ein Quartier sucht, hat nur eine Wahl: das Hotel Guacanayabo.

Manzanillo ⸺⤍ Yara

Man verlässt Manzanillo über die nördliche Ausfahrt, lässt das riesige Mangrovensumpfgebiet links liegen und biegt landeinwärts gen Osten nach Bayamo ein. Die Strecke führt immer parallel zur Eisenbahnlinie und erreicht nach 25 km den Ort **Yara**. Er ist bekannt geworden durch Manuel de Céspedes' Kampfaufruf »Grito de Yara«, das Startsignal für den Aufstand gegen das spanische Joch. Von Yara aus kann man einen 32 km langen Abstecher nach Santo Domingo und von dort eine Wanderung zur »Comandancia de la Plata« unternehmen (→ S. 144), dem versteckten Rückzugsort der Rebellen nach ihrer fatalen Landung an der Playa Las Coloradas.

Yara ···≻ Bayamo

Nördlich führt die Straße nach Yara über Veguitas, Barranca und Mobay, mitten durch die weite **Cauto-Ebene**. Sie ist von Zuckerrohrfeldern, Reisanbau und großen Weideflächen geprägt, die einen stimmungsvollen Kontrast zu den herben Sierra-Maestra-Gebirgszügen abgeben. In der lebhaften Provinzhauptstadt **Bayamo** am Fluss Bayamo wurde der Freiheitskämpfer Manuel de Céspedes geboren. Sie gilt deshalb als »Wiege des Nationalismus«. Mit seinem Namen, seinen Statuen und Konterfeis kommt man dort ständig in Berührung.

Auch der Dominikaner Máximo Gómez, erster Stratege der Mambisen-Bewegung, agierte hier. Während des zweiten Unabhängigkeitskrieges wurde 1895 vor den Stadttoren Bayamos, bei **Dos Ríos**, eine der ersten Schlachten geschlagen, bei der der Freiheitsapostel und Nationalheld **José Martí** fiel.

Bayamo ···≻ Santiago de Cuba

Die Rundfahrt führt jetzt auf gut ausgebauter Straße durch die Sierra Maestra. Wieder ist die Eisenbahnlinie Begleiterin auf dem Weg. Ihre Gleise wurden im zweiten Unabhängigkeitskrieg von General Antonio Maceo gekappt, womit er Verkehr und Handel zum Erliegen brachte. Zwischen **Jiguaní** und **Baire** passiert man wieder die Grenze zur Provinz Santiago de Cuba. Weite Täler der auslaufenden Sierra Maestra prägen hier das Landschaftsbild.

Ungefähr 90 km hinter Bayamo erreicht man **Palma Soriano**. Hier muss man sich entscheiden, ob man den kürzeren Rückweg über die Autobahn wählen will – oder lieber die reizvollere Route über El Cobre. Wer nach El Cobre möchte, folgt einfach der Rechtsbiegung der Hauptstraße und der Beschilderung. Die lediglich 29 km entfernte **Basílica de Nuestra Señora del Cobre**, Kubas bedeutendste Wallfahrtskirche, rückt schon bald ins Blickfeld.

Von El Cobre sind es nur noch gut 20 km nach **Santiago de Cuba**, dem Ausgangspunkt der Tour.

Die wilde Sierra Maestra zieht sich vom Cabo Cruz bis nach Santiago. Hier findet sich Kubas höchster Gipfel, der Pico Turquino (1972 Meter).

Zur Comandancia de la Plata – Abstecher nach Santo Domingo und ins Rebellenlager

Charakteristik: Großartige Gebirgslandschaft schon während der Anfahrt nach Santo Domingo; unvergesslich die frühmorgendliche Pirsch zum Rebellenlager und dessen versteckte Lage. Die Wanderung ist anspruchsvoll und erfordert eine entsprechende Ausrüstung wie knöchelhohe Bergstiefel und Teleskopstöcke; **Dauer:** 2 Tage; **Länge:** Yara–Santo Domingo–Yara 64 km; **Einkehrmöglichkeiten:** Villa Santo Domingo (Ctra. La Plata, km 16; Tel. 0 23/56 53 02; 20 Zimmer ● ⬜); Eintritt und Führer zur Comandancia de la Plata 11 CUC; **Karte:** ⋯⋙ S. 179, E 19/20

Yara ⋯⋙ Santo Domingo

»Comandancia de la Plata« heißt das tief in der Sierra Maestra versteckte ehemalige Lager von Fidel Castro, Che Guevara und den anderen Rebellen, die die missglückte Landung an der Playa Las Coloradas überlebten. Diesem historischen Ort, an dem die kubanische Revolution vorbereitet wurde, kann man sich ein gutes Stück mit dem Auto nähern; danach aber geht es zu Fuß weiter.

Ausgangspunkt des Abstechers zwischen Manzanillo und Bayamo ist **Yara**, der kleine Ort, der durch den Kampfaufruf von Manuel de Céspedes, den »Grito de Yara«, bekannt wurde. Hier muss man die Abzweigung nach **Bartolomé Masó** nehmen. Nach 14 km durch flaches Land mit Zuckerplantagen und vereinzelten Reisfeldern grüßen dann bereits die Schlote der Zuckerfabrik von Bartolomé Masó. Diese passiert man im Ort geradewegs, um weiter nach **Santo Domingo** zu gelangen. Schon nach kurzer Zeit wird die Landschaft jetzt merklich hügeliger und einsamer. Immer steiler und spektakulärer gestalten sich die Berg- und Talfahrten, bis nach 18 km Santo Domingo, der kleine Ort am Fuß des Pico Turquino (1972 m), erreicht ist.

Man sollte darauf achten, bis spätestens vor Einbruch der Dunkelheit anzukommen. Denn dann kann man sich in dem kleinen **Hotel Villa Santo Domingo** einquartieren und noch die Arrangements für den nächs-

ten Tag treffen: vor allem einen Führer bestellen und eine Uhrzeit für den Aufbruch vereinbaren. Gestartet werden die Wanderungen zur »Comandancia de la Plata« grundsätzlich am Morgen. Je früher, desto besser – wegen der schnell aufsteigenden Hitze und des dann viel beschwerlicheren Weges und natürlich auch, weil am frühen Morgen mehr Tiere in der urwüchsigen Wildnis um das Lager zu sehen sind. Das Frühstück wird entsprechend zeitig serviert.

Santo Domingo ⋯⋙
Comandancia de la Plata

Treffpunkt am folgenden Tag ist der benachbarte Eingang zum Nationalpark Pico Turquino. Hier wird das Eintrittsgeld entrichtet, und hier wartet der obligatorische Führer. Hinter der Nationalparkschranke geht es 5 km mit dem Auto weiter. Nach einer extremen Steigung von fast 40° ist der Parkplatz von **Alto Naranjo** erreicht, der Ausgangspunkt für die Wanderung.

Gutes Schuhwerk ist sehr zu empfehlen, denn der Pfad ist oft steinig, steil und voller Gestrüpp. Unterwegs bieten sich großartige Ausblicke in die Bergwelt der Sierra Maestra, auch der Gipfel des Pico Turquino ist nah zu sehen. Der Führer erklärt die Pflanzen- und Tierwelt. Deutlich ist mehrmals das To-co-ro-to-co-ro von Kubas Nationalvogel **Tocororo** zu vernehmen, meist bekommt man ihn auch zu Gesicht. Aber man sollte auf den Weg achten: Es gibt glitschige Lehmstellen, kleine Schlangen kreuzen den Weg.

Das Haus des Grundbesitzers Oswaldo Medina auf halbem Weg zum Rebellenlager:
Hier veranstalteten die Revolutionäre kleine Feste.

50 Minuten nach dem Start ist die Casa von **Oswaldo Medina** erreicht, eines der beiden Besitzer des Hinterlandes, auf dem sich die Rebellen einrichteten. Sein Haus mit der Terrasse vor dem grandiosen Gebirgspanorama der Sierra Maestra war Wachposten, Pforte und Treffpunkt bei Veranstaltungen. Hier wurde auch musiziert, wie die Fotos an den Wänden zeigen. Hinter dem Haus öffnet sich eine Pforte zu jenem Pfad, der zum eigentlichen Rebellenlager führte. Ab hier darf nicht mehr fotografiert werden!

Wieder geht es über Stock und Stein, über einen Bach und zuletzt ordentlich steil hinauf. Oben angekommen, erkennt man jene Lichtung, auf der **Fidel Castro** während seines letzten Besuchs 1976 mit dem Helikopter landete. Sie wurde extra dafür freigeschlagen. Dann eine Hütte, der **Posten Numero 1**. Ein echtes Feldlazarett – getarnt mit spanischem Moos, das inzwischen verdorrte. Hier soll Che seine Kumpel verarztet haben. Und dann das Museum. Dort lässt sich anhand eines Modells der »Comandancia de la Plata« deren ganze Ausdehnung ermessen: 16 Gebäude kann man zählen – von der »Casa Comandante« (Fidel Castro) bis zum Gäste- und zum Frauenhaus, von der Küche bis zur Hütte, in der Recht gesprochen wurde, dem »Justizgebäude«. Im Museum sind weiter zwei alte Schreibmaschinen, eine Nähmaschine, ein Schild mit der Warnung »Keine Drogen« und viele Fotos zu sehen.

Zwei Stunden hat der Anmarsch gedauert. Für die Erforschung des gesamten Geländes sollte man noch einmal so viel Zeit einplanen. Die meisten Hütten sind allerdings leer. Besonders idyllisch liegt die Comandancia. Hier interviewte Herbert L. Matthew einst Fidel Castro – und strafte mit seinem Bericht die Batista-Reden von Castros Tod Lügen. Der Comandante selbst hatte den »New York Times«-Journalisten in die Berge eingeladen. Die Weltöffentlichkeit erfuhr davon, und die Sympathien für Castro wuchsen.

Durch das Escambray-Gebirge – Idyllische Täler und wilde Wasserfälle

Charakteristik: Das Kontrastprogramm zur Küste; steile Serpentinenstraßen bringen Sie von Trinidad zum Kurort Topes de Collantes und weiter zum Hanabanilla-Stausee bis nach Cienfuegos oder wieder zurück nach Trinidad; **Dauer:** Tagesausflug; **Länge:** 132 bzw. 176 km; **Einkehrmöglichkeiten:** Hotel Hanabanilla (Salto de Hanabanilla; Tel. 20 85 50; 125 Zimmer ●); **Karte:** ⟶ S. 147, S. 174, A 12/13 und S. 173, F 7

Die Sierra del Escambray ist eine der ursprünglichsten und landschaftlich schönsten Gegenden Kubas. Das Kolonialstädtchen **Trinidad** ist ein guter Startpunkt für diese Tour.

Trinidad ⟶ **Topes de Collantes**
Beim Verlassen von Trinidad fährt man gen Westen in Richtung Cienfuegos und biegt nach 4 km rechts ab. Eine nach kurzer Fahrzeit scharfkurvig und steil ansteigende Straße führt in eine dschungelartige Regenwaldlandschaft und schließlich auf 931 m Höhe zum **Pico de Potrerillo**. Die Serpentinenstraßen im Escambray-Gebirge machen die Fahrt zu einem kleinen Abenteuer, dennoch braucht man keinen Jeep. Vielfach sieht man Kaffeesträucher mit ihren roten Früchten – aus der Sierra del Escambray stammen Kubas beste Kaffeebohnen.

Doch gefällt das milde, gemäßigte Mikroklima nicht nur den Kaffeepflanzen, sondern auch dem Kurort **Topes de Collantes**, den man bei km 15 erreicht. Hier muss man tief durchatmen: Die Luft soll vor allen möglichen Krankheiten schützen. Das Kurhotel Escambray, ein hässlicher Klotz, wird vor allem von Kubanern besucht. Aber auch Touristen können sich hier kurmedizinisch betreuen lassen.

Die unter Naturschutz stehende Berggegend mit ihren Tälern und Flüssen, seltenen Tieren und Pflanzen eignet sich hervorragend als Ausgangspunkt für Wanderungen – beispielsweise zum Wasserfall **El Salto de Caburní** – und für Vogelbeobachtungen. Im Informationszentrum rechts vor dem Kurhotel sind auf einer Karte alle Wege zu sehen. Mit ein wenig

Vereinzelte Fincas künden in der Sierra del Escambray von Kaffeeanbau.

Geduld findet sich dort für den kurzen Ausflug zum Wasserfall auch bald ein Führer (Alleingänge sind hier nicht erlaubt).

Topes de Collantes ┅┅➤ Embalse Hanabanilla

Kurz hinter Topes de Collantes führt eine recht gute Straße nordwärts in das besonders idyllische **Jibacoa-Tal** mit seinen Kaffee- und Bananenplantagen und einsamen Bergbauernhöfen. Nach dem Dorf **Jibacoa** geht es weiter nach **Manicaragua**, einem bäuerlichen Dorf. Noch bevor der eigentliche Ort beginnt, muss man links die Straße nach **Cumanayagua** nehmen. Nach etwa 20 km zweigt wieder links die Zufahrt zum **Hanabanilla-Stausee** ab. 2005 war sein Wasserspiegel durch eine längere Trockenperiode extrem gesenkt. Normalerweise aber breitet er sich wie ein kleines Meer zwischen den grünen Bergen aus. Im **Hotel Hanabanilla** kann man Rast machen und vom Obergeschoss die Aussicht genießen. Unten laden Boote zu Fahrten auf dem See ein.

Embalse Hanabanilla ┅┅➤ Trinidad

Den Rückweg sollte man rechtzeitig vor Einbruch der Dunkelheit antreten. Man fährt zur Abzweigung zurück und auf der Hauptstraße nun links weiter. So gelangt man auf die Straße, die nach Cienfuegos führt, und hat die Wahl: entweder die Provinzhauptstadt **Cienfuegos** zu besuchen, zu den Badeständen an der Küste zu fahren oder zurück nach **Trinidad**.

Auf der Carretera del Norte – Palmentäler, Cayos und versteckte Piratenbuchten

Charakteristik: Die kaum bekannte Carretera del Norte ist eine abwechslungsreiche Alternative zur Autopista, ideal für Entdecker; **Dauer:** 3 Stunden; **Länge:** 176 km; **Einkehrmöglichkeiten:** Cayo Levisa – die Fähre legt um 10 Uhr von Palma Rubia ab und kehrt um 17 Uhr zurück; auch Übernachtung (→ S. 71); **Karte:** ···⟩ S. 171, DF 1/2

Der Fährsteg von Palma Rubia: Sprungbrett nach Cayo Levisa.

Viñales ···⟩ Palma Rubia

Man verlässt **Viñales** auf der Carretera a Puerto Esperanza, vorbei an der Cueva de los Indios und der Rancho Vicente, und biegt nach 3 km rechts auf die Carretera del Norte nach La Palma ab. Ein letzter markanter Mogote-Hügel wird passiert, und dann durchfährt man schon die nördliche Küstenregion mit ihren sanften Hügeln und Tälern voller Palmen vor der Silhouette der Cordillera de Guaniguanico im Süden. Die Gegend ist ländlich geprägt, kleine Fincas in alter indianischer »bohio«-Bauweise säumen die Straße, und auf den Feldern ackern die Bauern mit Ochsengespannen. Nach 23 km ist **La Palma** erreicht. Hier geht es die erste Straße links nach Palma Rubia weiter. Nach 9 km, vorbei an Zuckerrohrfeldern, kommt eine Gabelung, hier weiter geradeaus. Bald ist links kurz das Meer zu sehen. Danach weist ein Schild mit der Aufschrift **Cayo Levisa** auf die Abfahrt zum Fährhafen Palma Rubia.

Palma Rubia ···⟩ Mariel

Wieder zurück auf der Carretera del Norte, geht es dort jetzt 8 km auf etwas schlechterer Straße weiter Richtung Havanna. Immer breiter wird das Küstenvorland, immer weiter rückt die Cordillera de Guaniguanico in die Ferne. Man passiert ländliche Orte und Viehfarmen, in denen vielleicht gerade Cowboys Tiere mit dem Lasso einfangen. Nach 35 km ist man in **Bahía Honda**. Und nach weiteren 30 km erhascht man von der erhöhten Küstenstraße bei **Cabañas** schöne Ausblicke auf eine der tiefen Buchten an dieser Küste. Nach dem Passieren der **Provinzgrenze nach Habana** biegt man im Ort Agusto César Sandino dann links ab und vor dem Park gleich wieder rechts. Danach folgt bald eine **Zuckerrohrfabrik**. Gleich nach ihr geht es links in die Hafenstadt **Mariel**, die hübsch am Fuß eines Hügels mit altem Castillo (Sperrgebiet!) liegt.

Mariel ···⟩ Havanna-Miramar

Die letzten 40 km sind nun im Nu absolviert, denn an der Ortsausfahrt von Mariel, vor dem Industriehafen **La Boca**, zweigt rechts die vierspurige Zubringer ab. Hier bei Gabelungen immer in Küstennähe halten und schon ist **Havanna-Miramar** erreicht.

EVERGREEN
MIT EVERGLADES.

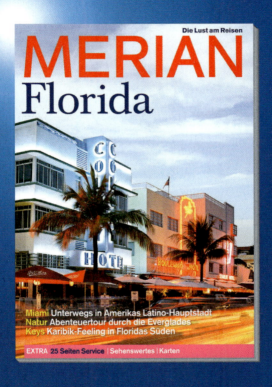

Wissenswertes über Kuba

Schulkinder an der Kaimauer des Malecón (→ S. 56). Die berühmte Uferpromenade Havannas ist Treffpunkt und Lebensader der Stadt.

Kuba kompakt: Wichtige Adressen und viele nützliche Informationen garantieren eine optimale Reisevorbereitung. Mit Geschichtstabelle, Sprachführer und Essdolmetscher.

Jahreszahlen und Fakten im Überblick

1492
Kolumbus entdeckt Kuba für Spanien.

1512
Diego Velázquez wird Gouverneur. Mit ihm beginnen Besiedlung, Goldsuche und Ausrottung der Indianer.

Ab 1530
Spanien macht die Insel zum Sprungbrett für die Eroberung des lateinamerikanischen Kontinents.

1561
Havanna wird Sammelpunkt der spanischen Silberflotte. Piratenüberfälle gehören fortan zum Alltag.

1607
Nach Santiago wird Havanna offizielle Hauptstadt Kubas.

18. Jahrhundert
Tabak, Zuckerrohr und Kaffee werden zu den tragenden Säulen der kubanischen Wirtschaft.

Um 1780
Beginn des massiven Sklavenhandels.

1791
Rund 30 000 französische Pflanzer fliehen vor dem Sklavenaufstand auf Haiti in den Osten Kubas, wo die Zuckerplantagenwirtschaft einen Boom erlebt. Kuba wird zum größten Zuckerexporteur der Welt.

1812
Aufstand schwarzer Sklaven. Rund 300 000 von ihnen leben auf Kuba.

1868–1878
Erster Unabhängigkeitskrieg. Der offene Aufstand gegen die spanische Kolonialherrschaft unter Carlos Manuel de Céspedes endet erfolglos.

1886
Offizielle Abschaffung der Sklaverei.

1895–1898
Zweiter Unabhängigkeitskrieg. José Martís Revolution gegen die Kolonialmacht scheitert. Martí stirbt als Volksheld bereits im ersten Gefecht.

1898
Die USA greifen in den Kolonialkrieg ein. Spanien kapituliert und verliert seine letzte Kolonie; Kuba wird formal unabhängig.

1901
Die neue Verfassung sieht u. a. den Abzug der US-Truppen vor, aber auch ein unbeschränktes amerikanisches Interventionsrecht (Platt Amendment).

1902
Kuba wird Republik unter der Oberaufsicht von Washington.

1925
Gerardo Machado ergreift die Macht und errichtet eine Diktatur, US-Unternehmen kontrollieren die Wirtschaft.

1933
Sergeant Fulgencio Batista y Zaldívar putscht. Er selbst kommt erst 1940 auf den Präsidentenstuhl und erlässt eine demokratische Verfassung.

1952
Bei der Präsidentschaftswahl wird Fulgencio Batista nicht wieder gewählt. Er putscht erneut und regiert fortan mit offener Gewalt.

1953
Der Sturm auf die Moncada-Kaserne unter Fidel Castro scheitert. Nach zweijähriger Haft wird Castro ins Exil nach Mexiko verbannt.

1956
Die Rückkehr Castros gemeinsam mit Che Guevara auf der Yacht »Granma« markiert den Beginn des Guerillakriegs in der Sierra Maestra.

1959
Sieg der Revolution unter Castro.

1959–1965
Konterrevolutionäre erhalten eine Ausreiseerlaubnis. Mehr als eine halbe Million Kubaner verlässt die Insel.

1961
Mit Unterstützung des US-Geheimdienstes CIA starten Exilkubaner im April erfolglos einen Invasionsversuch in der Schweinebucht. Ausrufung der Sozialistischen Republik im Dezember.

1962
Die USA verhängen ein umfassendes Wirtschaftsembargo gegen Kuba. Es folgt eine stärkere Anlehnung an die Sowjetunion. Die »Kubakrise« führt an den Rand eines Dritten Weltkriegs. Schließlich verzichtet Chruschtschow auf die Stationierung von Raketen.

1965
Gründung der Kommunistischen Partei Kubas. Castro und Che Guevara trennen sich im Streit. Che wird 1967 in Bolivien erschossen.

1970
Die Devisen aus der Zuckerernte sollen eine Loslösung von der UdSSR bringen. Missernten institutionalisieren den Einfluss Moskaus.

1975
Auf dem Ersten Kongress der Kommunistischen Partei gibt sich Kuba eine neue Verfassung.

1980
Unruhen in der Bevölkerung. Rund 100 000 Kubaner fliehen in die USA.

1991
Der Zusammenbruch der UdSSR verschärft die Wirtschaftskrise.

1993
Legalisierung des Dollars und Wirtschaftsreformen.

1996
Kuba schießt über seinem Territorium zwei Zivilflugzeuge von Exilkubanern ab. Die USA verbieten darauf Drittländern, mit Kuba Handel zu treiben. Die EU protestiert.

1997
Mit mehr Stimmen als je zuvor verurteilt die UNO zum sechsten Mal seit 1992 das US-Embargo gegen Kuba.

1998
Eine historische Premiere: Im Januar besucht mit Johannes Paul II. erstmals ein Papst das sozialistische Land.

1999
Feier des 40. Jahrestages der Revolution. Verschärftes Vorgehen gegen Oppositionelle.

2000
Der Konflikt um den 1999 nach Miami geflohenen Jungen Elián weitet sich zu einem Kräftemessen mit den USA aus. Im Juni 2000 kehrt Elián zurück.

2002
Legalisierung des Euro neben Peso und Dollar. Mit dem »Projekt Varela« fordern 11 000 Oppositionelle schriftlich die demokratische Öffnung.

2003
Verhaftungswelle: 78 Regimekritiker werden der Spionage angeklagt.

2004
Der Peso Convertible (CUC) ersetzt den US-Dollar als Devisen-Zahlungsmittel, der Euro bleibt Zweitwährung.

2006
Der schwer kranke Castro übergibt am 31. Juli die Regierungsgeschäfte an seinen jüngeren Bruder Raúl (75).

2007
In der Neujahrsbotschaft erklärt Castro (80), dass er sich auf dem Weg der Besserung befinde.

Nie wieder sprachlos

Aussprache

c	vor dunklen Vokalen wie k (como), vor hellen Vokalen wie engl. th (gracias)
ch	wie tsch (ocho)
h	wird nicht gesprochen
j	wie ch (jueves)
ll	wie j (calle)
ñ	wie nj (mañana)
qu	wie k (quisiera)
s	wie ss (casa)
y	wie j (hoy)
z	wie engl. th (diez)

Wichtige Wörter

ja	sí [si]
nein	no [no]
danke	gracias [grassias]
Wie bitte?	¿cómo? [komo]
Ich verstehe nicht.	No entiendo. [no entjiendo]
Entschuldigung	con permiso, perdón [kon permisso, perdon]
Hallo	hola [ola]
Guten Morgen	buenos días [buenos dijas]
Guten Tag	buenas tardes [buenas tardes]
Guten Abend	buenas noches [buenas notsches]
Auf Wiedersehen	adiós [adijos]
Ich heiße ...	Me llamo ... [mee jamo]
Ich komme aus ...	Yo soy de ... [jo soij dee]
- Deutschland	- Alemania [Alemanja]
- Österreich	- Austria [Austria]
- der Schweiz	- Suiza [Suissa]
Wie geht's?/ Wie geht es Ihnen?	¿Qué tal?/¿Cómo está? [ke tal/ komo esta]
Danke, gut.	Bien, gracias. [bjän, grassias]
wer, was, welcher	quien, que, cual [kjien, ke, kual]
wann	cuando [kuando]

wie lange	cuanto tiempo [kuanto tijempo]
Sprechen Sie deutsch/ englisch?	¿Habla alemán/ inglés? [abla aleman/ingles]
heute	hoy [oij]
morgen	mañana [manjana]
gestern	ayer [ajer]

Zahlen

eins	uno [uno]
zwei	dos [dos]
drei	tres [tres]
vier	cuatro [kuatro]
fünf	cinco [sinko]
sechs	seis [seijs]
sieben	siete [siete]
acht	ocho [otscho]
neun	nueve [nuebe]
zehn	diez [dies]
einhundert	cien [sjen]
eintausend	mil [mil]

Wochentage

Montag	lunes [lunes]
Dienstag	martes [martes]
Mittwoch	miércoles [miärkoles]
Donnerstag	jueves [chuebes]
Freitag	viernes [bijernes]
Samstag	sábado [sabado]
Sonntag	domingo [domingo]

Unterwegs

rechts	a la derecha [a la deeretscha]
links	a la izquierda [a la iskierda]
geradeaus	recto [rekto]
Wie weit ist es nach ...?	¿Cuánto tiempo dura el viaje hasta ...? [kuanto tijempo dura el biache asta]
Wie kommt man nach ...?	¿Por dónde se va a ...? [por donde se ba a]
Wo ist ...	¿Dónde está ... [donde esta]

- die nächste Werkstatt? - *el próximo taller?* *[el proximo tajär]*
- der Bahnhof? - *la estación de tren?[la estassijon dee tren]*
- der Flughafen? - *el aeropuerto? [el aäropuerto]*
- die Touristen-information? - *la información turística?[la infor-massion turistika]*
- die nächste Bank? - *el próximo banco? [el proximo banko]*
- die nächste Tankstelle? - *la próxima gasoli-nera?[la proxima gasolinera]*

Bitte voll tanken! *¡Lleno, por favor! [jeno por fabor]*

Wir hatten einen Unfall. *Tuvimos un acci-dente. [tubimos un axidente]*

Wo finde ich ... *¿Dónde encuentro... [donde enkuentro]*
- einen Arzt? - *un medico? [un mediko]*
- eine Apotheke? - *una farmacia? [una farmassia]*

Eine Fahrkarte nach ... bitte! *¡Quisiera un pasaje a ..., por favor! [visitera un pasa-che a ..., por fabor]*

Übernachten

Ich suche ein Hotel. *Busco un hotel. [busko un otel]*

Ich suche ein Zimmer für ... Personen. *¿Tiene usted una habitación para ... personas? [tijene ustet una abitassion para ... personas]*

Haben Sie noch Zimmer frei ... *¿Hay habitaciones libres ... [aij abitas-siones libres]*
- für eine Nacht? - *para una noche? [para una notsche]*

Ich habe ein Zimmer reserviert. *Reservé una habi-tación. [reservee una abitassion]*

Wie viel kostet das Zimmer ... *¿Cuánto vale la habitación ... [kuanto bale la abitassion]*

- mit Frühstück? - *con desayuno in-cluido?[kon des-sajuno inkluido]*

Ich nehme das Zimmer. *Quiero la habita-ción. [kijero la abitassion]*

Kann ich mit Kreditkarte zahlen? *¿Puedo pagar con tarjeta de crédito? [puedo pagar kon tarcheta de kredi-to]*

Ich möchte mich beschweren. *Me quiero quejar. [mee kijero kechar]*

funktioniert nicht *No funcciona. [no funxiona]*

Essen und Trinken

Die Speisekarte bitte! *El menu, ¡por favor! [el menu por fabor]*

Die Rechnung bitte! *La cuenta, ¡por favor! [la kuenta por fabor]*

Ich hätte gern ... *Quisiera ..., ¡por favor! [kisijera... por fabor]*

Kellner/-in *camarero/camarera [kamarero/ kamarera]*

Mittagessen *almuerzo [almuersso]*

Abendessen *cena [sena]*

Ich möchte kein(en) Fleisch/Fisch. *No quiero carne/ pescado. [no kije-ro karne/peskado]*

Einkaufen

Wo gibt es ...? *¿Dónde hay ...? [donde aij]*

Haben Sie ...? *¿Hay ...?[aij]*

Wie viel kostet ...? *¿Cuánto vale ...? [kuanto bale]*

Das ist zu teuer. *Es demasiado caro. [es demasiado karo]*

Ich nehme es. *Me lo llevo. [mee lo jevo]*

geöffnet/ge-schlossen *abierto/cerrado [abijerto/serado]*

Bäckerei *panadería [panaderija]*

Metzgerei *carnicería [karnisserija]*

Die wichtigsten kulinarischen Begriffe

A

abadejo: Kabeljau, Dorsch
aceite: Öl
– *de oliva:* Olivenöl
– *vegetal:* Samenöl, Pflanzenöl
aceituna: Olive
agua: Wasser
– *mineral:* Mineralwasser
– *con gas:* mit Kohlensäure
– *sin gas:* ohne Kohlensäure
– *potable:* Trinkwasser
aguacate: Avocado
ahumado: geräuchert
ajiaco: Fleischtopf mit tropischen Knollenfrüchten und Kochbananen
ajo: Knoblauch
a la casa: nach Art des Hauses
a la plancha: auf dem Rost gegrillt
al gusto: nach Geschmack, nach Wahl
al horno: aus dem Ofen
albaricoque: Aprikose
albóndigas: Fleischklößchen
alcachofa: Artischocke
aliñado: gewürzt, angemacht
almendra: Mandel
almíbar: Sirup
anchoas: Sardellen, Anchovis
anguilla: Aal
arenque: Hering
arroz: Reis
– *a la marinera:* mit Fisch und/oder Meeresfrüchten
– *rojo:* roter Reis (mit *chorizos*, Möhren, Tomaten)
asado: Braten
– *bien asado, bien hecho:* durchgebraten (Steaks)
atún: Thunfisch
auyama: Kürbis
aves: Geflügel, Vögel
azúcar: Zucker

B

bacalao: gesalzener Kabeljau, Stockfisch
barbacoa: Grill
bebida: Getränk
berenjena: Aubergine
besugo: Meerbrasse

bistec: Steak
bizcocho: Keks
blando: zart
bocadito: Snack, belegtes Brötchen
boniato: Süßkartoffel
bonito: Thunfischart
boquerones: Sardellen
botella: Flasche
brocheta: Spieß
budín: Pudding
buey: Rind, Ochse

C

caballa: Makrele (auch *macarela*)
cabra: Ziege
cabrito: Zicklein
café: Kaffee
– *con leche:* Milchkaffee
calabacines: Zucchini
calabaza: Kürbis, auch Gefäß
calamar: Tintenfisch
caldereta: Eintopf
caldo: Brühe
– *de carne:* Fleischbrühe
– *de gallina:* Hühnerbrühe
– *de legumbres:* Gemüsebrühe
– *de pescado:* Fischbrühe
caliente: heiß
callos: Kutteln
camarones: Krabben
cangrejo: Krebs
caracol: Schnecke
carambola: Sternfrucht, Karambole
carne: Fleisch
– *mechada:* gespickter, gefüllter Rinderbraten
– *picada:* Hackfleisch
carnero: Hammel
carta: Liste, Speisekarte
– *de vinos:* Weinkarte
caza: Wild
cazuela: Tontopf
cebolla: Zwiebel
cenicero: Aschenbecher
cerdo, chancho: Schwein
cereza: Kirsche
cerveza: Bier
– *de barril:* Fassbier
– *rubia:* helles Bier
– *negra:* dunkles Bier

chayote: Chayote, birnenförmige Gurkenfrucht
chicharrones: frittierte Schwarte
– *de pollo:* frittierte Hühnerstücke
chile: Chilischote, scharfe Pfefferschote
chivo: Ziege
chorizo: pikante Wurst (für Eintöpfe)
chuleta: Kotelett
– *empanada:* paniertes Kotelett
– *a la parilla:* Koteletts vom Rost
churrasco: Fleisch vom Rost
ciruela: Pflaume
clara de huevo: Eiweiß
cocada: Süßspeise mit Kokos
cocido: Eintopf, Gekochtes
cocina: Küche
col: Kohl
coliflor: Blumenkohl
concha: Muschel
condimento: Gewürz
conejo: Kaninchen
congrio: Seeaal
congris: Reis mit roten Bohnen, Tomaten und Paprikaschoten
copa: Weinglas
cordero: Lamm, Lammfleisch
costilla: Rippe, Rippchen
crema: Sahne, Cremesuppe, Cremespeise
crudo: roh
crujiente: knusprig
cuchara: Löffel
cuchillo: Messer

D
diente de ajo: Knoblauchzehe
digestivo: Digestif, Verdauungsschnaps
diluido: verdünnt
dorada: Goldbrasse
dulce: süß, Süßigkeit
– *de leche:* Süßspeise aus Milch

E
empanada: Teigtasche (gefüllt)
empanado: paniert
ensalada: Salat
entrada: Vorspeise
erizo de mar: Seeigel
escabeche: Beize, Marinade
escalopa, escalope: Schnitzel

espárragos: Spargel
especialidad: Spezialität
– *de la casa:* Spezialität des Hauses
– *del día:* Spezialität des Tages
especia: Gewürz
espina: Gräte
espinaca: Spinat
estofado: geschmort, Schmorgericht

F
fideos: dünne Nudeln
filete: Filet
flan: Pudding, Flan
frambuesa: Himbeere
fresa, frutilla: Erdbeere
frijoles: Bohnen
– *blancas:* weiße Bohnen
– *negras:* schwarze Bohnen
– *rojas:* rote Bohnen
fresco: frisch, kühl
frío: kalt
frito: gebraten, frittiert
fritura de pescado: ausgebackene Fische
fruta: Frucht, Obst

G
galleta: Keks
gallo: Hahn
gamba: Garnele
garbanzos: Kichererbsen
graso: fett, fettig
gratinado: überbacken, gratiniert
guindilla: Pfefferschote, scharfe Chilischote
guineo: kleine aromatische Banane
guisado: geschmort
guisantes: Erbsen

H
hambre: Hunger
helado: Speiseeis
hielo: Eiswürfel
hierba: Kraut, Kräuter
higado: Leber
higo: Feige
hongo: Pilz
huevos: Eier
– *duros:* hart gekochte Eier
– *tibios:* weich gekochte Eier
– *fritos:* Spiegeleier
– *revueltos:* Rühreier

I
intestinos: Eingeweide, Innereien

J
jamón: Schinken
jarra: Krug
jugo: Saft

L
langosta: Languste
– *a la criolla:* Languste kreolische Art
– *a la parilla:* gegrillte Languste
langostino: Riesengarnele
lata: Dose
leche: Milch
– *caliente:* heiße Milch
– *fría:* kalte Milch
lechón: Spanferkel
lechuga: grüner Salat
lengua: Zunge
lenguado: Seezunge
lentejas: Linsen
lima: Limette
limón: Zitrone
liquado: Mixgetränk aus Früchten mit
    Wasser oder Milch
lomo: Filet, Lende
longaniza: luftgetrocknete Würstchen
lucio: Hecht
lucioperca: Zander

M
macarela: Makrele
maduro: reif
malanga: Taroknolle
mandioca: Maniok
maní: Erdnuss
mantequilla: Butter
manzana: Apfel
manzanilla: Kamille
mariscos: Meeresfrüchte
medallones: Medaillons
medio: halb, mittel
– *hecho:* halb durch (Steak)
mejillones: Miesmuscheln
melocotón: Pfirsich
melón: Melone
menestra: Gemüseeintopf
menú: Menü, Karte
– *del día:* Tagesmenü
merluza: Seehecht
mermelada: Marmelade

mero: Zackenbarsch
mesa: Tisch
miel: Honig
mondongos: Kutteln
morcilla: Blutwurst
moros y cristianos: »Mohren und
    Christen«, Reis mit schwarzen
    Bohnen
mostaza: Senf

N
ñame: Yamswurzel
naranja: Orange

O
oliva: Olive
ostra: Auster
oveja: Schaf

P
palillo: Zahnstocher
palmito: Palmherz
pan: Brot
– *de trigo:* Weizenbrot
– *integral:* Vollkornbrot
papa: Kartoffel
~*s fritas:* Pommes frites
~*s hervidas:* Salzkartoffeln
~*s salteadas:* Bratkartoffeln
para llevar: zum Mitnehmen
parrillada: Grillplatte
pavo: Truthahn
pechuga: Brust (Geflügel)
pepino: Gurke
pera: Birne
perejil: Petersilie
perro/perrito caliente: Hot Dog
pescado: Fisch
– *de mar:* Seefisch
– *de río:* Flussfisch
picadillo: Gericht aus Hackfleisch mit
    Gemüse und Gewürzen
pimentón: Paprikapulver
pimienta: Pfeffer
pimiento: Paprikaschote
piña: Ananas
plátano: Kochbanane
plato fuerte: Hauptgericht, meist Ein-
    topf mit Reis oder Bohnen
pollería: Hühnerbraterei
pollo: Huhn, Hühnchen
postre: Dessert, Nachtisch

potaje: Eintopf
puerco: Schwein
puerro: Lauch, Porree
pulpa: Fruchtfleisch
pulpo: Krake, Polyp

Q
queso: Käse

R
rábano: Rettich
rape: Seeteufel
raya: Rochen
refresco: Erfrischung, Limonade
relleno: gefüllt, Füllung
res: Rind
repollo: Weißkohl
requesón: Quark
riñón: Niere
ropa vieja: »alte Wäsche«, gekochtes,
   zerpflücktes Rindfleisch in pikanter
   Gemüsesauce

S
sal: Salz
salchicha: Würstchen
salpicón: Salat aus Fischen und/oder
   Meeresfrüchten, oft mit Mayonnaise
salsa roja: rote Sauce, Ketchup
salteado: gebraten, sautiert
sancocho: Eintopf, Suppe
sardina: Sardine
seco: trocken
sepia: Tintenfisch
servilleta: Serviette
sin alcohol: alkoholfrei
sofrito: Grundsauce aus Zwiebeln,
   Tomaten und Knoblauch
solomillo: Filet, Lende

T
tallarines: Nudeln
tamarindo: Tamarinde
tasca: Schenke, Kneipe
té: Tee
templado: lauwarm
tenedor: Gabel
ternera: Kalbfleisch
tierno: zart
tocino: Speck
tomate: Tomate
toronja: Grapefruit

In Kuba hat so mancher Cocktail das Licht der Welt erblickt.

torta: Kuchen, Torte
tortilla: Eierspeise, Omelett
tostones: frittierte Kochbananen-
   Scheibchen
trago: Schluck, Schnaps
trucha: Forelle

U
uva: Weintraube

V
vaca: Kuh
vegetal: vegetarisch
verdura: Gemüse
viejo: alt
vinagre: Essig
vino: Wein
– *blanco:* Weißwein
– *tinto:* Rotwein
yema: Eigelb
yogur(t): Joghurt

Z
zanahoria: Möhre
zumo: (Frucht-)Saft

Nützliche Adressen und Reiseservice

AUF EINEN BLICK

Staatsname: República de Cuba

Staatsform: Sozialistische Republik

Verwaltung: Cuba ist in 14 Provinzen unterteilt (Camagüey, Cienfuegos, Ciego de Ávila, Granma, Guantánamo, Holguín, Isla de la Juventud, La Habana, Las Tunas, Matanzas, Pinar del Río, Sancti Spíritus, Santiago de Cuba, Villa Clara).

Bevölkerung: 11,3 Mio. Einwohner

Ethnische Zusammensetzung: 51 % der Bevölkerung sind Mulatten, 37 % Weiße, 11 % Schwarze und 1 % Chinesen.

Sprache: Spanisch

Religion: 42,9 % der Kubaner bekennen sich zum Christentum, die meisten sind Katholiken, nur 3,3 % Protestanten. Sehr stark verbreitet sind gleichzeitig der Glaube an afrokubanische Kulte und deren Rituale. 55,1 % der Kubaner gelten offiziell als konfessionslos.

Wirtschaft: Einnahmequelle Nr. 1 ist der Tourismus; nur noch 8 % des staatlichen Einkommens bezieht Kuba aus der Landwirtschaft, überwiegend mit Zuckerrohr. 2002 wurden wegen des Preisverfalls auf dem Zuckermarkt 155 Zuckermühlen geschlossen.

ANREISE UND AUSREISE

Mit dem Flugzeug

Alle großen Reiseveranstalter haben das Tropenland mittlerweile im Programm – von Airtours bis TUI, von DerTour bis Meiers Weltreisen, von Neckermann bis Jahn-Reisen. Angeboten werden neben Urlaub in den All-inclusive-Resorts auch Rundreisen. Die Palette ergänzen Spezialveranstalter (→ S. 165). Geflogen wird mit Charterfluggesellschaften wie Condor, LTU oder Martinair nach Havanna, Varadero, Cayo Coco (Condor) und Holguín, im Last-Minute-Tarif für 300 bis 500 €.

Internationale Fluggesellschaften landen auf dem Internationalen Flughafen von Havanna, darunter Iberia, Air France oder British Airways. Auch sie bieten Restplätze an, meist über das Internet. Die Flugdauer bei einem Nonstopflug beträgt von Mitteleuropa aus etwa zehn Stunden.

Ausreise

Am Flughafen wird vor der Ausreise eine Gebühr von 25 CUC fällig.

AUSKUNFT

Kubanisches Fremdenverkehrsamt Kaiserstr. 8, 60311 Frankfurt; Tel. 0 69/ 28 83 22, Fax 29 66 64; E-Mail: info@ cubainfo.de, www.cubainfo.de

BUCHTIPPS

Alejo Carpentier: Das Reich von dieser Welt (Suhrkamp, Frankfurt, 2004). In überwältigenden Sprachbildern lässt hier der berühmte Romancier Carpentier (1904–1980) die Sklavenaufstände im nahen Hispaniola und ihre Auswirkungen auf Santiago de Cuba Wirklichkeit werden. Ein Schlüsselroman zur magischen Welt der aus Afrika verschleppten Sklaven – erstmals veröffentlicht 1949 – und von Vargas Llosa als vollkommenster Roman gepriesen, der je in spanischer Sprache geschrieben wurde.

Alejo Carpentier: Mein Havanna (Amman Verlag, Zürich, 2000). Carpentiers »Geschichten über die Liebe zur Stadt« sind ein Muss für Fans der kubanischen Hauptstadt.

Cubanísimo. Junge Erzähler aus Kuba (Suhrkamp, Frankfurt, 2000). Literarisches Mosaik, das die komplexen Realitäten Kubas wunderbar einfängt, zusammengestellt von Michi Strausfeld. 25 kubanische Autoren kommen zu Wort, darunter auch Exilkubaner.

Che. Der Traum des Rebellen (Rütten & Loening, Berlin, 2003). Im Juni 2005 wäre Ernesto Che Guevara 77 Jahre alt geworden. Der Biografie- und Fotoband widmet sich der kurz »Che« genannten Symbolfigur, die zusammen mit Fidel Castro die Kubanische Revolution von 1956 schmiedete.

Jon Lee Anderson: Che (Econ Verlag, München, 2001). Der Autor zog für seine Recherchen zu diesem Buch extra nach Kuba, wo ihm eine Informationsquelle von unschätzbarem Wert zur Verfügung stand: die Witwe Ches, Aleida March. Auch zahlreiche weitere, bis dato unbekannte Weggefährten, konnte Anderson befragen. So entstand eine sehr detaillierte, kritische und dabei doch mit viel Einfühlungsvermögen verfasste Biographie des Revolutionärs.

Volker Skierka: Fidel Castro. Eine Biographie (Rowohlt Verlag, Reinbek, 2002). Die Lebensgeschichte des seit über 40 Jahren regierenden »máximo líder«, sauber recherchiert und unpolemisch erzählt von Lateinamerika-Kenner und Egon-Erwin-Kisch-Preisträger Volker Skierka (* 1952).

Diplomatische Vertretungen

In Kuba
Botschaft der Bundesrepublik Deutschland ····⟩ S. 52, südwestl. a 2
Calle 13, No. 652, esq. Calle B (Vedado), Ciudad de La Habana; Tel. 07/8 33 25 69, Fax 8 33 15 86; www.havanna.diplo.de

Österreichische Botschaft
····⟩ S. 52, südwestl. a 2
Calle 4, No. 101, esq. Calle 1a (Miramar-Playa), Ciudad de La Habana; Tel. 07/2 04 23 94, Fax 2 04 12 35

Botschaft der Schweiz
····⟩ S. 52, südwestl. a 1
5ta Ave., No. 2005, esq. Calle 14 y 18 (Miramar-Playa), Ciudad de La Habana; Tel. 07/2 04 26 11, Fax 2 04 11 48

In Deutschland
Botschaft der Republik Kuba
Stavangerstr. 20, 10439 Berlin; Tel. 0 30/91 61 18 11, Fax 9 16 45 53; http://emba.cubaminrex.cu; Konsularabteilung: Gotlandstr. 15, 10439 Berlin; Tel. 0 30/44 73 70 23, Fax 44 73 70 38; cosulberlin@t-online.de

In Österreich
Botschaft der Republik Cuba
Kaiserstr. 84, A-1070 Wien; Tel. 01/8 77 81 98, Fax 8 77 81 98-30

In der Schweiz
Botschaft der Republik Cuba
Gesellschaftsstr. 8, CH-3012 Bern; Tel. 0 31/3 02 21 11, Fax 3 02 98 30; consula.beru@pingnet.ch

Entfernungen (in km) zwischen wichtigen Orten auf Kuba

	Bayamo	Camagüey	Cienfuegos	Havanna	Holguín	Pinar del Río	Santa Clara	Santiago de Cuba	Trinidad	Varadero
Bayamo	–	210	543	736	68	879	480	116	468	656
Camagüey	210	–	322	526	202	668	268	326	253	444
Cienfuegos	543	322	–	246	537	387	63	660	79	171
Havanna	736	526	246	–	735	165	258	858	318	121
Holguín	68	202	537	735	–	876	470	155	465	646
Pinar del Río	879	668	387	165	876	–	400	1023	459	290
Santa Clara	480	268	63	258	470	400	–	595	122	176
Santiago de Cuba	116	326	660	858	155	1023	595	–	579	776
Trinidad	468	253	79	318	465	459	122	579	–	250
Varadero	656	444	171	121	646	290	176	776	250	–

FEIERTAGE

1. Januar Jahrestag der Revolution
8. März Internationaler Frauentag
1. Mai Tag der Arbeit
26. Juli Jahrestag des Sturms auf die Moncada-Kaserne
10. Oktober Jahrestag des Unabhängigkeitskrieges 1868–1878
25. Dezember Weihnachten

FKK

FKK ist verboten. Wer am Strand die Hüllen ganz fallen lässt, bekommt es garantiert mit der Polizei zu tun. In den Ferienresorts wird »Oben-ohne« toleriert.

GELD

Zahlungsmittel für den Urlauber ist auf Kuba die Devisenwährung **Peso Convertible** (CUC). Der US-Dollar wurde im November 2004 abgeschafft. **Auf keinen Fall** sollte man US-Dollars mitnehmen, zumal die Wechselstuben für den Tausch von US-Dollars in Pesos Convertibles eine Gebühr von 10 % berechnen.

Am besten reist man mit Euros in bar ein. Aber so viel wie früher, als noch der US-Dollar die Devisenwährung auf Kuba war, erhält man auch nicht mehr beim Umtausch des Euro in die kubanische Devisenwährung. Denn im April 2005 wurde der Peso Convertible aufgewertet (früher 1:1 zum US-Dollar), d.h., er näherte sich dem Wert des Euro an. Umtauschquittung für einen eventuellen Rücktausch am Flughafen vor der Heimreise unbedingt aufheben! Der CUC ist im Ausland wertlos.

Teuer ist seit April 2005 auch der Einsatz von **Kreditkarten** geworden. Ob im Hotel, an der Tankstelle oder in der Bank, überall werden 11,24 % Gebühren aufgeschlagen. Wer sich also auf einer kubanischen Bank 300 Pesos Convertibles mit Kreditkarte holt (Pass nicht vergessen), dem werden 333,74 € belastet. Die wenigen **Geldautomaten** auf Kuba waren zuletzt noch nicht auf diese neue Gebühren-

erhebung umgestellt worden, mithin also nicht benutzbar. Akzeptiert werden VISA- und MasterCard/EuroCard-Kreditkarten, sofern sie nicht von einer US-Bank stammen wie etwa der Citibank. Auch mit American Express hat man nirgendwo Glück. Gleiches gilt für US-Travellerschecks.

Der Peso Convertible ist Teil eines **Zweiwährungssystems** auf Kuba. Es teilt das Land in Parallelwelten: einmal die Welt des Tourismus sowie des Außenhandels, dann die Welt der Kubaner, des staatlichen Versorgungsapparats und seiner Leistungen. Die eine Welt funktioniert über die Devisenwährung des Peso Convertible, die andere mit der nationalen Währung, dem **kubanischen Peso**. Brücke zwischen beiden ist ein Tauschkurs, der 2006 bei 26 kubanischen Pesos für einen Peso Convertible lag.

Auch Touristen können ihr Devisengeld in die nationale Währung umtauschen, die Wechselstuben heißen »Cadeca«. Aber für kubanische Pesos gibt es nicht viel – Fahrten in den überfüllten kubanischen Bussen oder Obst und Gemüse von den privaten Ständen auf den Bauernmärkten zum Beispiel.

MERIAN-Tipp

 ### Besser reisen mit dem Euro

Aufgrund der hohen Gebühren bei einer Barabhebung mit Kreditkarte lohnt die Einreise mit einer größeren Bargeldsumme in Euro. Die europäische Währung wird außerdem in fast allen touristischen Gebieten als Zahlungsmittel akzeptiert, so in Varadero, Cayo Coco und Cayo Guillermo, Guardalavaca und Santiago de Cuba. Allerdings sollte man darauf achten, dass der Euro nicht 1:1 angenommen wird, und sich den aktuellen entsprechenden Mehrwert zum Peso Convertible auszahlen lassen.

Frauen in der traditionellen Tracht der Mularitas aus dem 16. Jahrhundert.

INTERNETADRESSEN

www.cubainfo.de
Die Website des kubanischen Fremdenverkehrsamts in Deutschland bietet Links zu Veranstaltern, Fluggesellschaften und die wichtigsten Reiseinformationen – die meisten aktuell.

www.cubatravel.cu
Deutschsprachiges sehr informatives Portal von Publicitur, Kubas Marketingabteilung. News zu aktuellen Veranstaltungen, Informationen zu Kultur- und Naturattraktionen, Tipps für Honeymooner, Infos und Links zu den einzelnen Reisezielen.

www.dtcuba.com
News, Angebote und eine Suchmaschine schaffen einen fast kompletten Überblick über den Tourismus. Englischsprachig.

INTERNETSERVICE
Zahlreiche Hotels und Telefonbüros bieten inzwischen Internetservice auf Kuba an. Die Geräte sind nicht gerade die schnellsten, aber zum Abrufen der E-Mails genügt es. Die Gesellschaft Etecsa verkauft für 6 CUC Internetkarten für Etecsa-Computer, die den Internetzugang für eine Stunde ermöglicht. Der Internetservice in Hotels ist erheblich teurer.

MEDIZINISCHE VERSORGUNG
Impfungen sind nicht vorgeschrieben. Da Kuba ein tropisches Land ist, empfiehlt sich jedoch eine Vorsorge gegen Typhus und Hepatitis A. Aktuelle Informationen zu Impfempfehlungen für Kuba finden Sie unter: www.auswaertiges-amt.de

Das nach der Revolution völlig neu organisierte Gesundheitswesen ist auch heute noch, trotz des Mangels an Medikamenten, vorbildlich im Vergleich zu manch anderen lateinamerikanischen Staaten. Es gibt zahlreiche Polikliniken, und jede größere Stadt verfügt über ein Krankenhaus oder ein Gesundheitszentrum.

Urlauber finden in den großen Touristenhotels eine Erste-Hilfe-Stelle mit Krankenschwester vor, nicht selten sind diese auch mit einem Arzt besetzt. Die Kosten für die Behandlung und für Medikamente sind bar und in Pesos Convertibles zu zahlen. Der Abschluss einer Krankenversicherung für den Urlaub ist ratsam.

In Notfällen wendet man sich an die **Clínica Internacional** in den Touristenorten oder an die großen Krankenhäuser in Havanna, z. B. Cira García, Calle 20 No. 4101 esq. Ave. 41 (Playa); Tel. 07/2 04 28 11.

MENSCHENRECHTSSITUATION
Amnesty International beklagt immer wieder, dass Regimekritiker, oft wegen angeblicher Spionage, verurteilt werden und unter menschenunwürdigen Bedingungen inhaftiert sind. Bisweilen verbringen sie mehrere Monate in kleinen dunklen Zellen ohne sanitäre Anlagen.

NOTRUF
Polizei: Tel. 07/1 16
Krankenwagen: Tel. 07/2 04 28 11

Asistur   ⋯⋙ S. 53, d 2
Rund um die Uhr Hilfe in Notfällen, Service und Infos zum internationalen Geldtransfer, medizinische Hilfe, Rechtsberatung (z. B. bei Diebstahl), Reisescheck-Umtausch, Fahrkarten.
Paseo del Prado 212 (Centro Habana);
Tel. 07/8 66 44 99; www.asistur.cu

POLITIK
Die einzige zugelassene Partei in der sozialistischen Republik (seit 1976) ist der **Partido Comunista de Cuba** (PCC), höchstes Staatsorgan die Nationalversammlung mit 601 Sitzen, die Abgeordneten werden für fünf Jahre gewählt. An der Spitze Kubas steht der **Comandante en jefe** Fidel Castro Ruz, der seit 1992 direkt gewählt wird. Der bärtige Alt-Revolutionär vereint in seiner Person alle staatstragenden Funktionen wie Staats- und Regierungschef, Oberbefehlshaber der Streitkräfte und PCC-Generalsekretär. Sein Bruder Raúl, derzeit Verteidigungsminister, wurde als Nachfolger nominiert und übernahm im August 2006 die Amtsgeschäfte vom kranken Fidel. Die Exilkubaner in den

Wechselkurse		
Pesos	Euro	Franken
1	0,74	1,21
2	1,47	2,42
3	2,21	3,63
5	3,68	6,06
10	7,36	12,12
20	14,71	24,23
50	36,78	60,63
100	73,60	121,27
200	147,21	242,53
500	368,02	606,34
750	552,23	909,50
1000	736,05	1212,68
1500	1104,07	1819,00

Stand: Dezember 2007

Nebenkosten (in CUC)

1 Tasse Kaffee........0,50–1,50

1 Bier....................1,00–3,00

1 Cocktail (Mojíto)..2,00–5,00

1 Brot (ca. 500g).....1,00–2,00

1 Schachtel Marlboro 1,40–2,00

1 Liter Super-Benzin........0,95

Taxi (Kilometerpreis)..............1,20

Mietwagen/Tag........ab 30,00

USA feierten dessen Erkrankung, doch neben Raúl steht auch eine linientreue Enkelgeneration bereit.

PROSTITUTION

Prostitution ist als »Geißel des Kapitalismus« verboten. Bars, Hotels, Cabarets stehen unter der strengen Kontrolle der Polizei. Mehrmals aufgegriffenen Prostituierten, den sogenannten »jeneteras« (Reiterinnen), droht eine Gefängnisstrafe von bis zu 20 Jahren.

REISEDOKUMENTE

Europäer benötigen einen mindestens noch sechs Monate gültigen Reisepass und eine Touristenkarte. Sie kostet 25 € und ist bei Pauschalreisen meist im Preis inbegriffen. Individualreisende erhalten sie bei einem Kuba-Spezialveranstalter oder der Botschaft von Kuba (→ S. 161; zum Verrechnungsscheck einen frankierten Rückumschlag beifügen!).

REISEKNIGGE

Fotografieren
Verboten ist das Fotografieren von Polizisten, Militär und jeglicher militärischer Einrichtungen.

Freundschaften
Ganz so unbekümmert wie zu Hause kann man auf Kuba keine Freundschaften mit Kubanern anknüpfen, zumal wenn es sich um das andere Geschlecht handelt. Stets sollte man bei Annäherungsversuchen bedenken, dass die Polizei nicht besonders viel von derartigen Völkerbindungen hält. Überraschend schnell kann sie zur Tat schreiten, wenn sie die revolutionäre Moral des Volkes in Gefahr sieht. Also bitte so diskret wie möglich anbandeln!

Gesetze
Viele Länder Lateinamerikas stehen in Verruf, ihre Gesetze seien lediglich Papiertiger. Nicht so auf Kuba. Hier hält man sich an die Gesetze. Dafür

sorgt schon eine ziemlich allgegenwärtige Polizei. Gut für den Urlauber, denn das erhöht natürlich die Sicherheit im Land enorm. Sollte man allerdings in einen verschuldeten Unfall mit verletzten Kubanern verwickelt sein, dann sind die Gesetze plötzlich dehnbar. Im Zweifel geht es dann gegen den Angeklagten, und er wird wochenlang festgehalten. Also besser defensiv fahren!

REISEWETTER

Im tropischen kubanischen Klima werden nur zwei Jahreszeiten unterschieden: die schwülheiße Sommerzeit von Mai bis Oktober und die windreiche, trockene Winterzeit von November bis April, die angenehmste Reisezeit. Im Dezember und Januar kann es etwas kühl werden. Sonst liegt die Durchschnittstemperatur bei 25 °C.

RUNDFUNK

Außer dem Staatssender Cuba TV kann man in den verkabelten Hotels auch US-Sender wie CNN empfangen. Canal Sol sendet Informationen für Urlauber. Radio Rebelde, das offizielle »Rebellenradio«, versorgt ganz Kuba mit Nachrichten, Kultur-, Musik- und Sportbeiträgen.

SICHERHEIT

Kuba ist gerade im Vergleich mit anderen lateinamerikanischen Ländern ein sicheres Reiseland. Individualtouristen sollten allerdings nicht zu vertrauensselig sein, vor allem in illegalen »casas particulares« kommen Diebstähle immer häufiger vor. Aktuelle Informationen zur Sicherheitslage auf Kuba finden Sie unter: www.auswaertiges-amt.de

SPEZIALVERANSTALTER

AvenTOURa Reisen (Büro auch in Havanna); Kultur, Natur, Politik Radtouren, Tanz- und Sprachprogramme.
Rehlingstr. 17, 79100 Freiburg;
Tel. 07 61/21 16 99-0, Fax 21 16 99-9;
www.aventoura.de

Cuba4Travel (Büro auch in Havanna); Sport- und Tauchreisen, Sprach- und Salsakurse.
Fahrstr. 7, 91054 Erlangen;
Tel. 0 91 31/9 70 67 71, Fax 9 70 67 71;
www.cuba4travel.com
Cuba-Erlebnisreisen; Vermittler von Privatquartieren.
Aegidiistr. 18, 48143 Münster;
Tel. 0251/4 84 07 80, Fax 4 84 07 85;
www.cuba-erlebnisreisen.de
Danza y Movimiento; Tanz- und Sprachkurse.
Kleine Rainstr. 3, 22765 Hamburg;
Tel. 0 40/34 03 28, Fax 34 03 17;
www.danzaymovimiento.de
GeBeCo; auf den Spuren Che Guevaras.
Holzkoppelweg 19, 24118 Kiel; Tel. 04 31/54 46-0, Fax 54 46-11; www.gebeco.de
Hauser Exkursionen; Kultur, Natur.
Spiegelstr. 9, 81241 München;
Tel. 0 89/23 50 06-0, Fax 23 50 06-99;
www.hauser-exkursionen.de
SoliArenas; Rundreisen, kombinierte Tanz- und Sprachkurse.
Uferstrasse 20, 52249 Eschweiler;
Tel. 0 24 03/5 55 22 36, Fax 0 24 03/5 55 22 38; www.soliarenas.de
Sprachcaffe; Sprachreisen, Tauchkurse, Wellness.
Gartenstr. 6, 60594 Frankfurt am Main;
Tel. 0 69/6 10 91 20, gebührenfrei unter 0 08 00/ 77 72 24 36, Fax 0 69/7 91 20 10 01; www.sprachcaffe-kuba.com
Wikinger Reisen; Wanderreisen.
Kölner Str. 20, 58135 Hagen; Tel. 0 23 31/90 47 41, Fax 90 47 04; www.wikinger-reisen.de

TELEFON

Wesentlich preiswerter als im Hotel ist Telefonieren in den Büros der kubanischen Telefongesellschaften. 2006 kostete eine Minute nach Deutschland dort um 6 CUC. Nur etwas günstiger sind Gespräche von den öffentlichen internationalen Kartentelefonen mit Etecsa-Telefonkarten (Karten zu 5, 10 und 20 CUC).

Für Gespräche von Kuba nach Europa muss 119 vorgewählt werden (nicht vom Handy!), dann folgt die Landeskennzahl ohne die Null, also für Deutschland 49, für Österreich 43 und für die Schweiz 41. Für Telefonate innerhalb Kubas muss – außer in Havanna – eine 1 vor die Ortskennzahl gewählt werden. Handybenutzer werden automatisch zu Cubacel weitergeleitet; Gesprächsminute nach Deutschland: 4,50 €.

TIERE

Wer seinen Hund mitnehmen will, benötigt für die Einreise nach Kuba einen vom Amtstierarzt ausgestellten internationalen Impfpass mit dem Nachweis über erforderliche Impfungen (Staupe, Tollwut). Er muss vom kubanischen Konsulat legalisiert werden (Kosten: 100 € plus 25 € bei Postversand). Für die Wiedereinreise in die EU muss das Tier mit einem Mikrochip oder einer Tätowierung gekennzeichnet sein (siehe auch www.zoll.de).

TRINKGELD

1 CUC für einen Kofferträger entsprechen zwei Tageslöhnen auf Kuba. Dennoch sollte man das Trinkgeld nicht dem Lohnniveau des Landes anpassen. Für viele Kubaner stellt Trinkgeld (»propina«) die Lebensgrundlage der gesamten Familie dar.

VERKEHRSVERBINDUNGEN

Nur wer auf eigene Faust in Kuba herumreist, wird das Land wirklich kennenlernen. Aber man sollte ein wenig Spanisch sprechen und mit Unbequemlichkeiten rechnen. Den Fahrplänen öffentlicher Verkehrsmittel (Busse, Züge, Schiffe) darf man nicht vertrauen, Verspätungen und Ausfälle wegen technischer Defekte gehören zum Alltag. Auf der Autobahn fahren die PKWs meist links, weil die rechte Spur die Drahtesel bevölkern. Achtung: Schlaglöcher!

Busse

Die Busse von **Viazul** (Avenida 26 esq. Zoológico, Ciudad de la Habana; Tel. 07/81 14 83, Fax 66 60 92; www.

viazul.com) verkehren zwischen den großen Orten, bequem und pünktlich. Die Fahrt Havanna–Varadero z. B. dauert ca. 2,5 Std. und kostet 10 CUC, die Strecke Havanna–Santiago 16 Std. (mit Zwischenstopps) für 55 CUC.

Eisenbahn

Alle wichtigen Städte der Insel sind per Eisenbahn verbunden. Die Hauptstrecke verläuft von Pinar del Río im Westen über Havanna in den Osten nach Guantánamo. Es gibt vier Zugarten: »servicio especial« (Schnellzug), »primera especial«, »segunda clase« und »lechero« (»Milch-« oder Bummelzug). Zuverlässigkeit, Komfort und die hygienischen Verhältnisse sind fast durchweg verheerend.

FerroCuba

⋯⋯⟩ S. 53, e 4

Calle Arsenal esq. Cienfuegos y Apontes (La Habana Vieja); Tel. 07/861 42 59

Flugzeug

Größere Inlandsstrecken überwindet man am besten mit dem Flugzeug. Die Flüge sind jedoch rasch ausgebucht und häufig überbucht, deshalb ist eine Reservierung noch in Deutschland, z. B. bei einem Kuba-Spezialisten, dringend zu empfehlen. Geflogen wird mit nicht mehr ganz taufrischen Sowjetmaschinen. Die meisten innerkubanischen Flugziele bietet die **Cubana** an. Sie betreibt Büros in allen größeren Städten. **Aero Gaviota** bedient u. a. Baracoa, Cayo Coco, Holguín, Trinidad und Varadero, **Aero Caribbean** fliegt nur Charter.

Mietwagen

Es gibt nur kubanische Anbieter, führend ist **Cubatur**. Das Angebot reicht vom Kleinwagen bis zur Komfortvariante, alle bieten Klimaanlage. Voraussetzung sind ein gültiger Führerschein, der Reisepass und ein Mindestalter von 21 Jahren. Je nach Mietdauer kostet der günstigste Wagentyp zwischen 30 und 50 CUC, dazu kommt eine obligatorische Versicherung von

ab 10 CUC pro Tag; Reifenreparaturen werden von der Versicherung nicht gedeckt. Ein zweiter Fahrer muss in den Vertrag eingetragen werden und zahlt zusätzlich 3 CUC pro Tag. Bei Vertragsabschluss wird ein Kreditkartenabzug über eine Kaution von 200 CUC fällig, der bei ordnungsgemäßer Ablieferung des Wagens vernichtet wird.

Die Hauptstrecken im Lande sind ausreichend mit Devisen-Tankstellen versehen, bei denen man oft rund um die Uhr tanken kann. Für Kontrollen sollte man stets die Papiere mit sich führen (Pass oder eine Kopie).

Taxis

Touristentaxis mit dem gelben o.k.-Schild auf dem Dach stehen vor jedem größeren Hotel. Normalerweise fahren sie mit Taxameter, der bei Luxuslimousinen schneller zählt. Der Startpreis liegt bei 1 CUC für den ersten Kilometer.

Straßennamen

Straßennamen sind auf Kuba selten. Eine Orientierungshilfe: Das städtische Ordnungssystem wird nach US-Vorbild numerisch geführt, genannt werden die Eckpunkte der kreuzenden

Machtzentrale seit der Revolution: Die Plaza de la Revolución (→ S. 56) in Havanna ziert das riesige Konterfei Che Guevaras.

Straßen. Calle 72 No. 4505 esq. 41 y 45 bedeutet 72. Straße, die Hausnr. 4505 liegt zwischen 41. und 45. Straße. »Calle« wird gern weggelassen, »esquina« (Ecke) mit esq., »Avenida« (Allee) mit Ave. und »Carretera« (Landstraße) mit Ctra. abgekürzt.

WIRTSCHAFT

Das 1962 verhängte US-Wirtschaftsembargo konnte Kuba lange mithilfe seiner sozialistischen Bruderstaaten in der ehemaligen Sowjetunion erfolgreich umschiffen, nach deren Zusammenbruch aber verlor es seine wichtigsten Handelspartner.

Das Vakuum füllt inzwischen der Tourismus. 2006 überschritt Kuba zum dritten Mal in Folge die Rekordziffer von 2 Mio. Besuchern im Jahr, Deutsche Urlauber stehen an fünfter Stelle. Inzwischen unterhält Kuba mit rund 100 Ländern in Süd- und Mittelamerika, in Europa und außerdem mit Kanada rege Handelsbeziehungen.

ZEITUNGEN

Die einzige kubanische Tageszeitung ist »Granma«, das offizielle Sprachrohr der Partei Kubas. »Granma Internacional« erscheint einmal wöchentlich in Englisch. Für Havanna-Touristen ziemlich nützlich ist »Cartelera«, eine Zeitung, die auf Englisch und Spanisch über kulturelle Ereignisse in Havanna informiert.

ZEITVERSCHIEBUNG

Der Zeitunterschied beträgt im Winter fünf, im Sommer sechs Stunden (MEZ).

ZOLL

Bei der Einreise in Kuba

Eingeführt werden dürfen nur persönliche Gegenstände. Dazu gehören eine Fotokamera mit fünf Filmen, eine Schmalfilmkamera, eine Videokamera, ein Fernglas, ein tragbares Musikinstrument, persönliche Sportartikel, persönlicher Schmuck, ein tragbarer Kassettenrekorder, ein tragbares Radio sowie ein Laptop-Computer.

Wer **Geschenke** mitbringen will, darf zollfrei maximal 10 kg Medikamente und Geschenkartikel im Wert von bis zu 50 US-Dollar einführen. Wer als persönliche Gegenstände getarnte Geschenke mitbringen will, sollte darauf achten, dass das Gepäck nicht über 30 kg schwer ist. Wenn es dieses Gewicht offensichtlich überschreitet, überprüfen es die Zollbeamten. Schlimmstenfalls wird ein »Strafzoll« fällig. Nicht erlaubt ist die Einfuhr elektrischer Geräte (Ausnahme: Laptop), frischer Lebensmittel und tierischer Produkte. Nach wie vor besteht auch ein striktes Einfuhrverbot für Drogen, Pornografie, Waffen und Explosionsstoffe. Mehr Informationen: www.aduana.islagrande.cu.

Bei der Ausreise in Kuba

Nicht erlaubt ist die Ausfuhr von **Kulturgütern**, z. B. auch antiquarischer Gegenstände. Zeitgenössische **Kunst**, etwa Gemälde, kann nur mit einem Zertifikat ausgeführt werden, das man normalerweise beim Kauf erhält. Auch wer mehr als **23 Zigarren** ausführen will, muss beim Zoll eine Rechnung vorlegen können, die von einem lizenzierten Zigarrengeschäft stammt. Die Zigarren müssen sich außerdem in einer Orginalkiste (Hologramm im Deckel) befinden. Zigarren, deren Herkunft nicht eindeutig erkennbar ist, werden vom Zoll konfisziert.

Bei der Einreise in Europa

Folgende Richtmengen dürfen bei der Ankunft in Europa nicht überschritten werden: 200 Zigaretten oder 100 Zigarillos oder 50 Zigarren oder 250 g Rauchtabak; 1 l Rum (über 22 % Alkohol) oder 2 l Zwischenerzeugnisse (22 % oder weniger); 500 g Kaffee. Die Einfuhr von Krokodilleder, Schildpatt, schwarzer Koralle und großen Muscheln ist nach dem Washingtoner Artenschutzabkommen verboten.

Weitere Auskünfte erhalten Sie unter www.zoll.de, www.zoll.ch und www.bmf.gv.at/zoll.

Kartenatlas

Orientierung leicht gemacht: mit Planquadraten und allen Orten und Sehenswürdigkeiten.

Legende

Routen und Touren

- Die Hemingway-Route (S. 138)
- Einmal um die Sierra Maestra (S. 141)
- Zur Comandancia de la Plata (S. 144)
- Durch das Escambray-Gebirge (S. 146)
- Auf der Carretera del Norte (S. 148)

Sehenswürdigkeiten

- MERIAN-TopTen
- MERIAN-Tipp
- Sehenswürdigkeit, öffentl. Gebäude
- Sehenswürdigkeit Kultur
- Sehenswürdigkeit Natur
- Kirchenruine; Klosterruine

Sehenswürdigkeiten ff.

- Kirche; Kloster
- Schloss, Burg; Ruine
- Museum
- Denkmal
- Archäologische Stätte
- Höhle

Verkehr

- Autobahn
- Autobahnähnliche Straße
- Fernverkehrsstraße
- Hauptstraße
- Nebenstraße
- Piste
- Fußgängerzone
- Flugplatz
- Flughafen

Verkehr ff.

- Parkmöglichkeit
- Busbahnhof

Sonstiges

- Information
- Theater
- Markt
- Golfplatz
- Camping
- Leuchtturm
- Aussichtspunkt
- Strand
- Zoo
- Nationalpark
- Nationalparkgrenze

A **B** **C**

1

Golf von Mexiko

Cayo in...

Puerto

Bahía Santa Lucía

San

Cayo Jutías

Santa

Ojo de Agua

Mu Pr

Baja

CN

Mina

Punta Tabaco

Cayo Diego

Mata

Ensenada de Dimas

Macurije

El Monca

2

Cayo Rapado Grande

Dimas

Santa Rita

Santo

Cabeza

Vista Hermosa

Mina Dora

Sumidero

San Carlos

P

Cayos de Buenavista

Santa Isabel

Los Organos

Los Organos

Santa

Arroyos de Mantua

Mantua

San José

Felicia

San Juan

y Martínez

Sa Dami

La Pimienta

San Felipe

San José

E Blanquizal

1

Cayo Zapato

Veinte de Mayo

Juan Gómez

111

Guane

Galope

El Ají

José Martí

Isabel Rubio

CC

Golfo de Guanahacabibes

Punta Pinalillo

Bolívar

San Julián

Bahía Corte

Punta Coloráda

Sandino

Cortés

Punta Go

3

Punta Plumajes

Parque Nacional

La Fé

Punta de

Punta El Cajón

Ensenada Cajón

Carabelita

Península de

El Cayuco

Las Martinas

Babineyes

Península de Guanahacabibes

La Bajada

La Jarreta

La Güira

22

La Yana

Bolondrón

Los Ingleses

Valle San Juan

La Fumia

Los Cayuelos

Bahía de Corrientes

Guanahacabibes

Yayales

Cabo Francés

Punta del Holandés

Punta Caimán

María la Gorda

Cueva Funche

Uvero Quemado

Punta Leones

Cabo Corrientes

4

Karibisches Meer

A **B** **C**

Archipiélago de Sabana

Cayo Mono
Cayo Cruz del Padre
Cayo Galindo
Cayos Juan Clarito
Cayos Falcones
Cayo Bianquizal
Punta Sardines

Península de Hicacos
Cayos Blancos
Cayo Machos
Cayo Cedro
Cayos Inglés
Cayo Negro
Cayo Triste
Bahía de Filipinas

Playa Varadero
8 **4** **8**
Cayos de las Cinco Leguas
Cayo Triste
Cayo los Picúos

Playa de Camarioca
Varadero
Guásimas
Punta de las Piedras
Bahía de Cárdenas
La Teja
Valdivieso
Benos de Elguea
Playa el Salto

Camarioca
Cantel
Cárdenas
Río la Palma
Palma Sola
Corralillo
Sierra Morena

San Felipe
José Smith Comas
Mercedita
Zapato
Martí
Minas de Motembo
Rancho Veloz
CN

Limonar
Méndez Capote
Esteban Hernández
Carlos Rodríguez
La Sierra
Israel Ruiz
Quintín Ba

Coliseo
Carlos Rojas
Máximo Gómez
España Republicana
San Jose de los Ramos
José R. Riquelme

San Miguel los Baños
Reyes
Jovellanos
Julio Reyes
Sergio González
México
Cuatro Espuinas
Quema de Güi

Bolondrón
Perico
Colón
Los Arabos
Cascajal
Rodrig

Cuba Libre
Pedro Betancourt
Guareiras
San Pedro de Mayabon
Mordazo
CC

Güira de Macurijes
Socorro
Agramonte
Seis de Agosta
Palmillas
Manacas
Santo Domingo

Peralta
Torriente
Reynold García
Manguito
Campo Alegre
Jicc

Jagüey Grande
La Perla
Calmimete
Céspedes
El Salado
Lequeito
CARTAGENA

Australia
La Isabel
252
Falcón
Las Cajas
174

Matanzas
Amarillas
Violeta
A1
Cartagena
Lajas

La Boca
Aguada de Pasajeros
Primero de Mayo
Rodas
Arriete
Ciego Montero
San

El Vínculo
Pálpite
Victoria
Real Campiña
Congojas

Buenaventura
Playa Larga
Henry Reeve "El Inglesito"
12
Abreus
Catorce de Julio
Pálmira
San F de Ca

San Lázaro
Caleta del Rosario
Antonio Sánchez
Constancia
Caunao
Guabairo
Cumana

Punta Perdiz
San Ignacio
Guasimal
CIENFUEGOS
Jard Bot Sola

La Salina
Cayo Ramona
Helechal
Juraguá
Arimao
El Cafe

Cayos Borracho
Los Cluecos
Cocodrilo
Castillo de Jagua
Punta Colorados
Gavilán
San Juan

Cayo Ernest Thaelmann
Cayo Miguel
Punta Palmillas
Playa Girón
Punta Aristizabel
Playa Rancho Luna
Punta Diablo
San Juan
Punta San Juan
Camilo Cienfuegos

Cienfuegos

Punta del Este

Los Cocos
Cayo Largo
Cayo Largo del Sur

Karibisches Meer

0　　　　30 km
© MERIAN-Kartographie

Atlantischer Ozean

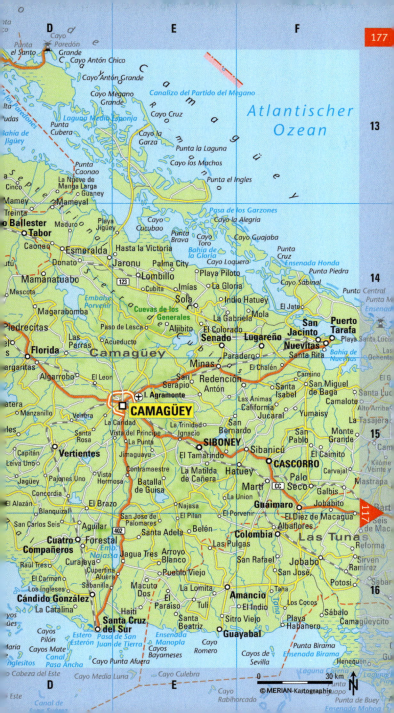

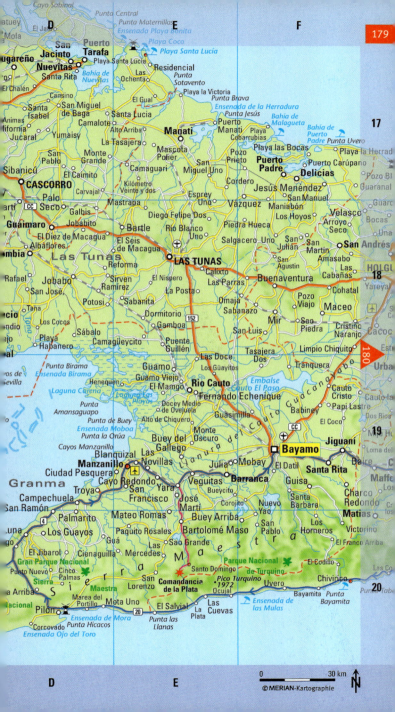

A   B   C

Santiago de Cuba

D E F

21

Atlantischer Ozean

22

Bahía Saltadero *Bahía de Yaguaneque* Punta el Maja
al Dos Cebolla Cayo Moa Grande
Cuatro
Cañanova Moa Punta Gorda
El Sitio Los Indios Punta Guarico
e Tánamo 123 Yamanigüey *Bahía de Cañete*
es Palmas Punta del Mangle
Santa María Punta Barlovento
Alturas de Morel La Vega de Taco
pjo Agrio Arroyo Villa 9 Maguana
Bueno **Maguana** Cayo Güín
El Manguito Paso de Toa *Boca del Toa*
Parque Nacional Punta Rama Punta del
Alejandro de Humboldt **Baracoa** Fortaleza Boca de Fraile
Palenque *Bar* Matachín Yumurí Sabana
Felicidad Bernardo Jamal Maisí
Boquerón Los Hoyos Mosquitero La Maquina
Arroyo Fría Sabanilla Capiro Los
lvador Casimba Arriba Puriales Cagüeybaje La Cuchilla Llanos
Jamaica de Cauleri *Sierra del Purial* La Tinta *Bahía de*
Manuel Tames Sabaneta San Ignacio Jauco Ovando
Mariana La Tinta
GUANTÁNAMO Imías Punta
Maqueicito Macambo CC Cajobabo Caleta
Paraguay **San Antonio** Punta Imías *Paso de los Vientos*
del Sur Baitiquirí
Mártires de Yaterilas *Bahía Sabanalamar*
nera la Frontera *Bahía de Baitiquirí*
Mirador
de Malones Tortuguilla
US NAVAL BASE **Guantánamo**
ía de Punta Barlovento
anamo

23

24

Karibisches Meer

0 30 km

© MERIAN-Kartographie

D E N

Hier finden Sie alphabetisch aufgeführt alle in diesem Band beschriebenen Orte und Ziele, Routen und Touren. Bei einzelnen Sehenswürdigkeiten steht jeweils der dazugehörige Ort in Klammern, bei Hotels steht zusätzlich die Abkürzung H für Hotel, bei Restaurants R. Außerdem enthält das Register wichtige Stichworte sowie alle MERIAN-Tipps, -TopTen und -Favoriten dieses Reiseführers. Wird ein Begriff mehrfach aufgeführt, so verweist die **fett** gedruckte Zahl auf die Hauptnennung, eine *kursive* Zahl auf ein Foto.